SV

Uffa Jensen

Ein antisemitischer Doppelmord

Die vergessene Geschichte des Rechtsterrorismus in der Bundesrepublik

Suhrkamp

Bibliographische Information der Deutschen Nationalbibliothek
Die Deutsche Nationalbibliothek verzeichnet diese Publikation
in der Deutschen Nationalbiographie;
detaillierte bibliographische Informationen im Internet über
http://dnb.de-nb.de abrufbar.

Erste Auflage 2022
Originalausgabe
© Suhrkamp Verlag AG, Berlin, 2022
Alle Rechte vorbehalten. Wir behalten uns auch eine Nutzung des
Werks für Text und Data Mining im Sinne von § 44b UrhG vor.
Umschlaggestaltung: Rothfos & Gabler, Hamburg
Satz: Satz-Offizin Hümmer GmbH, Waldbüttelbrunn
Druck: GGP Media GmbH, Pößneck
Printed in Germany
ISBN 978-3-518-43002-6

www.suhrkamp.de

Inhalt

1. Einleitung

Das schlimmste Terrorjahr in der Geschichte der Bundesrepublik war nicht 1977, als die linksterroristische Rote Armee Fraktion (RAF) im Deutschen Herbst sieben Menschen tötete. Es war auch nicht 2016, als ein islamistischer Terrorist das Attentat auf den Weihnachtsmarkt am Berliner Breitscheidplatz verübte, bei dem 13 Menschen ermordet und 67 verletzt wurden. Vielmehr nimmt in der – west-, ost- wie gesamtdeutschen – Nachkriegsgeschichte das Jahr 1980 den traurigen Spitzenplatz ein. Damals schlugen andere, bis heute zu oft vergessene Terroristen erbarmungslos zu. Das verhängnisvollste Attentat des Jahres war der Sprengstoffanschlag auf das Münchner Oktoberfest, begangen von Gundolf Köhler am 26. September, bei dem 12 Menschen sowie der Attentäter getötet und 211 verletzt wurden. Einige Wochen zuvor, am 22. August, hatte eine Terrorgruppe um Manfred Roeder Brandsätze in eine Flüchtlingsunterkunft in der Hamburger Halskestraße geworfen, die beiden Vietnamesen Nguyễn Ngọc Châu und Đỗ Anh Lân kamen ums Leben. Am 24. Dezember 1980 erschoss Frank Schubert bei dem Versuch, Waffen aus der Schweiz in die Bundesrepublik zu schmuggeln, zwei Schweizer Grenzbeamte (und sich selbst).[1]

1980 war *das* Jahr der westdeutschen Rechtsterroristen; umso befremdlicher ist es, dass viele dieser Taten nahezu in Vergessenheit gerieten. Kaum etwas wurde in der Bundesrepublik so aggressiv und so konsequent beschwiegen und verdrängt wie Gewalt von rechts. Wer die Vor- und Nachgeschichte des Nationalsozialistischen Untergrunds (NSU) kennt, wird hinzufügen wollen: Das ist bis heute so.

Obwohl der Rechtsterrorismus die Bundesrepublik bis in die unmittelbare Gegenwart kontinuierlich geprägt hat – ich bin sogar über-

zeugt: letztlich kontinuierlicher als der Linksterrorismus während seiner überdies kürzeren Geschichte –, verhält es sich im bundesrepublikanischen Gedächtnis genau andersherum: Nur die Gewalttaten
der RAF bildeten einen konstanten Fixpunkt für die bundesrepublikanische Selbsterzählung.[2] Viele Westdeutsche, die die siebziger und
achtziger Jahre bewusst erlebt haben, können sich an die Konterfeis
der RAF-Mitglieder Susanne Albrecht, Christian Klar, Brigitte
Mohnhaupt usw. erinnern, auch weil sie zeitweise in jeder Bankfilia-
le und Poststelle der Republik aushingen. Doch wie sahen Gundolf
Köhler, Michael Kühnen, Manfred Roeder oder Ekkehard Weil
aus?

Einen Beleg für diese Erinnerungsdifferenz liefert das Google-
Tool Ngram-Viewer. Damit kann man die riesigen Mengen an ge-
drucktem Material, die Google aus den Jahren 1500-2019 digitalisiert
hat, nach bestimmten Wörtern durchsuchen. Schaubild 1 zeigt die
Verteilung, die Sie sehen, wenn Sie für den Zeitraum seit 1970 die
Begriffe »Rote Armee Fraktion« und »Wehrsportgruppe Hoffmann«
eingeben.

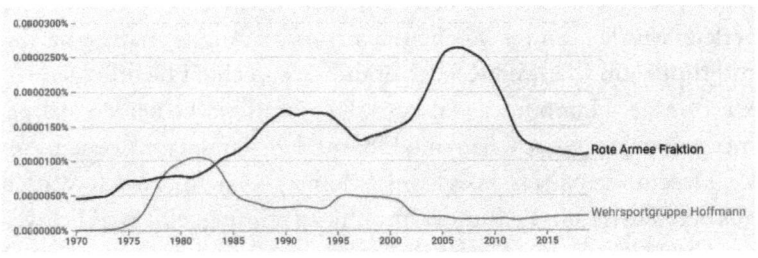

Schaubild 1: Ngram-Statistik zu den Suchbegriffen in den von Google
gescannten Publikationen.

Die beiden Begriffe wurden seit ca. 1985 und vor allem seit 2000 sehr
unterschiedlich häufig erwähnt, und die Wehrsportgruppe Hoffmann verschwand Mitte der Achtziger nahezu vollständig aus den
Medien. Ein weiterer Hinweis: Wenn man von dem Film *Der blinde
Fleck* (2013) über das Oktoberfest-Attentat absieht, hat rechter Terror

selten bis nie die kulturelle Produktion inspiriert, während über die RAF Dutzende Filme gedreht wurden.

Dieses aggressive Vergessen der rechten Gewalt ist aus meiner Sicht eines der größten gesellschaftlichen und politischen Probleme der Bundesrepublik. Mit diesem Buch möchte ich daher an ein weiteres Datum erinnern, das in der obigen Liste über das Terrorjahr 1980 fehlt: den 19. Dezember. An diesem Tag wurden der ehemalige Vorsitzende der jüdischen Gemeinde Nürnbergs, Shlomo Lewin, und seine Lebensgefährtin, Frida Poeschke, in ihrem Haus in Erlangen erschossen. Getötet wurden sie – so viel kann als gesichert gelten – von einem Mitglied der Wehrsportgruppe (WSG) um den Rechtsextremisten Karl-Heinz Hoffmann, zu der auch Gundolf Köhler Verbindungen hatte, der die Bombe auf dem Münchner Oktoberfest zündete. Die Justiz kam letztlich zu dem Schluss, dass das führende WSG-Mitglied Uwe Behrendt den Doppelmord begangen hat. Doch auch Hoffmann selbst hat bei dem Fall eine wichtige Rolle gespielt. Im Unterschied zu den anderen Morden des Jahres 1980 besaß die Erlanger Tat eine persönliche Dimension: Sie war nicht gegen eine anonyme Menge von Festbesuchern oder unbekannte Insassen eines Wohnheims gerichtet; vielmehr war das Opfer Shlomo Lewin Behrendt und seinem sogenannten »Chef« Hoffmann bekannt, wenn auch nicht persönlich.

Diese Tat war durch die rechtsextreme Ideologie der WSG Hoffmann begründet und wie keine der anderen durch Antisemitismus motiviert, obwohl die Zeitgenossen – und mit ihnen die Ermittlungsbehörden – diesen Aspekt nahezu komplett ignorierten. Wie mit Lewin ein Jude ins Visier der WSG geriet, aber auch, grundsätzlicher, welche Bedeutung Juden als potenzielle Opfer für rechtsterroristische Gewalt hatten und leider noch immer haben, ist Thema dieses Buches.

Mit dessen Titel bezeichne ich das Erlanger Verbrechen als antisemitischen Doppelmord. Was meine ich aber sinnvollerweise, wenn ich von einem antisemitischen Motiv für einen terroristischen und rechtsextremistischen Anschlag spreche? Ist das Ermorden eines Juden (und seiner Lebensgefährtin) nicht per se antisemitisch? Die Antwort auf solche Fragen ist komplizierter, als es zunächst scheinen mag. Ich halte daher eine solche Beschreibung – trotz des unguten Bauchgefühls, das sich bei solchen Erörterungen leicht einstellt – für begründungsbedürftig. In meinem Alltag als Antisemitismusforscher muss ich häufig Stellung dazu beziehen, ob etwas antisemitisch ist oder nicht; in der Regel geht es dabei jedoch um Aussagen. Ob ein Satz einen antisemitischen Gehalt hat, ist allerdings eine andere Frage als im Zusammenhang mit einem Gewaltakt. Einen stereotypischen Satz über Juden kann jemand gedankenlos äußern oder ohne sich des problematischen Gehalts bewusst zu sein. Dies gilt gerade in einer Kultur, die über Jahrhunderte ein reiches Arsenal solcher stereotyper Rede entwickelt hat. In solchen Fällen können wir nicht davon sprechen, dass hier jemand Antisemitismus intendiert. Gleichwohl können wir den Vorwurf aufrechterhalten, dass dadurch ein antisemitisches Stereotyp weiterverbreitet wird. Schließlich kann jemand den antisemitischen Gehalt des Satzes gehört und so verstanden haben. Oder eine Jüdin sich berechtigterweise beleidigt fühlen.[3] Manche Forscher sehen in solchen Beispielen einen strukturellen Antisemitismus am Werk, der ohne Intentionalität auskommt – zumindest in Bezug auf den antisemitischen Gehalt, wodurch ein entsprechender Satz natürlich nicht per se intentionslos wird.[4]

Intentionslosigkeit ist jedoch bei einem Gewaltakt, insbesondere bei einem Mord, keine sinnvolle Kategorie, auch wenn ich später erörtern werde, warum im Fall des Doppelmords struktureller Antisemitismus durchaus eine Rolle gespielt hat. Juristisch gesehen, liegt jedem Mord eine Intention in der Form eines Vorsatzes bzw. einer Tötungsabsicht zugrunde, andernfalls handelt es sich um Körperverletzung mit Todesfolge oder um einen Unfall. Natürlich ist ein Mord denkbar, der ohne Bezug zur jüdischen Identität des Opfers geschieht (zum Beispiel ein Mord aus Habgier, bei dem der Täter schlicht nicht weiß, wen er ermordet). Bei einer Gewalttat mit Todesfolge muss also erstens ein – wie auch immer gearteter – Tötungsvorsatz vorliegen, sonst handelt es sich nicht um einen Mord. Bei einem antisemitischen Mord muss sich zweitens dieser Vorsatz als ein Wille erweisen, eine Jüdin bzw. eine Person zu töten, die man für einen Juden hält.

In Bezug auf das erste Problem muss man Mord etwa von Totschlag unterscheiden, was im Übrigen ein viel diskutiertes Problem des deutschen Strafrechts darstellt, nicht zuletzt da diese Unterscheidung historisch auf den infamen Präsidenten des NS-Volksgerichtshofs Roland Freisler zurückgeht. Ein Mord zeichnet sich durch niedrige Beweggründe (Handeln aus Mordlust, aus Habgier, zur Befriedigung des Geschlechtstriebs oder aus anderen niedrigen Beweggründen), die Ausführung der Tat (etwa durch besondere Grausamkeit) oder durch eine deliktische Zielsetzung aus (Verdeckung oder Ermöglichung einer anderen Straftat). Die heimtückische Tat von Erlangen, bei der die beiden Opfer völlig arg- und wehrlos waren, lässt sich eindeutig als Mord kennzeichnen, wobei zudem die Tötung Poeschkes eine deliktische Qualität aufwies, da eine Zeugin des Mordes an Lewin beseitigt werden sollte.

In diesem Sinne glaubten die Behörden, dieses Gewaltverbrechen juristisch sauber und strafrechtlich wasserdicht als Mord einordnen zu können, ohne eine antisemitische Qualität des Mordvorsatzes darlegen zu müssen. Dagegen erhebe ich zwei Einwände: Das nichtjuristische Gegenargument des Historikers besteht darin, dass ich die Geschichte des Doppelmords nicht vollständig erzählen kann, ohne darzulegen, dass das Motiv für die Tat eindeutig antisemitisch war. Das zweite Gegenargument betrifft die juristische Ebene: Ein antisemitisches Motiv lässt die Mordbeweggründe insgesamt als besonders niedrig erscheinen, weil dadurch dem Opfer das Menschsein abgesprochen wird.[5] Somit lässt sich mein Problem bei der Rekonstruktion des Motivs für den Doppelmord präzise formulieren: Ich muss zum einen die antisemitische Einstellung des Täters darlegen; zum anderen muss sich erweisen, dass das Motiv für die Tat selbst ein antisemitisches war, dass sie sich also bewusst gegen einen Juden richtete.

Die jüdische Identität Lewins spielte außerdem eine wichtige Rolle in der Wirkungsgeschichte dieses Mordes oder, besser gesagt, ihrem Ausbleiben. In den Ermittlungsakten zum Doppelmord, in den loka-

len und nationalen Presseberichten wie in den wenigen politischen
Bewertungen ist eines mit Händen zu greifen: die Unfähigkeit der
Gesellschaft, mit einem antisemitisch motivierten Mord umzugehen.
Ob ein gelungener Umgang mit einer solchen Tragödie überhaupt
möglich ist und wie ein solcher aussehen müsste, ist keine einfache
Frage. In der westdeutschen Bundesrepublik kam aber verkomplizie-
rend hinzu, dass dieser Doppelmord in einer Post-Schoah-Gesell-
schaft geschah und das 1980 noch sehr zarte Pflänzchen der jüdisch-nichtjüdischen Aussöhnungsarbeit direkt bedrohte. Zudem
wurde die Möglichkeit, dass es sich hierbei um einen rechtsterroristischen Mord an einem Juden und dessen Lebensgefährtin handelte,
zunächst kaum in Betracht gezogen. Als man schließlich, Jahre später, versuchte, den WSG-Anführer Hoffmann und dessen Lebensgefährtin für die Tat mit zur Rechenschaft zu ziehen, wurden beide
nach einem der längsten Strafverfahren in der Geschichte der Bundesrepublik von dem Doppelmordvorwurf freigesprochen. Und spätestens danach vergaß die deutsche Gesellschaft die Namen Frida
Poeschke und Shlomo Lewin.

In diesem Buch möchte ich die Geschichte des Erlanger Doppelmords rekonstruieren.[6] Es soll die Opfer dieser grausamen Tat – soweit möglich – dem Vergessen entreißen. Dafür müssen wir verstehen, was Frida Poeschke und Shlomo Lewin wichtig war und was
der Mord und der gesellschaftliche Umgang damit ihren Familien
zumuteten. Als Forscher, der sich lange mit jüdischer Geschichte aus-
einandergesetzt hat, nun aber hauptberuflich mit Antisemitismus
und Rassismus beschäftigt ist, müssen mich auch die Täter solcher
Gewaltakte interessieren. Obwohl die meisten rechten Anschläge
in dieser Phase anders motiviert waren, spielte Antisemitismus im
Milieu der Rechtsextremistinnen und Neonazis eine wichtige Rolle.
Außerdem wird die Geschichte des Rechtsterrorismus und insbesondere der Wehrsportgruppe in den siebziger Jahren zur Sprache kommen. Dabei zeige ich die an sich schon bemerkenswerte Gewaltspirale
auf, zu der es in der WSG nach ihrem bundesweiten Verbot Anfang
1980 und ihrer darauf folgenden Flucht in den Libanon kam. Die Ra-

Abb. 1: Fotografie von Shlomo Lewin und Frida Poeschke in ihren
letzten Jahren.

dikalisierung durch Drill und Folter, welche die Gruppe in einem
Ausbildungslager der Palästinensischen Befreiungsorganisation
(PLO) in Beirut erfuhr, ermöglichte auch den Doppelmord. Die
PLO, genauer die Fatah-Fraktion und ihr Sicherheitsdienst, bot

der WSG einen neuen Aufenthaltsort und ein alternatives Betätigungsfeld; ob sie auch in den Mord involviert war, ist auf der Grundlage der vorhandenen Quellen nicht vollständig aufzuklären. Es muss
offenbleiben – und wäre wohl nur mittels PLO-interner und/oder
israelischer Quellen, die mir nicht zugänglich waren, abschließend
zu beurteilen –, ob die Palästinenser von dem Doppelmord wussten
oder ihn gar in Auftrag gaben, wie die Anklagebehörde im Prozess
gegen Hoffmann ursprünglich vermutete.[7]

Das führt zu einem anderen Aspekt, der es damals schwierig machte, den Erlanger Doppelmord richtig einzuordnen. Terroristische Attacken allgemein und jene gegen Juden waren in den sechziger und
siebziger Jahren zunehmend von bundesrepublikanischen und europäischen Linksterroristen sowie palästinensischen Attentätern verübt
worden. Wie die WSG in dieses Umfeld passte und welche überra-
schenden Allianzen am Ende dieser Jahrzehnte möglich waren, ist
ebenfalls Thema dieses Buches. Durch die Kooperation mit der PLO
spielte der Nahostkonflikt in der Geschichte des Doppelmords eine
bedeutsame Rolle. So wurden Lewin und Poeschke auch Opfer, weil
man in Lewin nicht nur einen Repräsentanten der deutschen Juden,
sondern auch Israels sah. Zugleich wurde Lewins Ermordung in Israel kommentiert, was wiederum wesentlichen Einfluss auf die bundesdeutsche Presseberichterstattung hatte.

Die entscheidenden Fragen dieser Geschichte betreffen jedoch die
bundesrepublikanische Gesellschaft im Jahr 1980. Dafür muss auf
den folgenden Seiten analysiert werden, wie sich die Ermittler, die
Polizei, die Presse, die Gerichte, eigentlich die Gesellschaft insgesamt
zu diesem antisemitischen, rechtsterroristischen Doppelmord ver-
hielten. Warum wurde er nicht vollständig aufgeklärt? Wie stellte
man sich zu den Toten, wie zu den Tätern? Warum interessierte man
sich schon unmittelbar nach der Tat kaum noch für dieses Verbrechen? Warum fand es keinen Eingang in das bundesrepublikanische
Gedächtnis? Welche langfristigen Folgen und Kosten hatte dieses
Verschweigen und Vergessen? Ich möchte die Geschichte des Erlanger Doppelmords als eine Mentalitätsgeschichte der bundesrepubli-

kanischen Gesellschaft um 1980 erzählen. Was sagt der Umgang mit diesem Verbrechen über die Denk- und Wahrnehmungsstrukturen der Ermittlerinnen, der Polizei, der Gerichte, der Medien, der Politik, der Gesellschaft aus?

Im Zentrum dieser Geschichte steht ein Aspekt, umstellt und verborgen von scheinbar größeren Problemkomplexen wie Rechtsradikalismus und Terrorismus: das jüdisch-nichtjüdische Verhältnis in der deutschen Nachkriegsgesellschaft. Zunächst ist das offensichtlich: Die beiden Toten – Frida Poeschke und Shlomo Lewin – verkörperten dieses Verhältnis, dessen Fragilität und Bürde, aber auch den darin enthaltenen Wunsch nach Verständigung, Hoffnung und Zuversicht. Wir müssen eine uns fremde Konstellation verstehen: Die westdeutsche Gesellschaft hatte 1980 gerade erst begonnen, ein neuartiges und tragfähigeres Verhältnis zur NS-Vergangenheit und zum Holocaust zu entwickeln, für das sich damals der Begriff »Vergangenheitsbewältigung« bereits etabliert hatte. Folglich lieferte der Nationalsozialismus eine wichtige Brille, durch die man auch das Phänomen des Rechtsextremismus sah und sehen musste. Ein verwandtes Thema – der Antisemitismus – kam so aber schon sehr viel schwieriger in den Blick: Sicherlich konnten die Zeitgenossen nicht leugnen, dass es noch immer Antisemitismus gab, aber in konkreten Fällen sahen sie diesen fast nie am Werk.

Zu der kleinen jüdischen Gemeinschaft fiel es den westdeutschen Nichtjuden und der Bundesrepublik insgesamt am schwersten, ein tragfähiges Verhältnis zu entwickeln. Doch war genau dieses Unterfangen der noch jungen Bundesrepublik ins Stammbuch geschrieben worden, als der US-amerikanische Hochkommissar John J. McCloy 1949 die Entwicklung der Lebenssituation von Jüdinnen im Land zu einem der »wirklichen Prüfsteine für den Fortschritt Deutschlands« erklärte.[8] Der Umgang mit dem Juden Lewin – in dessen angeblich zwielichtigem Charakter 1980 fast alle die Ursache seiner Ermordung sahen – sprach gegen einen Fortschritt. Dabei war Lewin aus freien Stücken nach Deutschland zurückgekehrt, auch um dem Land eine Chance zu geben. Frida Poeschke stand als Protestantin an der Seite ihres jüdischen Lebensgefährten und engagierte sich für Versöhnung und ein neues Miteinander. Der Erlanger Doppelmord zerstörte auch das: die Bemühungen Poeschkes und die Hoffnung Lewins.

Terroristische Attentate geschehen nicht im politisch luftleeren Raum; im Gegenteil, Terroristinnen beobachten die Gesellschaft, die sie terrorisieren wollen, in der Regel genau. Deshalb ist es wichtig, den politischen Kontext des Terrorismus zu analysieren. Es liegt in der Natur der Sache, dass Terroristen die Politik mit ihren Instrumenten des Rechtsstaats – Polizei, Kriminalämter, Verfassungsschutz, Staatsanwaltschaften – im Blick haben, um einschätzen zu können, wie groß ihr Spielraum ist und welche Gewaltaktionen sie durchführen können. Entscheidend ist hierbei, ob die Politik das Problem überhaupt erkannt hat. Wie haben die politischen Institutionen in den späten siebziger Jahren den Terrorismus verstanden und welche Rolle spielte dabei der Rechtsterrorismus? Ab wann und von wem wurde wahrgenommen, dass sich auch hier eine Bedrohung entwickelte? Welche Institutionen reagierten mit welchen Maßnahmen? Terroristinnen schielen jedoch auch auf die Bevölkerung oder zumindest einen Teil davon. Welche Wirkung können sie mit ihren radikalen Taten in Sympathisantenkreisen und in der Gesamtbevölkerung erzielen? Welches terroristische Vorgehen, welche Auswahl der Opfer passt am besten zur jeweiligen Stimmungslage? Die Behörden betonten immer wieder, nur die Linksterroristen der RAF seien in ein umfangreicheres Netz von Aktivistinnen eingebunden, das es im rechten Lager so nicht gebe.[9] Wenn man sich vor Augen führt, dass die lokale Bevölkerung in Ermreuth, dem damaligen Sitz der Wehrsportgruppe, im Juli 1978 derart erbost auf Anti-WSG-Demonstranten reagierte, dass ein Augenzeuge von einem »volle[n] Erfolg für Hoffmann« sprach, dann kann man solche behördlichen Einschätzungen anzweifeln.[10]

Die Politik hat, zusammen mit den Behörden, den Medien und der Zivilgesellschaft, die Aufgabe, auf Terrorakte angemessen zu reagieren. Das geschieht nur zum – wenn auch zu einem zentralen – Teil in Form polizeilicher Ermittlungen, Haftbefehle, Gerichtsverfahren etc. Mindestens genauso wichtig ist, wie die Institutionen und die Zivilgesellschaft mit diesen Gewalttaten umgehen. Vermittelt man den Hinterbliebenen den Eindruck, es bestehe der unbedingte Wille, die Tat aufzuklären? Welche Entscheidungen führt man herbei, um eine Wiederholung nach Möglichkeit zu verhindern? Wem in Politik und Gesellschaft ist die Bekämpfung des Terrors überhaupt wichtig und wem nicht? Wie wird über solche Attentate berichtet und in der Öffentlichkeit geredet? Gibt es hierbei einen Unterschied zwischen Links- und Rechtsterrorismus? Wer steht bei und zu den Opfern?

Dass es im Erlanger Fall in diesem Bereich zu den meisten und eklatantesten Versäumnissen gekommen ist, kann uns erklären, warum sich über die Taten der Rechtsterroristen später – und eigentlich fast bis in die Gegenwart – der Mantel des Schweigens und Vergessens gelegt hat. Noch heute gilt es, aus diesen Versäumnissen zu lernen, weil Rechtsterrorismus weiterhin eine Bedrohung darstellt. 1980 war ein folgenschweres Jahr in der Geschichte der Bundesrepublik, gerade weil es vergessen wurde und weil man damit die falschen Lehren aus der rechtsterroristischen Welle zog.

Wenig überraschend wurden die Entwicklungen des Jahres 1980 Teil einer politischen Auseinandersetzung. Es bildeten sich unversöhnliche Lager, die die Attentate in zwei gegensätzliche, relativ beständige Narrative einbanden: Das rechte politische Lager fokussierte vor allem auf die Linke, die sich seit den sechziger Jahren bis hin zu diversen Formen des gewalttätigen Terrorismus radikalisiert hatte. Aus dieser Perspektive erschien die Gewalt von rechts nicht nur von geringerer Bedeutung, sie galt auch als konzeptionell schwächer. Letztlich wurden Rechtsextreme als ideologisch kaum geschulte, tendenziell verwirrte und organisatorisch wenig eingebundene Einzeltäter wahrgenommen, die ihre Taten zudem kaum öffentlich »vermarkteten«. Beim linken Terrornarrativ wurde diese Sichtweise in gewisser Hinsicht umgedreht. Hiernach stellten die radikale Rechte und der Rechtsterrorismus eminente Bedrohungen dar. Deren besondere Gefährlichkeit, auch im Vergleich zur radikalen Linken, beruhte aus dieser Perspektive darauf, dass mit der gewalttätigen Rechten, eingebettet in die kapitalistischen Strukturen, eine Wiederkehr von Faschismus und Nationalsozialismus drohte, zumal sie – wie schon in der Weimarer Republik – von Behörden und Gerichten nicht konsequent verfolgt wurden.

So wenig verwunderlich dieser politische Nahkampf beim Thema politische Gewalt ist, so wenig hilft er, Terror zu verhindern. Politische Gewalt wird sicherlich immer politisiert werden. Leider hilft man so den Terroristinnen, eines ihrer Ziele zu erreichen, nämlich politische Unruhe zu verursachen. Ausschlaggebend ist jedoch: Wer mit den Opfern von Terror und Gewalt solidarisch sein will, muss auch auf ihrer Seite und bei ihnen sein. Dabei stören diese Narrative, weil in beiden kaum Raum für die Opfer der rechten Gewalt ist.

Die Frage, die in Bezug auf Rechtsterroristen, ja Rechtsextremisten insgesamt meistens diskutiert wird (und die letztlich eine Fortsetzung des oben genannten linken Narrativs darstellt), würde für den vorliegenden Fall lauten: Wurde die Aufklärung des Erlanger Doppelmords – und all der anderen Attentate des Jahres 1980 – aktiv behindert? Bei der Beschäftigung mit den damaligen Vorgängen drängt sich tatsächlich schnell der Eindruck auf, dass der Mangel an Ermittlungswillen und Empathie mit den – jüdischen wie nichtjüdischen – Opfern nur durch eine geheime Verabredung rechtsgerichteter Menschen erklärbar ist. Angesichts der großen personellen Kontinuitäten zum NS-Regime in vielen Institutionen des westdeutschen Staates spricht auch mit Blick auf das Jahr 1980 noch einiges für eine solche Ansicht. In der Tat: Man spürt nicht zufällig beim Aktenstudium an allen Ecken und Enden, wie problematisch der Umgang mit der jüdischen Gemeinschaft und dem Antisemitismus 1980 war. Die Auseinandersetzung mit den Rechtsextremisten misslang, etwa in der Aufarbeitung des Oktoberfest-Anschlags oder später bei der NSU-Mordserie, auf eine Weise, dass man zum Glauben an eine Verschwörung – älterer und neuer – NS-Sympathisanten konvertieren kann. Dennoch möchte ich für ein anderes Erklärungsmuster plädieren –

eines, von dem ich fürchte, dass es schlimmer, gefährlicher und hinterhältiger ist.

Der antisemitische Doppelmord von Erlangen ist weniger eine Geschichte des Verheimlichens, Verleugnens oder gar der insgeheimen Zustimmung, sondern eine der Ignoranz, des Desinteresses und der Empathielosigkeit. Von einer Verschwörung auszugehen, setzt Absicht, ja politisches Interesse und Ideologie voraus. Es gab und gibt Menschen, die verhindern wollen, dass wir über die dramatischen Folgen von Antisemitismus, Rassismus und Fremdenfeindlichkeit sprechen: einige von ihnen, weil sie diese Haltungen teilen; andere, weil sie ein politisches Interesse daran haben, dass diese nicht ernst genommen werden. Es gab und gibt aber auch die Position, dass hier überhaupt kein Problem existiert. Doch wenn man ein Problem nicht einmal sehen will, wie soll man dann dagegen ermitteln? Wie soll man darüber in der Zeitung berichten? Wie soll man es vor Gericht beurteilen? Wessen soll man gedenken, und warum soll man das wichtig finden? Hieran schließt sich auch eine beunruhigende Erkenntnis für die Geschichte der Bundesrepublik an: Wer sich nicht an die Taten des Rechtsterrorismus erinnert, sorgt – ich meine das nicht in dem geläufigen metaphorischen Sinne, sondern buchstäblich – dafür, dass sie sich wiederholen. Die Gesellschaft gewann nie ein angemessenes und realistisches Bild vom Rechtsterrorismus, ja sie verharrte dabei, ihn zu verharmlosen, bis er wieder zuschlug und wieder zuschlug und wieder ... Das hatte sehr praktische Konsequenzen für die Ermittlungsarbeit und das kriminologische Wissen, wie ich argumentieren werde: Die Bundesrepublik blieb lange fundamental unfähig, Rechtsterrorismus zu verstehen. Damit waren die Weichen gestellt für alle weiteren Unzulänglichkeiten bis hin zum NSU und bis heute.

Die Historiografie zum Hauptaspekt dieses Buches – der Geschichte des Rechtsterrorismus in der Bundesrepublik – ist noch sehr lückenhaft, das Thema muss sogar als vernachlässigt gelten.[11] Vorherrschend ist hier eine politikwissenschaftliche Forschung, die naturgemäß sehr gegenwartsorientiert ist, so dass in den neueren Arbeiten die Entwicklungen in Westdeutschland während der siebziger und achtziger Jahre nur am Rande Erwähnung finden.[12] Hinzu kommt, dass der Fokus nun so stark auf den NSU gerichtet ist, dass die älteren Ereignisse kaum noch relevant erscheinen.[13] Das ist insofern problematisch, als erst das beständige Vergessen des Rechtsterrorismus den Umgang mit dem NSU erklärt. Eine partielle Abhilfe gegen die Gegenwartsorientierung bieten entsprechende Untersuchungen älteren Datums.[14] Gerade das detaillierte Quellenstudium, insbesondere von nichtveröffentlichtem Material, ist in dieser gesamten Literatur notgedrungen selten, weil der Zugang zu Archiven erst allmählich möglich wurde. Erste Arbeiten von Historikerinnen versprechen, dass dies in der Zukunft geändert werden kann.[15]

Eine der größeren Schwierigkeiten betrifft die Frage, wie man Rechtsterrorismus am besten verstehen sollte. Auch die entsprechende Einordnung vieler der genannten Taten im Jahr 1980 ist noch immer umstritten und hängt davon ab, welche Definition man zugrunde legt. In der Geschichte der Bundesrepublik – durchaus über die Wiedervereinigung hinaus und bis in die Gegenwart – steht diese Auseinandersetzung im Schatten des sogenannten Extremismuskonzepts, wonach sich die extremistischen Kräfte auf der Linken wie der Rechten von der harmlosen politischen Mitte unterscheiden und insbesondere durch ihre Gewaltbereitschaft die staatliche Ordnung bedrohen.[16] Im Kontext dieses Extremismusverständnisses erschien der Rechtsterrorismus als defizitär. Eigentlich existierte dieser als eigenständiges Phänomen gar nicht, bestand er doch eher aus dumpfen Gewaltexzessen, begangen von unorganisierten Einzeltätern oder kleinen, wenig professionellen Gruppen glatzköpfiger Neonazis und Skinheads, die insbesondere dem deutschen Staat nicht wirklich gefährlich werden konnten. Hier wirkte sich einerseits der Vergleich mit dem bedrohlicher erscheinenden Linksterrorismus der siebziger Jahre aus. Andererseits spiegelte sich gerade in der sicherheitsbehördlichen Wahrnehmung rechter Gewalt die grundlegende Staatsfixierung, die das Extremismuskonzept prägt, seitdem es sich in den siebziger Jahren etabliert hat.[17] Leider hat sich bis heute keine überzeugende Alternative durchgesetzt, so dass ich in diesem Buch die entsprechende Begrifflichkeit des Extremismus beibehalte, zugleich aber deren Genese aufzeige.[18]

Terrorismus lässt sich als geplante, auf politische (und eher selten militärische) Ziele ausgerichtete, ideologisch untermauerte, ihre Opfer strategisch auswählende Gewalt verstehen. Gerade der Rechtsterrorismus nimmt in der Regel spezifische Opfergruppen ins Visier, die in der Gesellschaft eine gefährdete Stellung als Minderheiten innehaben und in rechten Abwertungsideologien als inferior verunglimpft werden. Ich werde dafür den Begriff der betroffenen Dritten in die Debatte über politische Gewalt einführen. Rechte Terroristen versuchen, sich mit ihren Taten der behaupteten – stillschweigenden – Mehrheitsmeinung in der Bevölkerung anzubiedern. Auch der Erlanger Doppelmord war ein solcher kalkulierter Akt politischer Gewalt. Er resultierte aus einer antisemitischen Ideologie, mit der die radikale Rechte Juden für die behauptete Misere von Volk und Gesellschaft verantwortlich machte. Eine Überwindung des politischen Systems bedurfte aus dieser Perspektive einer »Säuberung« von Jüdinnen. Mehr noch: Dass Poeschke und Lewin umgebracht wurden, das heißt ein jüdisch-nichtjüdisches Paar, das sich aktiv für die Aussöhnung beider Seiten einsetzte, für die Zukunft von Juden in der deutschen Gesellschaft engagierte und gegen Neonazis und Rechtsextremisten Stellung bezog, war kein Zufall. Und es wirkte: Der Mord traf die kleine jüdische Gemeinschaft in Deutschland ins Mark. Wie beim NSU fand also eine Kommunikation durch Terror statt, aber vornehmlich war sie an die Opfer gerichtet: Für euch und eure Freunde soll kein Platz in dieser Gesellschaft sein! Dennoch scheint mir die grundlegende Gemeinsamkeit des rechten und des linken Terrorismus nicht in der Kommunikation zu liegen, sondern in der gezielten, strategisch eingesetzten Gewaltausübung.

Dieses Buch muss sich zudem mit weiteren Themen wie der Geschichte der extremen Rechten, der Rechtsgeschichte und der »Vergangenheitsbewältigung« in der Bundesrepublik beschäftigen. Ein eigener Literaturüberblick würde an dieser Stelle zu weit führen, die

historiografischen Lücken sind aber gerade für die siebziger und achtziger Jahre ähnlich wie beim Rechtsterrorismus gelagert und ver-
gleichbar groß. Ein weiterer wichtiger Gegenstand ist die Geschichte
des Antisemitismus in der Bundesrepublik. In dieser Phase waren viele Antisemiten in der radikalen Rechten zu finden. Zweifelsohne gab
es auch Antisemitismus auf der Linken, darunter überzeugte und gewaltbereite Judenfeinde.[19] Dieses Buch handelt aber nur am Rand
von ihnen. Ebenfalls lohnt in diesem Zusammenhang ein Blick
auf die DDR, die sowohl Antisemitismus – zumeist in Form von Antizionismus – als auch einige Neonazis unter dem Deckmantel eines
staatlich verordneten Antifaschismus zu verbergen versuchte.[20] Auch
hiervon handelt dieses Buch nicht. Was hingegen durchaus zur Sprache kommen wird, ist der Antizionismus der PLO. Unter anderem
werfe ich anhand der Zusammenarbeit mit der WSG die Frage auf,
inwiefern die PLO hier antisemitisch agierte.

Die Geschichte des Erlanger Doppelmords ist an zentraler Stelle
geprägt von der Unfähigkeit, ja dem Unwillen, diese Tat als antisemitisch einzuordnen. Dies zeigte sich besonders im Strafprozess gegen
Karl-Heinz Hoffmann und Franziska Birkmann. Zugleich ist hierbei
die Entwicklung strafrechtlicher Normen in der Bundesrepublik von
einiger Wichtigkeit. Das bloße Vorhandensein von Paragrafen gegen
Volksverhetzung oder zur Verfolgung terroristischer Vereinigungen
führt allerdings nicht automatisch zu deren Anwendung. So gelangt
man bei der Gegenüberstellung der 1980 bestehenden Strafgesetze
mit dem konkreten Ermittlungs- und Gerichtsverfahren zu der
grundlegenden Frage dieses Buches zurück: Wieso wurde der Erlanger Doppelmord nicht als antisemitische Tat einer terroristischen
Vereinigung begriffen? Ich habe versucht, hierauf eine Antwort zu
finden.

Antisemitismus ist in den letzten Jahren ein viel beachtetes, oft um-
strittenes Thema geworden. Dies war in den Jahrzehnten zuvor nicht
immer der Fall, wie jede altgediente Mitarbeiterin am Berliner Zentrum für Antisemitismusforschung, an dem ich tätig bin, aus eigener
Erinnerung weiß. Ein wichtiger Aspekt davon ist, dass sich die Be-

schäftigung mit Antisemitismus in Gegenwart und – etwas weniger – Vergangenheit politisiert hat. In dieser Situation wird nicht selten der Vorwurf an die Wissenschaft erhoben, sie würde den Antisemitismus mit ihrem Verstehen-Wollen nur ungebührlich verkomplizieren und damit fast schon bagatellisieren, anstatt energisch gegen ihn vorzugehen. Es stellt jedoch keine Verharmlosung dar, konkret anhand der jeweiligen Situation für eine Überprüfung zu plädieren, ob »antisemitisch« das richtige Etikett für das vorliegende Problem ist. Ich sehe darin vielmehr den Ausweis eines ernsthaften Umgangs mit diesem komplexen Phänomen.

Im Zuge der gegenwärtigen Debatten haben sich verschiedene Teilnehmerinnen auf den Versuch konzentriert, Antisemitismus zu definieren. Ein signifikanter Teil der Experten glaubt gleichzeitig, dass man einer solchen Definition gar nicht bedarf. Ich werde in diesem Buch dazu keine Position präsentieren, aber verdeutlichen, dass man unterschiedliche Dinge meinen kann, wenn man eine konkrete Sache antisemitisch nennt. Fragt man, ob eine bestimmte Person eine antisemitische Einstellung oder Haltung hat? Kann eine Tat oder ein Satz per se antisemitisch sein, selbst wenn es der Täter oder die Sprechende gar nicht antisemitisch »gemeint« hat? Glaubt man, dass in einer Behörde, »der« Politik oder gar der ganzen Gesellschaft eine strukturell antisemitische Prägung vorhanden ist, etwas, das die Handlungen aller Akteure in diesem Gebilde mehr oder weniger determiniert? Wie ist das Verhältnis von Intention und Struktur?[21] Oder, weniger von der »Täterin«, sondern von der Sache her gefragt: Ist Antisemitismus im Kern eine fantastische, irreale Vorstellungswelt? Können solche Phantasmen nicht auch reale Konfliktsituationen mitprägen? Und wenn ja, wie trennt man hier zwischen den »realen« und den »irrealen« Anteilen? Komplexe Schwierigkeiten, die in vielen Debatten oft heillos durcheinandergeworfen werden. So ist dieses Buch auch als Plädoyer dafür zu verstehen, beim Konkreten zu bleiben. Grundsätzlich möchte ich vorführen, wie man an vorliegenden Fällen spezifische Aussagen über Antisemitismus begründet liefern kann.

Der Erlanger Mord wird im Rückblick als eine antisemitische Terrortat erkennbar, was die deutsche Gesellschaft – nicht nur die Ermittlerinnen und Behörden, einschließlich der Gerichte – über viele Jahre nicht in der Lage war zu verstehen. Als ungeheure Tat muss das Attentat als solches endlich ernst genommen und angemessen aufgearbeitet werden. Das ist eine Frage der Gerechtigkeit für die in Vergessenheit geratenen Opfer. Ob historische Forschung sie – so spät nach der Tat – herstellen kann, bezweifele ich. Ich weiß aber, dass es für die noch lebenden Hinterbliebenen von Shlomo Lewin (zu der Familie von Frida Poeschke bekam ich leider keinen Kontakt) wichtig ist, dass wir uns erinnern.

Als Historiker verstehe ich mich höchstens in zweiter Linie als Erinnerungsarbeiter; natürlich sehe ich mich vornehmlich der Wahrheitsfindung verpflichtet. So gut es ging habe ich versucht, den vorhandenen und mir zugänglichen Quellen eine Darstellung abzutrotzen, wie der Doppelmord wahrscheinlich abgelaufen ist. Wir Historikerinnen können nie sicher sein, ob uns das gelingt. Im Fall eines Verbrechens, ja eines Mordes, in Bezug auf den wesentliche Fragen noch immer ungeklärt sind, ist das Fragmentarische der historischen Erkenntnisse noch problematischer und schmerzhafter, hat man es doch mit einem Geschehen zu tun, über das wir am liebsten alles wissen möchten, weil es ein schreckliches Unrecht darstellt. Ein Mord muss – das beweist jede Folge von *Aktenzeichen XY … ungelöst* – möglichst restlos aufgeklärt werden. Die Ermittlungs- und Strafverfolgungsbehörden sowie die Gerichte sind die ersten Instanzen, die eine Version (oder mehrere) des Ablaufs der Tat herzustellen versuchen. Dafür sammeln sie Indizien, wägen Zeugenaussagen gegeneinander ab und entwickeln mögliche Szenarien. Ihr Ziel ist es, am Ende Recht zu sprechen, das heißt zu klären, wer Schuld an der Tat hat und welche Strafe dafür angemessen ist. Nicht immer gelingt ihnen das, und in manchen Fällen müssen wir damit leben, dass wir nicht alles wissen und dass Recht und Gerechtigkeit verschiedene Dinge sein können.

Historiker sind in diesem Prozess höchstens nachgeordnete Instanzen. Sie sind keine Ermittlerinnen und schon gar keine Richter, was Vor- und Nachteile hat. Zunächst zu den Nachteilen: Historikerinnen kommen viel später ins Spiel, müssen sich also ein Bild von einem längst vergangenen Fall verschaffen. Oft haben sie nicht mehr den gleichen Zugang zu Zeugen, weil diese gestorben sind, weil sie sich nicht mehr oder nur noch ungenau erinnern können und Wissenschaftlern gegenüber zu keiner Auskunft verpflichtet sind. Historikerinnen fällen auch keinen Schuldspruch; was sie erstellen, erscheint von Gerechtigkeit weiter entfernt als ein Gerichtsurteil. Dieser Nachkann aber auch zum Vorteil gereichen: Weil es ihnen nicht um Schuld im juristischen Sinne gehen kann, sondern um ein Verstehen und Einordnen des Geschehens, unterliegen Historiker nicht der gleichen Form von Revision, wie sie unter Umständen einem Gericht droht. Ob historisches Erzählen auf einer anderen Ebene doch in der Lage ist, eine Form von Gerechtigkeit zu schaffen, ist eine zu große Frage für dieses Buch; es bleibt eine Hoffnung.

Noch ein letztes Wort zu meiner Motivation, dieses Buch zu schreiben: Es ist eine der bitteren Folgen der Gewaltgeschichte des Jahres 1980, dass jede Person, die auf die besondere Dynamik auf der radikalen Rechten hinweist und vor der Anfälligkeit der deutschen Gesellschaft für rechte Gewalt warnt, noch immer als links oder gar linksextrem gebrandmarkt werden kann. In diesem Buch finden sich auch viele Erkenntnisse zu der Geschichte dieser Brandmarkung; sie begann 1980 und bildet bis in die Gegenwart das Kerngeschäft all jener, die über mehr als vierzig Jahre hinweg den deutschen Rechtsterrorismus kleingeredet und verharmlost haben. Heute, in einer wesentlich pluraleren und diverseren Gesellschaft, als es die alte Bundesrepublik je war, sind vom Gewaltpotenzial der extremen Rechten noch mehr Menschen direkt bedroht. Es ist kein linkes Projekt, sondern schlicht erste Bürgerpflicht, diese Gefahr ernst zu nehmen und sich gegen diese Gewalt, wo immer sie auftritt, zu engagieren.

2. Die Tat

Am Abend des 19. Dezember 1980 nähert sich eine Gestalt dem Wohnhaus Ebrardstraße 20 in Erlangen.[2] Das Grundstück grenzt auf der Rückseite an die Flusslandschaft der Schwabach: Wenn man am nördlichen Ufer entlangläuft, kann man ungehindert und unbemerkt zu dem Anwesen gelangen. An diesem Tag hat es geschneit; später werden sich daher die Fußspuren gut sicherstellen lassen. Die Person, mit Perücke und Sonnenbrille getarnt, überwindet den Zaun, durchquert den Garten und erreicht unerkannt die Haustür an der Straßenseite. Zwischen 18:42 Uhr und 19:02 Uhr klingelt sie. Drinnen schaltet Shlomo Lewin das Außenlicht an und öffnet die Tür. Es ist ein Freitag, der Schabbat hat also gerade begonnen. Lewin und Poeschke haben häufig Besuch, gelegentlich auch unangemeldete Gäste. Später werden viele ihr stets offenes Haus loben.

Die Person richtet eine mit einem selbstgebauten Schalldämpfer versehene Maschinenpistole der Marke Beretta auf das wehrlose Opfer und eröffnet das Feuer. Lewin kann ihr noch ins Gesicht greifen und ihr die Brille vom Kopf reißen, bevor er – von drei Schüssen in den Arm, ins Gesicht und in die Brust getroffen – schwer verletzt in der Diele zusammensackt. Die Gestalt bemerkt nun, dass sich auch Frida Poeschke im Haus aufhält; vermutlich durch den Lärm aufgeschreckt, hat sie sich vom Wohnzimmer dem Flur genähert. Noch einmal zögert die Person keine Sekunde und schießt insgesamt viermal. Poeschke wird in den Bauch und in den Unterarm getroffen, woraufhin die Person dicht an sie herantritt und Poeschke mit einem Kopfschuss aus nächster Nähe tötet. Wahrscheinlich überprüft die Gestalt nun, ob der reglose Lewin tot ist. Zur Sicherheit richtet sie die Beretta noch einmal auf ihn. Der vierte Schuss trifft das Opfer

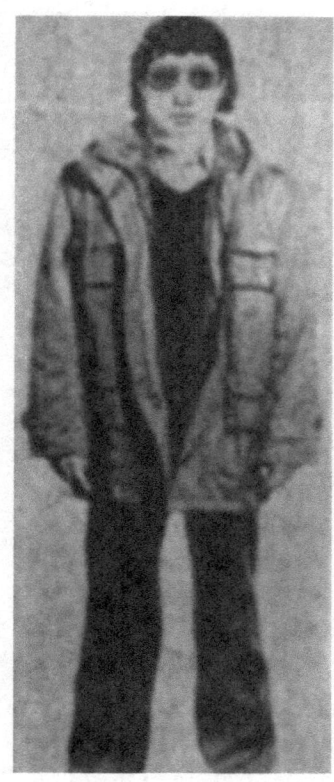

Abb. 2: Das Phantombild.[1]

tödlich in den Kopf. Die Person entwendet nichts aus dem Haus und hält sich auch nicht damit auf, am Tatort ein Bekennerschreiben zu deponieren. Die Sonnenbrille lässt sie liegen; man erkennt sie auf einem der Tatortfotos links auf dem Boden (Abbildung 3).[3] Die Gestalt flüchtet, wobei sie unbemerkt bleibt, aber erneut Spuren im Schnee hinterlässt. Nüchtern wird später der Untersuchungsbericht feststellen: »Es muß angenommen werden, daß das ausschließliche Ziel dieser Tat die Tötung der beiden Hausbewohner gewesen ist.«[4]

Wenige Minuten nach 19 Uhr treffen zufällig die Nichte der Hausherrin und ein Nachbar am Tatort ein. Ihnen bietet sich ein Bild des Schreckens. Shlomo Lewins und Frida Poeschkes gemeinsames Le-

Abb. 3: Fotografie des Leichnams Shlomo Lewins am Tatort.[5]

ben ist auf brutale Weise beendet worden: ohne Vorwarnung – und lange Zeit auch ohne jede Erklärung und jedes ersichtliche Motiv.

Das Haus in der Ebrardstraße gehört Frida Poeschke, am 23. Mai 1923 geborene Hauck. Sie ist die Witwe des früheren Oberbürgermeisters von Erlangen, Michael Poeschke, der als SPD-Politiker von den Nationalsozialisten verfolgt wurde und 1933/34 im Konzentrationslager Dachau inhaftiert war.[7] Nach dem Tod ihres Mannes 1959 zieht sich Poeschke aus der Öffentlichkeit zurück. Ein paar Jahre später tritt Shlomo Lewin in ihr Leben; die Protestantin lernt ihn auf einer Veranstaltung der fränkischen Gesellschaft für Christlich-Jüdische Zusammenarbeit kennen. Sie arbeitet bald in Lewins Verlag Ner-Tamid (Ewiges Licht) mit und baut einen offenen Treffpunkt in jenem Haus auf, das sie ursprünglich mit ihrem Mann geplant hat und in das nun Lewin einzieht. Später werden sich viele erinnern, dass das Leben der stets als freundlich und warmherzig beschriebenen Frau damals eine neue Wendung genommen habe.[8] In ihrem gemeinsamen

Abb. 4: Fotografie von Shlomo Lewin und Frida Poeschke.[6]

Heim wird nun eine besondere Gastfreundschaft gepflegt: »Der Mittwochnachmittag war allwöchentlich ›Jour fixe‹ für lockere Zusammenkünfte von Studenten, Wissenschaftlern oder auch Hausfrauen im Bungalow im Erlanger Burgbergviertel.«[9] 1980 ist hier ein »Brückenschlag zwischen Juden und Christen« entstanden, wie es damals noch sehr selten der Fall ist.[10] Frida Poeschke wird nur 57 Jahre alt.

Shlomo Lewin, 1911 in Jerusalem geboren, entstammt väterlicherseits einer alten Jerusalemer Familiendynastie. Der Vater, David Elijahu Lewin, tritt 1917 eine Stelle als Rabbiner in Posen an, wo Lewin aufwächst. Nachdem sein Vater als Feldrabbiner am Ersten Weltkrieg teilnimmt und an einer Kriegsverletzung stirbt, zieht die Witwe mit den Kindern nach Breslau. Dort besucht Lewin die Schule und absolviert anschließend eine Ausbildung zum Volksschul- und Religionslehrer. 1933 heiratet er Lilly Hirsch, deren weiteres Schicksal während der NS-Zeit und des Holocaust ungeklärt ist. 1935 gelingt Lewin die Flucht, nachdem ihn die Nationalsozialisten kurzzeitig in

»Schutzhaft« genommen haben. Er geht zunächst nach Frankreich, wo er an der Sorbonne studiert, und 1938 weiter nach Palästina. Während des Zweiten Weltkriegs kämpft er zuerst in der britischen Armee und nach dem Krieg in der jüdischen Untergrundarmee Haganah. Am folgenden Unabhängigkeitskrieg 1948 nimmt er als Offizier und Adjutant in der 6. Jerusalemer Armee teil, die zeitweise von dem späteren Verteidigungs- und Außenminister Mosche Dajan befehligt wird. In Israel heiratet Lewin ein zweites Mal. Er ist Vater eines Sohnes und einer Tochter.

Nach der Staatsgründung bleibt Lewin bis 1950 in der Armee, um dann für kurze Zeit als Ministerialdirigent im israelischen Handelsministerium zu arbeiten. Nachdem er sich Mitte der fünfziger Jahre von seiner zweiten Frau getrennt hat, kehrt er nach Deutschland zurück, um die »Versöhnung zwischen Christen und Juden voranzutreiben«.[11] Zunächst lebt er in Frankfurt am Main, wo er 1960 zusammen mit Hans Lamm, dem späteren Vorsitzenden der Münchner jüdischen Gemeinde, den Verlag Ner Tamid gründet. Der Verlag spezialisiert sich auf Bücher mit jüdischen Themen, und gerade in den frühen sechziger Jahren entstehen viele Veröffentlichungen bekannter Autoren wie Leo Baeck, Martin Buber, David Ben-Gurion und Max Brod. Sogar ein Büchlein zu den Vereinigten Staaten bringt der Verlag heraus – der Autor: John F. Kennedy, als er 1961 gerade sein Amt als US-Präsident angetreten hat.

Von 1977 bis 1979 ist Lewin Vorsitzender der israelitischen Kultusgemeinde in Nürnberg. Als er ermordet wird, versucht er gerade, in Erlangen eine eigene jüdische Gemeinde zu gründen, was wegen seines Todes dann erst 1997 möglich sein wird. Zudem ist Lewin seit 1975 geschäftsführender Vorsitzender der Gesellschaft für Christlich-Jüdische Zusammenarbeit in Franken. Ein Vorstandsmitglied erinnert sich folgendermaßen an Lewins Tätigkeit: »Wer ihn in unserer letzten Zusammenkunft noch einmal sprechen hörte, weiß [...], dass er sich mit ganzer Seele für die Versöhnung zwischen Christen und Juden einsetzte.«[12] Die Bundesrepublik ehrt ihn 1976 für sein Engagement mit dem Bundesverdienstkreuz. In den Tagen und Wochen

nach dem Mord werden diese Verdienste in der Berichterstattung
und bei den Ermittlungen allerdings kaum eine Rolle spielen.
Lewin ist ein engagierter Streiter für seine Ideen. Als Gemeinde-
vorsitzender tritt er für eine stärkere Beachtung der jüdischen Reli-
gionsvorschriften ein, was bei der alten Führungsschicht auf Widerstand stößt und wohl auch zu einer erbitterten Feindschaft mit seinem
Nachfolger Arno Hamburger führt.[13] In Erlangen organisiert Lewin
ab 1978 die Woche der Brüderlichkeit, eine Aktionswoche, welche die
bundesrepublikanischen Gesellschaften für Christlich-Jüdische Zusammenarbeit nach US-amerikanischem Vorbild ab den frühen fünfziger Jahren ausrichten. Für die Eröffnung der ersten dieser Wochen
in Erlangen hat Lewin den Jerusalemer Theologen Shalom Ben-Chorin gewinnen können. Wie belastet das Verhältnis von Juden und
Christen noch immer ist, drückt sich in Lewins Hoffnung aus, dass
das, »was einmal gewesen ist, allmählich, allmählich nicht mehr so
schmerzen wird, wie es noch heute tut«.[14] Besonders treiben Lewin
die antisemitischen Angriffe von rechts und der gefährlicher werden-
de Rechtsextremismus um. Von Beginn an erscheinen im Ner-Tamid-
Verlag Veröffentlichungen zum Antisemitismus, die zahlreiche Bezüge
zur Gegenwart aufweisen.[15] Solche Publikationen sind in der deutschen Verlagslandschaft der frühen sechziger Jahre noch eine Selten-
heit. Lewin ist auch bereit, persönlich Stellung gegen rechts zu beziehen. Im Februar 1977 bereist der junge italienische Journalist Luigi
Bernardi mit dem Fotografen Paolo Rocca Süddeutschland, um über
die neuen neonazistischen Umtriebe zu recherchieren, die es schon
länger auch in Italien gibt. Für seinen Bericht führt Bernardi Inter-
views mit dem Neonazi Erwin Schönborn, dem Herausgeber der
rechtsextremen *Deutschen National-Zeitung*, Gerhard Frey, und führenden NPD-Funktionären. Mit Karl-Heinz Hoffmann, dem Chef
der nach ihm benannten Wehrsportgruppe, läuft Bernardi sogar
bei einer Übung durch den fränkischen Wald. Die auflagenstarke Illustrierte *Oggi* veröffentlicht die Reportage unter der Überschrift:
»Ho visto rinascere l'esercito nazista« (Ich habe gesehen, wie das Na-
zi-Heer wiedergeboren wurde).[16]

Abb. 5: Ausschnitt aus dem *Oggi*-Artikel mit Lewin (links unten) und
Hoffmann (rechts mit Puma).[17]

Bernardi besucht auch Shlomo Lewin und interviewt ihn in der
Nürnberger Synagoge. Man dürfe, so meint Lewin bei dieser Gelegenheit, »Typen wie Hoffmann« nicht unterschätzen: »Anfangs schien
auch Hitler ein aussichtsloser Spinner zu sein.« Lewin macht sich
schon Anfang 1977 große Sorgen, wie er Bernardi gesteht:

> Heute gibt es in Deutschland noch viele Nazis. Auch Junge. Sicher,
> der Großteil der Jugend ist es nicht. Aber sie wollen von der Vergan-
> genheit nichts wissen. Das ist das Gefährliche, denn ein solches Nicht-
> wissen ist der beste Nährboden für diese bösartigen Ideologien.

Eine längere Passage, in der Bernardi biografische Details über Lewin
referiert, endet so: »Shlomo Lewin hat auch im israelischen Heer ge-

kämpft. Im ersten Konflikt mit den Ägyptern hatte er den Rang eines
Majors im Heer und war auch Adjutant von Moshe Dajan.«[18] Diese
Passage sollte eine fatale Wirkung entfalten.

Lewin belässt es keineswegs bei dieser politischen Intervention in
einer fremdsprachigen Illustrierten: Als die bundesweit bekannten
Neonazis Klaus Huscher und der erwähnte Erwin Schönborn für
den August 1977 einen sogenannten »Auschwitz-Kongress« in Nürnberg planen, auf dem mit Thies Christophersen, Udo Walendy und
Arthur Butz die bekanntesten Holocaust-Leugner der Zeit auftreten
sollen, engagiert sich Lewin sofort dagegen. Wie die Polizei damals in
Erfahrung bringt, ist auch Hoffmann in die Kongressplanungen eingebunden.[19] Die Proteste dagegen haben zunächst Erfolg: Die Stadt
Nürnberg verbietet den Kongress. Gleichwohl reisen die Teilnehmer
an, weshalb sich die Gegendemonstranten am 6. August auf dem
Nürnberger Hauptmarkt zu einer Kundgebung einfinden.[20] Als Vor-
sitzender der jüdischen Gemeinde ist Lewin einer der Hauptredner.
Den Demonstrantinnen ruft er zu:

> Wir wollen mit euch allen, die ihr mit uns kämpfen wollt, gegen den
> Faschismus zusammenarbeiten und Seite an Seite neben und beiein-
> ander stehen, um das zu erreichen, was wir uns zum Ziel gesetzt ha-
> ben, nämlich die Vernichtung des Faschismus. Wir haben das Fürch-
> ten verlernt, wir wollen mit in die vordersten Reihen gehen, um denen,
> die die Juden zu Millionen vernichtet haben, die Wahrheit ins Gesicht
> zu schreien, damit sie nie wieder den Mut, von einer Auschwitz-Lüge
> zu sprechen, diesen Mut nie wieder haben sollen.[21]

Bei der Rede auf dem Nürnberger Marktplatz wollen Demonstran-
ten auch WSG-Mitglieder gesehen haben.[22] Außerdem lassen die Or-
ganisatoren des abgesagten Kongresses die Gegendemonstranten fo-
tografieren, so dass Hoffmann vermutlich Anschauungsmaterial für
die Aktivität von Lewin erhält.[23] Jedenfalls hat Hoffmann Lewin spätestens jetzt im Visier: So wirft er ihm einige Zeit später in seiner Zeitschrift *Kommando* persönlich vor, die Synagoge von Ermreuth verfal-
len zu lassen, dem Ort, an dem die WSG seit ihrem Umzug aus dem
gut zehn Kilometer entfernten Heroldsberg ihren Sitz hat.[24]

Am 28. Juni 1978 veranstaltet Lewin als Vorsitzender der Gesellschaft für Christlich-Jüdische Zusammenarbeit eine Podiumsdiskussion zum Thema »Neonazistische Umtriebe – Was sollen wir dagegen tun?«, bei der er neben dem damaligen Landtagsabgeordneten und späteren bayerischen Ministerpräsidenten Günther Beckstein, dem Erlanger Oberbürgermeister Friedrich Sponsel und dem katholischen Geistlichen Monsignore Bauer auftritt. Die gut besuchte Debatte bezieht sich direkt auf die lokalen Verhältnisse und damit vor allem auf den Umgang mit Hoffmanns Wehrsportgruppe. Zwei Wochen später, am 16. Juli 1978, organisiert die Antifaschistische Aktionseinheit gegen die Wehrsportgruppe Hoffmann in Ermreuth eine Protestkundgebung.[25] Die Demonstrantinnen werden von der lokalen Bevölkerung feindselig empfangen und von den Mitgliedern der WSG beobachtet.[26] Erneut entstehen Fotos, von denen Hoffmann im folgenden Jahr einige in *Kommando* publiziert. Ein Foto zeigt ihn selbst mit der Unterschrift: »Antifaschisten werden fotografiert. Sie kommen in eine Kartei für den ›Tag X‹.«[27]

Als Shlomo Lewin erschossen wird, stirbt mit ihm somit ein erklärter Gegner der Rechten, der Neonazis und der WSG. Mit ihm und Frida Poeschke werden zudem zwei exponierte Vertreter der christlich-jüdischen Aussöhnung ermordet. Es überrascht nicht, dass ihr Tod, immerhin gehört Lewin zur Leitungsebene der kleinen jüdischen Gemeinschaft in der Bundesrepublik, die 1980 keine 30 000 Personen umfasst, große Sorge und Angst verursacht.[28] Umso mehr verwundert es freilich, dass sich die folgenden Mordermittlungen und die Berichterstattung fast ausschließlich auf die Person Lewins konzentrieren. Seine Lebensgefährtin Poeschke wird nur noch mitgenannt, obwohl sie als Witwe des ehemaligen Erlanger Oberbürgermeisters über einige lokale Bekanntheit verfügte.

Ihre Beziehung und der gemeinsame Einsatz für das Zusammenleben von Juden und Christen stellen 1980 keine Selbstverständlichkeit dar. Nach dem Zweiten Weltkrieg hatte es unter den überlebenden deutschen Juden und Jüdinnen eine größere Anzahl gegeben, die

mit einem nichtjüdischen Partner oder einer nichtjüdischen Partnerin verheiratet waren. Dies lag nicht zuletzt daran, dass eine solche
Ehe den jüdischen Teil noch einige Zeit, und mit viel Glück bis
zum Ende des NS-Regimes, vor der Deportation in die Vernichtungs-
lager schützen konnte. Dass ein Jude, noch dazu ein Israeli, und eine
Protestantin erst in der Nachkriegszeit zueinanderfinden und ein gemeinsames Leben mit direktem Bezug auf die christlich-jüdische
Aussöhnung begründen, ist 1980 hingegen sehr ungewöhnlich. Auch
dieses Zusammenleben wird am 19. Dezember brutal zerstört.

Gleichwohl wäre eine Konzentration der Behörden wie der Presse
auf den Umstand, dass mit Lewin ein Jude ermordet wurde, natürlich
sinnvoll, wenn sofort ein antisemitisches Tatmotiv im Raum stünde.
Das ist aber nicht der Fall. Bis zum Schluss spielt Antisemitismus in
den Ermittlungen, in den Presseberichten und sogar im Gerichtsverfahren kaum eine Rolle. Diese Dimension kommt, wenn überhaupt,
nur verdruckst zur Sprache. Wie ist das möglich? Glaubt man 1980
ernsthaft, in der westdeutschen Gesellschaft kein Antisemitismus-
problem zu haben, so dass Lewin zwangsläufig aus anderen Gründen
ermordet worden sein muss? Was aus heutiger Sicht unbegreiflich erscheint, lässt sich jedoch aus dem damaligen bundesrepublikanischen Umgang mit Antisemitismus durchaus verständlicher machen.

3. Antisemitismus

Der Antisemitismus überlebte, ebenso wie der Rechtsextremismus, das NS-Regime und hat die Geschichte der westdeutschen und der wiedervereinigten Gesellschaft durchgehend geprägt (partiell gilt dies auch für die ostdeutsche Nachkriegsgeschichte). Gleichwohl veränderten der Holocaust und die nationalsozialistische Vernichtungspolitik den Antisemitismus grundlegend. Antisemiten mussten auf diesen Zivilisationsbruch viel stärker reagieren, als sie jemals zugeben würden. Das Schlagwort, nach der Schoah habe es nur noch Antisemitismus ohne Antisemiten gegeben, bringt die vielfältigen Verleugnungs- und Beschwichtigungsstrategien auf den Punkt.[1] Man konnte nach 1945 nicht mehr in der gleichen Weise Antisemit sein wie zuvor.

Antisemitismus in der unmittelbaren Nachkriegszeit

Nach dem Ende des Zweiten Weltkrieges war der von den Alliierten befürchtete Widerstand gegen die neuen Machthaber weitgehend ausgeblieben; auch hatte sich keine nazistische Untergrundbewegung gebildet. Erstaunt stellten die alliierten Truppen fest, wie viele Deutsche ihnen gegenüber eilfertig bekundeten, am NS-System nicht beteiligt gewesen zu sein und von dessen Massenmorden nichts gewusst zu haben. Die meisten hatten bis zuletzt verbissen gekämpft, doch dann verfielen fast alle in eine bemerkenswerte Mischung aus Selbstverleugnung und Passivität.[2] Gleichzeitig wurden insbesondere die Westzonen – und dort vor allem die US-amerikanisch besetzten Teile Süddeutschlands – in den ersten Monaten und Jahren nach Kriegsende zu einem neuen Aufenthaltsort für Juden: Einige kamen als Mitglieder der alliierten Streitkräfte, andere kehrten aus dem Exil in ihre frühere Heimat zurück, wieder andere waren aus Osteuropa geflüchtet und fanden sich als Displaced Persons (DP) in entsprechenden Auffanglagern wieder. In der Folge ergaben sich gerade im lokalen Kontext neue, oft spannungsreiche Begegnungen zwischen Juden und Nichtjüdinnen, gelegentlich sogar direkt zwischen Täterinnen und Opfern.[3]

Die ersten Parameter für den Umgang mit dem nationalsozialistischen Erbe wurden von den Alliierten gesetzt: Die Besatzungsmächte kontrollierten in der unmittelbaren Nachkriegszeit die Medien strikt, so dass antisemitische Äußerungen in der Presse nahezu unmöglich waren. Die politische Reorganisation stand ebenso unter dem Vorbehalt, nationalsozialistische und antisemitische Kräfte nicht wieder an die Macht gelangen zu lassen. Unterstützung erhielten die Alliierten von den überlebenden Gegnern des NS-Regimes, von denen viele wichtige Ämter im neuen Staat übernahmen; sie begrüßten die öffentliche Ächtung von NS-Ideologie, Antisemitismus und Rassismus.

Bei diesen Bemühungen stand die Bekämpfung des Antisemitismus im Zentrum: Hans Habe, Journalist und Chefredakteur der Münchner *Neuen Zeitung*, der seit 1944 die Pressepolitik der US-Besatzungskräfte koordiniert hatte, erklärte 1946 den Umgang damit zur »Frage der politischen Reife eines Volkes«.[4] Das zukünftige Deutschland müsse den Antisemitismus institutionell bannen, sich aktiv um die Rückkehr deutscher Juden aus dem Exil bemühen und Wiedergutmachung leisten. Unmittelbar nach der Gründung der Bundesrepublik 1949 formulierte der US-Hochkommissar John J. McCloy diesen Gedanken ähnlich: Die Beziehung der Deutschen zu den Juden sei die eigentliche »Feuerprobe der Demokratie«.[5] Auch wenn die Zeitgenossen beide Aspekte oft in eins setzten – und auch wenn dies bis heute häufig geschieht: Der Kampf gegen Antisemitismus und der Einsatz für Jüdinnen waren nicht zwangsläufig identisch. Die Alliierten wollten beides fördern.

Zweifelsohne bestand Antisemitismus auch in einer offenen Form weiter: Gerade das Zusammenleben mit den jüdischen DPs wurde

bis in die junge Bundesrepublik hinein von vielen Nichtjüdinnen stereotyp als sehr konfliktreich wahrgenommen.[6] 1946 und 1948 ergaben Umfragen der amerikanischen Militärregierung in ihrer Besatzungszone, dass 39 bzw. 33 Prozent der Bevölkerung antisemitisch
eingestellt waren und nur jeweils 20 Prozent als vorurteilsfrei angesehen werden konnten.[7] Bereits in der Besatzungszeit wurden jüdische
Friedhöfe geschändet, so im Sommer 1946 in Düsseldorf und ein Jahr
später in Köln. Im April 1947 kam in Weiden in der Oberpfalz ein
Ritualmordgerücht auf.[8]

Zu beobachten waren verschiedene Anpassungsstrategien an die
veränderte Situation. In den Führungsschichten des neuen Staats,
wo neben den ehemaligen Gegnerinnen des NS-Regimes weiterhin
Vertreter liberaler und konservativer Eliten sowie zunehmend (mehr
oder weniger) belastete NS-Funktionsträger vertreten waren, gestal-
tete sich der Übergang zu einem wohlfeilen Verschweigen und Ignorieren von Antisemitismus fließend.[9] Als 1946 eine erste Debatte über
die Verbrechen des NS-Regimes einsetzte, die sich besonders mit der
Frage der (Kollektiv-)Schuld der Deutschen beschäftigte, spielte dabei weder Antisemitismus noch der Völkermord an den europäischen
Juden eine wichtige Rolle.[10] In dieser Phase und bis weit in die Geschichte der Bundesrepublik hinein redete man häufig nur in undeut-
lichen Floskeln über die nationalsozialistischen Verbrechen, insbesondere über den Holocaust, und begann, Jüdinnen als »jüdische
Mitbürger« zu adressieren.[11] Ein spezifischer Philosemitismus, der
das bundesrepublikanische Sprechen über Juden lange prägen sollte,
etablierte sich. Man lobte die Klugheit der Jüdinnen und ihren wichtigen Beitrag zur deutschen Kultur; man entdeckte oder betonte die
eigenen jüdischen Freunde. Überall in der Republik wurden Auffüh-
rungen von *Nathan der Weise* auf die Bühne gebracht: Hier hatte man
einen guten Juden, den man gerne tolerieren wollte.[12] Philosemitische Beteuerungen konnten einer bis hin zur Heuchelei reichenden
individuellen Taktik der Anpassung an die neuen Verhaltensregeln
entspringen; sie konnten aber auch durch ein echtes, dabei jedoch –
angesichts der genozidalen Dimension des Holocaust vielleicht not-

wendigerweise – unbeholfenes Bedürfnis nach neuen Umgangsfor-
men verursacht sein. Antisemitismus begleitete diesen Philosemitismus freilich auf Schritt und Tritt. Der eine konnte leicht in den anderen umschlagen.

Bis zur Gründung der neuen Bundesrepublik ergab sich grob folgen-
des Bild: Eine kleine, aber publizistisch und politisch aktive Gruppe
von Anti-Antisemitinnen stand einer – wohl kaum größeren – Gruppe von überzeugten Antisemiten gegenüber, die darauf warteten, ihre
judenfeindlichen Meinungen wieder zu Markte tragen zu können.
Die weitaus größte Gruppe stellten jedoch die Indifferenten dar,
die antisemitische Stereotype hegten und von den Antisemitinnen
mobilisiert werden konnten, wenn die Situation opportun war.[13]
In dieser Gruppe existierte die stärkste Verhaltensunsicherheit und
damit auch das größte Potenzial für philosemitische Anbiederungen.

In gewisser Hinsicht besteht der eigentliche Erfolg in der Geschichte der Bundesrepublik darin, dass die erste Gruppe der aktiven
Anti-Antisemiten auf Kosten der Indifferenten über die Jahrzehnte
signifikant wuchs. Wenn es auch nie wirklich gelang, die Gruppe der
überzeugten Antisemiten substanziell zu verkleinern, konnten publi-
zistische Äußerungen ihrer Ansichten doch mehr oder weniger dauerhaft beschränkt werden. Dass man es schaffte, die offene Äußerung
von Antisemitismus zu sanktionieren und zu tabuisieren, mag aus
heutiger Sicht nicht als echter Sieg erscheinen, 1949 war jedoch selbst
das keineswegs ausgemacht. Zumal diese öffentliche Ächtung ihrerseits Probleme produzierte: Sie ermöglichte es der extremistischen
Rechten schon zu Beginn der Bundesrepublik, sich als Opfer einer
Meinungsdiktatur zu inszenieren, weil sie ihren Judenhass nicht frei
artikulieren durfte. Zudem entstand hier ein Protestpotenzial, so dass
enttäuschte Wählergruppen oder Nichtwählerinnen für radikale Parteien mobilisierbar wurden.

Letztlich etablierten die Besatzungsmächte eine Struktur der öffentlichen Verdammung des expliziten Antisemitismus, die auch viele westdeutsche Medien – insbesondere die Zeitungen der Qualitäts-

presse – akzeptierten. Dies galt vor allem, nachdem die *Süddeutsche Zeitung* im Sommer 1949 lautstarke öffentliche Proteste verursacht hatte – inklusive einer Demonstration, bei der die Polizei sogar Schüsse auf die jüdischen Protestierenden abgab –, als dort ein radikal antisemitischer Leserbrief eines »Adolf Bleibtreu« abgedruckt worden war.[14] Offene, sprachlich extreme Judenfeindschaft gehörte prinzipiell nicht mehr in eine Zeitung, selbst wenn man, wie die SZ beteuerte, damit die vorhandenen Ressentiments sichtbar machen wollte.[15] Die längerfristigen Folgen sind etwa an den Richtlinien zu erkennen, die sich die Deutsche Presseagentur (dpa) gab und nach denen jede antisemitische Formulierung in ihren Meldungen zu unterbleiben hat.[16] Damit entstanden zugleich die Bedingungen für das, was Sozialwissenschaftlerinnen als Kommunikationslatenz und Umwegkommunikation des Antisemitismus bezeichnen: Sozial nicht erwünschte Meinungen verbleiben in der Latenz und suchen sich dann einen Umweg, um doch kommuniziert werden zu können.[17]

Im Übergang zur Bundesrepublik formulierten die höchsten Repräsentanten des neuen Staates Positionen zum Antisemitismus, die an das sprichwörtliche Pfeifen im Walde erinnerten: Kanzler Adenauer brachte in seiner ersten Regierungserklärung lediglich eine kurze Verurteilung der jüngsten antisemitischen Bestrebungen unter, eingerahmt in längere Ausführungen über die notwendige Amnestie verurteilter NS-Verbrecher auf der einen Seite und über deutsche Kriegsgefangene auf der anderen.[18] In einem Interview mit der *Allgemeinen Wochenzeitung der Juden in Deutschland* musste er am 11. November 1949 deutlicher werden:

> Wir werden jeden Antisemitismus nicht nur bekämpfen, weil er uns innen- und außenpolitisch unerwünscht ist, sondern weil wir ihn aus Gründen der Menschlichkeit mit aller Entschiedenheit ablehnen [...]. Wir werden die Juden gegen jede Möglichkeit neuer Verfolgung sichern.[19]

In dem Gespräch, das Bundespräsident Theodor Heuss im Dezember 1949 mit einem Vertreter der Associated Press führte, war dieser Kampf schon gewonnen: »Die deutsche Demokratie werde weniger an Antisemitismus und anderen Erscheinungen der Hitler-Zeit zu leiden haben als manches andere Land [...]. Wirklichen Antisemitismus gebe es in Deutschland nicht mehr.«[20] Die ostentative moralische Verurteilung des Antisemitismus sollte in die Grundstruktur der politischen Kultur der Bundesrepublik eingebaut werden. Bruchlos wurde dies verbunden mit der Beteuerung, hier bestehe kein echtes Problem mehr. Das hatte sicherlich außenpolitische Gründe, da man die Alliierten und ausländische Medien von der Stärke der westdeutschen Demokratie überzeugen wollte, wie es in Adenauers Interview-Antwort ja schon angeklungen war. Angesichts der Verbreitung von Rechtsextremismus und Antisemitismus gerade in der Nachkriegszeit lag solchen Bekenntnissen aber – umso stärker, je weiter die Entwicklung in den fünfziger Jahren voranschritt – eine zynische Beschwichtigungsstrategie zugrunde: Weil man parallel fast alles dafür tat, NS-Verbrecher wieder in Staat, Wirtschaft und Gesellschaft zu integrieren, versuchte man so, sich rhetorisch gegen Kritik abzusichern.

Diese doppelte Botschaft aus Abgrenzung vom und Integration des NS-Erbes wirkte sich auf eine bemerkenswerte Weise aus: Während die bundesrepublikanische Politik offenem Antisemitismus durchaus entgegentrat, erhielt sie diesen zugleich am Leben, da sie ihn offiziell leugnen oder zumindest verharmlosen musste, um gleichzeitig mit NS-Täterinnen und -Mitläuferinnen den Aufbau der Demokratie bewerkstelligen zu können. Die Konsequenzen zeigten sich gerade bei den konservativen bis rechten Kräften in der Politik: Offen antisemitischen Äußerungen konnten selbst sie nicht mehr unumwunden zustimmen. Wenn es zu einem entsprechenden Zwischenfall kam, waren sie zunehmend gezwungen zu leugnen, falsche Zitierung vorzuschieben oder zurückzutreten. Grundsätzlich entstand so eine paradoxe Struktur der politischen Kultur, bei der man Antisemitismus ebenso anprangern wie verleugnen und verdrängen konnte.

Die antisemitischen Skandale in der frühen Bundesrepublik

Die unmittelbare Nachkriegszeit war reich an Skandalen, die das Thema Antisemitismus in unterschiedlicher Weise auf die Tagesordnung brachten. In den (auch gerichtlichen) Auseinandersetzungen um den Regisseur Veit Harlan, der unter anderem den antisemitischen NS-Propagandafilm *Jud Süß* gedreht hatte, ging es seit 1947 nicht nur um seine Rolle im Nationalsozialismus, sondern auch um die Frage, ob ihm neue Produktionen erlaubt werden sollten.[21] Dabei fielen insbesondere im Pro-Harlan-Lager, das sich gegen entsprechende Boykottaktionen ab 1951 zur Wehr setzte, offen antisemitische Äußerungen, die auch einige Unterstützung aus der Bevölkerung erhielten.[22] Ebenfalls offen antisemitisch waren Ende 1949 Passagen in einer Rede des rechten Politikers Wolfgang Hedler, der für die Deutsche Partei (DP) im Bundestag saß, die Teil der ersten Adenauer-Regierung war und darin einen Bundesminister stellte. Hedler hatte mit Blick auf den Holocaust eingeräumt, das »Mittel, die Juden zu vergasen«, sei vielleicht nicht das richtige gewesen, und hinzugefügt: Möglicherweise hätte es andere Wege gegeben, sich ihrer zu entledigen. Im Fall des DP-Politikers zeigte sich zum ersten Mal das sich etablierende politische Ausweichmanöver: Die Partei beschloss lieber den Ausschluss Hedlers, als sich öffentlich mit seinen Äußerungen gemeinzumachen, auch wenn mancher Funktionär wahrscheinlich ähnlicher Ansicht war.[23]

Spätestens ab der Regierungserklärung vom September 1951, in der Adenauer die Bereitschaft Deutschlands zur »Wiedergutmachung« für die Verbrechen des Judenmords festschrieb, beherrschte dieses Thema die öffentliche Agenda. So problematisch man die Politik der Wiedergutmachung im Grundsatz oder auch nur in der Umsetzung finden kann, mit der Erklärung Adenauers bekannte sich die Bundesrepublik als Rechtsnachfolgerin des Dritten Reichs zu der Schuld, die durch die Massenverbrechen des NS-Regimes entstanden war.[24] Waren die Diskussionen in der Bevölkerung ohnehin bereits von antisemitischen Einstellungen durchtränkt, so verschärften haltlose Vorwürfe gegen den Holocaust-Überlebenden und jüdischen Leiter des bayerischen Landesentschädigungsamtes, Philipp Auerbach, der auch als bayerischer Staatskommissar für rassistisch, religiös und politisch Verfolgte fungierte, die Lage zusätzlich.[25] Bereits im März 1951 war Auerbach festgenommen und schließlich angeklagt worden. Man warf ihm Veruntreuung von Wiedergutmachungsgeldern vor.

Schon während des Verfahrens war Auerbach mehrfach die Verantwortung für den steigenden Antisemitismus angelastet worden, weil er in der Bevölkerung die Bereitschaft zur Wiedergutmachung zerstöre. Gleichzeitig erhielten die bayerischen Behörden eine Vielzahl von antisemitischen Briefen gegen Auerbach. Und der bayerische Justizminister Josef Müller erklärte, man müsse verhindern, dass Bayern von einem jüdischen König regiert werde. Im Verlauf des Strafprozesses konnte zwar keiner der wesentlichen Anklagepunkte erhärtet werden, dennoch verurteilten die Richter – allesamt ehemalige NSDAP-Mitglieder und Vertraute des Justizministers Müller – Auerbach wegen Veruntreuung und Betrugs zu zweieinhalb Jahren Gefängnis. Dieser verübte zwei Tage nach der Urteilsverkündung Selbstmord. 1954 rehabilitierte ihn ein Untersuchungsausschuss des bayerischen Landtags.

Für die frühen fünfziger Jahre lässt sich somit in Bezug auf den Antisemitismus eine widersprüchliche Schlussfolgerung ziehen: Einerseits wurden Personen, die sich offen zum Nationalsozialismus bekannten und Antisemitismus direkt befürworteten oder verteidigten, an den Rand des politischen Systems und der Öffentlichkeit verbannt. Dafür stand nicht zuletzt das Verbot der Sozialistischen Reichspartei (SRP), der Eugen Kogon schon im Mai 1951 kurz und bündig »Geist und Sprache der SA« attestiert hatte, durch das neu gegründete Bundesverfassungsgericht 1952.[26] Andererseits beschloss die Adenauer-Regierung zahlreiche Maßnahmen, welche der verbreiteten restaura-

tiven Stimmung Rechnung trugen und für die Bekämpfung des Antisemitismus eine schwere Bürde darstellten: den offiziellen Abschluss
der Entnazifizierung 1951, die Wiedereingliederung vieler NS-An-
hänger in den öffentlichen Dienst (Art. 131 GG) im selben Jahr und
das Straffreiheitsgesetz von 1954. Dazu kam die generelle Tendenz
zur Begnadigung selbst schwerster NS-Verbrecher in dieser gesamten
Phase.[27] Nicht nur ausländische Beobachterinnen sahen in der populären Unterstützung für die Gnadengesuche der in Landsberg am
Lech inhaftierten NS-Täter – darunter Chefs von SS-Einsatzgruppen
und -Sonderkommandos – ein Zeichen dafür, wie stark antisemitische Regungen noch waren.[28]

Angesichts dieser Gemengelage überrascht die Zunahme antisemitischer Einstellungen in der Bevölkerung nicht, wie sie sich demos-
kopischen Untersuchungen entnehmen lässt (vgl. Schaubild 2).

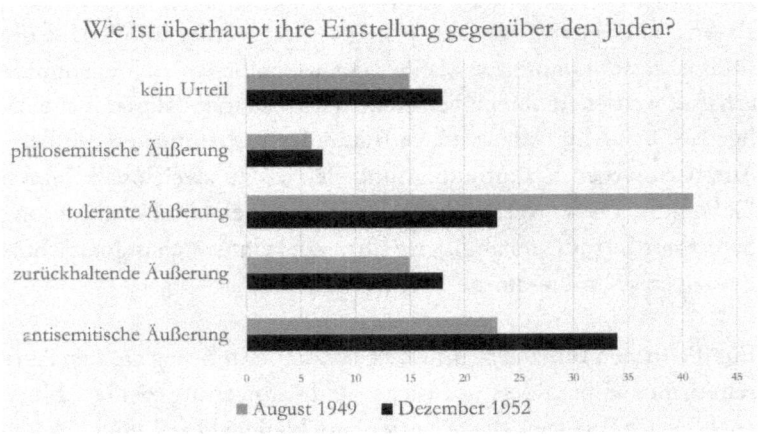

Schaubild 2: Umfrageergebnisse des Instituts für Demoskopie.[29]

Die antisemitische Welle 1959/60

Nach einer Phase der relativen Ruhe Mitte der fünfziger Jahre, in der es allerdings schon zu einem, von der Öffentlichkeit kaum registrierten, Anstieg antisemitischer Vorfälle gekommen war, kehrte das Thema Ende des Jahrzehnts auf die Tagesordnung zurück. Der Fall Zind – der Offenburger Studienrat Ludwig Zind hatte 1957 im Gasthaus Zähringer Hof den jüdischen Kaufmann Kurt Lieser schwer antisemitisch beleidigt – verdeutlichte, dass die Behörden bisweilen selbst dann nicht gegen Antisemiten vorgingen, wenn diese in Bildungseinrichtungen tätig waren, und zeigte erneut die beachtliche Unterstützung, die Judenfeinde in der Bevölkerung genossen.[30] Zwar wurde Zind zu einer Gefängnisstrafe verurteilt, er musste diese aber nicht sofort antreten, so dass er in den Nahen Osten fliehen konnte. In den folgenden Monaten kam es zu weiteren kleineren Skandalen (zum Beispiel um die Flucht des KZ-Arztes Hans Eisele vor der Strafverfolgung, um die Holocaust-Leugnung des Hamburger Holzhändlers Friedrich Nieland oder um antisemitische Attacken gegen ein Café, das der jüdische Remigrant Kurt Sumpf 1958 im hessischen Köppern eröffnet hatte). Kritische Beobachterinnen sahen eine Renazifizierung voranschreiten, mit dem Antisemitismus als »Versuchswegbereiter«, wie es die von Kogon mitbegründeten *Frankfurter Hefte* ausdrückten: Die regelmäßigen Friedhofsschändungen – »diese wohl feigste und allerniedrigste Form des Antisemitismus« – seien schon 1958 in »Aktionen gegen Lebende und in offene Propaganda« umgeschlagen.[31] Sicherlich gab es gegenläufige Tendenzen, die allerdings nicht unbedingt so intendiert waren. 1958 wurde die Ludwigsburger Zentralstelle für die Aufklärung von NS-Verbrechen geschaffen, um vor der anstehenden Verjährung 1965 die letzten Fälle abzuschließen. Als diese Verjährung ausgesetzt wurde, entwickelte die Strafverfolgung jedoch von Ludwigsburg aus eine neue Dynamik.

1959 meldete sich das Thema Antisemitismus dann mit Macht zurück. In der Nacht vom 24. auf den 25. Dezember beschmierten zwei junge Männer die erst wenige Monate zuvor eröffnete Kölner Synagoge mit Hakenkreuzen und dem Slogan: »Deutsche fordern Juden raus«. Die Tat löste in Medien und Politik erhebliche Empörung aus – und zugleich eine Welle weiterer Friedhofsschändungen, Schmierereien und persönlicher Attacken gegen Juden.[32] In den folgenden sechs Wochen wurden mehr als 600 entsprechende Vorfälle registriert; es kam auch zu einer überraschend großen Zahl von Festnahmen, wenn man bedenkt, wie schwer es normalerweise ist, bei solchen Taten der Schuldigen habhaft zu werden.[33]

Die zwei verhafteten Täter von Köln waren Mitglieder der 1950 gegründeten rechtsextremen Deutschen Reichspartei (DRP), die bis 1953 im Bundestag und später noch in einigen Länderparlamenten vertreten war.[34] Obwohl die zeitgenössische Politik darüber spekulierte, ob DDR-Behörden einige der antisemitischen Aktivitäten lanciert hatten, gehörten die meisten bekannten Verhafteten dem rechtsextremistischen Umfeld an. Übrigens erlebte die DDR ihrerseits – wie viele andere Länder – eine ähnliche Welle judenfeindlicher Schmierattacken, die man dort freilich als Taten von Halbstarken abtat.[35] In einer ähnlichen Form der Bagatellisierung schlug im Westen Bundeskanzler Adenauer vor, den »Lümmeln« eine »Tracht Prügel« zu verabreichen. In der Bundestagssitzung vom 18. Februar 1960 stimmte auch die oppositionelle SPD in den Chor ein, wonach Antisemitismus politisch kein echtes Problem sei.[36] Im Weißbuch der Bundesregierung zu den Vorfällen wurden nur bei 56 von insgesamt 234 ermittelten Tätern »unterschwellig wirksame politische oder antisemitische Gesinnungen – häufig nach Alkoholgenuß« festgestellt.[37] Neben außenpolitisch motivierten Befürchtungen sprach aus solchen Verharmlosungen erneut der Wunsch, das prekäre Gleichgewicht von Abgrenzung und Integration der nationalsozialistischen Vergangenheit nicht zu gefährden. Nun erweiterte sich das Repertoire allerdings um die Infantilisierung der Täterinnen, denen man die nötige politische Reife für den demokratischen Prozess absprach, weil sie sich antisemitisch gebärdeten.[38]

Die Einschätzung, wonach der Antisemitismus, wie er sich in den

Skandalen oder in der Schmierwelle niedergeschlagen habe, keine Gefahr für die demokratische Grundordnung als solche darstelle, sollte im politischen Raum in den folgenden Jahren und Jahrzehnten noch oft wiederholt werden. Doch schon damals ließ eine solche Sichtweise die eigentliche vom Antisemitismus ausgehende Gefahr außer Acht: die Bedrohung für Jüdinnen. Blickte man auf das Staatswesen als Ganzes, so konnte man vielleicht zu der Schlussfolgerung gelangen, die antisemitische Rechte verkörpere mit ihren Aktivitäten höchstens ein Problem für das Ansehen der Bundesrepublik, könne diesen Staat aber auf diese Weise nicht in seinen Grundfesten erschüttern. Hätte man es allerdings als Aufgabe der Behörden und auch des Staatsschutzes betrachtet, nicht nur die Grundordnung, sondern alle Bürger des Staates zu schützen, hätte man solche Argumente korrigieren müssen. Denn die Gefahr für Leib und Leben jüdischer Menschen existierte. Und sie wurde nicht kleiner.

Die Auseinandersetzung mit den NS-Verbrechen

Mit dem Jerusalemer Eichmann-Prozess 1961, der in den bundesrepublikanischen Medien breit rezipiert und von fast allen Bundesbürgerinnen wahrgenommen wurde, begannen sich die Debatten allmählich zu verschieben.[39] Während der klassische Antisemitismus, der noch die Schmierwelle geprägt hatte, jetzt langsam in den Hintergrund rückte, wurde die Auseinandersetzung mit den Verbrechen des NS-Regimes – und zunehmend mit dem Genozid an sechs Millionen Juden – in der Öffentlichkeit immer wichtiger. Dazu trugen auch der Frankfurter Auschwitz-Prozess 1963/64, die folgenden Verfahren zu weiteren Vernichtungslagern 1964-66 und die 1965 sowie 1969 intensiv geführten Debatten über die Verjährung des Massenmords bei. Die Effekte auf die Einstellungen in der Bevölkerung konnten dabei durchaus problematisch sein: 1969 wollten nur 23 Prozent der Bundesbürger die »Naziverbrechen« weiterhin verfolgt wissen, während 67 Prozent dafür waren, »einen Schlußstrich zu ziehen«.[40] Spätestens

mit diesen Entwicklungen kam in Bezug auf den Umgang mit Antisemitismus ein wichtiger neuer Faktor ins Spiel: Die voranschreitende
Beschäftigung mit dem Holocaust nährte in einigen Bevölkerungsteilen den Wunsch, nicht länger mit den Verbrechen des NS-Regimes
konfrontiert zu werden. Der sogenannte sekundäre oder Schuldab-
wehr-Antisemitismus wurde ab den sechziger Jahren wichtiger.

Bereits bei den Schändungen jüdischer Friedhöfe, die sich durch
die gesamte Geschichte der Bundesrepublik zogen – und bis heute
ziehen –, stand die Bekämpfung der Erinnerung an jüdisches Leben
im Zentrum.[41] Diese Abwehr der Erinnerung wurde ein wesentliches
Motiv des Nachkriegsantisemitismus von rechts (und gelegentlich
auch von links), wobei es in der Regel spezifischer um die Erinnerung
an den während des Nationalsozialismus begangenen Judenmord
ging. Als Bonn 1952 mit Israel Verhandlungen über Wiedergutma-
chungszahlungen aufnahm, sah sich der bereits erwähnte Hamburger Kaufmann Nieland veranlasst, Briefe an die Spitzen der Bundesrepublik zu versenden. 1957 fasste er diese zu dem offenen Brief
»Wieviel Welt (Geld)-Kriege müssen die Völker noch verlieren?« zusammen. Er prangerte die vermeintliche »ungeheuerliche Lüge über
die Vergasung und Abschlachtung von sechs Millionen Juden durch
Deutsche unter Hitlers Macht« an und behauptete, dieses Massenverbrechen sei von den Juden selbst begangen worden.[42] Derartige Leug-
nungen des Holocaust erhielten stetig neue Nahrung. Die rechtsextremistische Publizistik kultivierte entsprechende Anspielungen
schon lange, die *Deutsche National-Zeitung* tat sich dabei besonders
hervor.[43] Befeuert wurde dies zusätzlich durch Polemiken von
Rechtsintellektuellen, die wie zum Beispiel Armin Mohler gegen
die angebliche Manipulation durch die Vergangenheitsbewältigung
wetterten und das Ausmaß der Verbrechen anzweifelten.[44]

Anfang der siebziger Jahre radikalisierte sich diese Rhetorik weiter.
1973 veröffentlichte der Landwirt und ehemalige SS-Mann Thies
Christophersen, der ab 1944 in unmittelbarer Nachbarschaft zum
KZ Auschwitz eingesetzt war, seine als Erlebnisbericht getarnte Holocaust-Leugnung *Die Auschwitz-Lüge*. Den Häftlingsalltag in Auschwitz

beschrieb er als eine Art Erholungsurlaub; Morde durch Gas habe es keine gegeben.[45] Nicht zuletzt aufgrund ihres plakativen Titels avancierte die Broschüre zum Inbegriff dieses Genres.[46] Der spätere Rechtsterrorist Manfred Roeder steuerte ein antisemitisches Vorwort zu Christophersens Pamphlet bei, das in andere Sprachen übersetzt wurde und hohe Auflagen erzielte, bis der Vertrieb 1978 per Gerichtsbeschluss verboten wurde.

In diesen Jahren professionalisierten sich die Holocaust-Leugnerinnen zunehmend: Nun ging es weniger darum, gegen den öffentlichen Umgang mit Auschwitz und dem millionenfachen Judenmord zu polemisieren; man versuchte stattdessen verstärkt, mit wissenschaftlich klingenden Analysen die historischen Fakten zu bestreiten. Der Franzose Robert Faurisson hatte seit 1974 entsprechende Publikationen in verschiedenen französischen und US-amerikanischen Organen untergebracht. In Deutschland wurde er 1978 mit seiner Schrift *Es gab keine Gaskammern* bekannt, die bald darauf verboten wurde.[47] Der NPD-Politiker Udo Walendy engagierte sich in dieser Szene seit den sechziger Jahren und verlegte 1976 die deutsche Übersetzung des scheinbar wissenschaftlich argumentierenden Werks *The Hoax of the Twentieth Century* des US-amerikanischen Elektroingenieurs Arthur Butz.[48] Überhaupt waren die Holocaust-Leugner international gut vernetzt, wie man an den vielen Übersetzungen und Kooperationen gerade mit Rechtsextremisten aus den USA erkennen kann.[49]

Diese Aktivitäten blieben der westdeutschen Politik nicht verborgen. Schon als Reaktion auf den Fall Nieland hatte die Bundesregierung 1957 einen Gesetzentwurf gegen Volksverhetzung vorgelegt. Allerdings wurde das Gesetz erst im Mai 1960 unter dem Eindruck der antisemitischen Welle verabschiedet. Mit der Zunahme Holocaustleugnender Schriften in den siebziger Jahren kam es unter der sozialliberalen Koalition zu Diskussionen über die Einführung eines Straftatbestands gegen die »Auschwitz-Lüge«, auf die ich in Kapitel 11 zurückkommen werde.

Der Antisemitismus von links seit den sechziger Jahren

Mit dem Sechstagekrieg 1967 gewann der Staat Israel, zu dem die
Bundesrepublik offiziell erst 1965 diplomatische Beziehungen aufgenommen hatte, in der westdeutschen Öffentlichkeit an Statur – nun
trat das deutsch-israelische Verhältnis neben das nichtjüdisch-jüdische. Allgemein bewirkte der Krieg zunächst einen deutlichen Zuwachs an Sympathie für das tapfer kämpfende Israel. Vermutlich verbesserte dies auch generell die Sichtweise der deutschen Bevölkerung
auf Juden in der Bevölkerung.[50] Gleichwohl schlug die linke Studentinnenbewegung schon früh einen anderen Ton an. Bereits im September 1967 verurteilte der Sozialistische Deutsche Studentenbund
(SDS) die »israelische Aggression gegen die antiimperialistischen Kräfte im Nahen Osten«. Im Sommer 1969 protestierten dann SDS-Angehörige zusammen mit arabischen Studentengruppen, unter anderem der Fatah-Fraktion, heftig gegen die Auftritte des israelischen
Botschafters Asher Ben-Natan an den Universitäten in Frankfurt
am Main und Hamburg. Ben-Natan brandmarkte den dort manifest
werdenden Antizionismus in einem dpa-Interview als »verkappten
Antisemitismus«.

An der Wende zu den siebziger Jahren begann mit der antizionistischen Palästina-Solidaritätsbewegung auf der Linken die »Phase eines
bedingungslosen Pro-Palästinensismus«.[51] Damit etablierte sich unübersehbar auch eine neue, linke Spielart des Antisemitismus, die teilweise sogar vor Gewalt nicht zurückschreckte. Ab 1969 kam es zu
antisemitischen linksterroristischen Aktivitäten. So wurde in der Nacht
zum 9. November 1969 – genau 31 Jahre nach dem Novemberpogrom – eine Brandbombe im jüdischen Gemeindehaus in Berlin platziert, die glücklicherweise nicht explodierte. Die Tupamaros West-
Berlin rechtfertigten diese Tat folgendermaßen:

> Das bisherige Verharren der Linken in theoretischer Lähmung bei der
> Bearbeitung des Nahostkonflikts ist Produkt des deutschen Schuldbe
> wußtseins [...]. Der wahre Antifaschismus ist die klare und einfach

Solidarisierung mit den kämpfenden Feddayin [...]. Aus den vom Fa-
schismus vertriebenen Juden sind selbst Faschisten geworden, die in
Kollaboration mit dem amerikanischen Kapital das palästinensische
Volk ausradieren wollen.[52]

Heute gilt als gesichert, dass der – unter maßgeblicher Mithilfe eines
V-Manns des West-Berliner Verfassungsschutzes unternommene –
Anschlagversuch tatsächlich von der Gruppe um den linksradikalen
Politaktivisten Dieter Kunzelmann ausgeführt wurde.[53] Der verhee-
rende Brandanschlag auf das jüdische Gemeindezentrum und Alten-
heim in München, bei dem am 13. Februar 1970 sieben Juden ermordet wurden, ist bis heute ungeklärt; mögliche Verbindungen zu
Linksterroristinnen wie Kunzelmann waren zeitweise Ermittlungsge-
genstand.[54]

In der öffentlichen Wahrnehmung überlagerten die Entwicklung
der Studentinnenbewegung sowie die Entstehung des Linksterrorismus in Gestalt der RAF zunehmend die Diskussionen über Nationalsozialismus, Rechtsextremismus und Antisemitismus. So wurde etwa
der Majdanek-Prozess, bei dem 1975 die ehemaligen Mitglieder der
Wachmannschaften des Vernichtungslagers vor dem Düsseldorfer
Landgericht angeklagt wurden, kaum registriert, obwohl sich die Ver-
teidiger teilweise aus Neonazi-Kreisen rekrutierten und während des
Verfahrens ein skandalöses Verhalten an den Tag legten: So beantrag-
ten sie unter anderem, eine ehemalige Insassin des Lagers, die in dem
Prozess als Zeugin ausgesagt und geschildert hatte, wie man sie zum
Transport von Zyklon B in die Gaskammern gezwungen hatte, we-
gen Beihilfe zum Mord festzunehmen.

Das Wiederaufkommen des rechten Antisemitismus

Gegen Ende der siebziger Jahre veränderte sich die Lage erneut. Publizistisch wurde 1977 über eine »Hitlerwelle« geklagt: In vielen Illustrierten behandele man ständig Nazigrößen, die Hitler-Biografie
nebst Film von Joachim Fest erfreue sich großer Beliebtheit, und Hit-

ler-Devotionalien würden bei Auktionen hohe Preise erzielen, monierte beispielsweise Marion Gräfin Dönhoff in der *Zeit*.[55] Gleichzeitig verursachte das Buch des Lehrers Dieter Boßmann, für das er über 3000 Kinder und Jugendliche Aufsätze zum Thema »Was ich über Hitler gehört habe?« hatte verfassen lassen, in der Öffentlichkeit einen Schock, weil darin ein eklatanter Mangel an historischem Wissen deutlich zu werden schien.[56] Diese Befürchtungen ob eines Mangels an zeithistorischem Wissen und einer drohenden Trivialisierung bildeten dann einen wesentlichen Hintergrund für die Rezeption der Fernsehserie *Holocaust*, die Anfang 1979 in allen dritten Programmen der ARD lief. Die Ausstrahlung, die mit vielen Techniken der Medienbeobachtung und Wirkungsanalyse begleitet wurde, brach mit einer Sehbeteiligung von fast 60 Prozent alle Rekorde. Es existieren viele Hinweise darauf, dass die Serie mittel- und langfristige Effekte hatte: Immerhin 81 Prozent der Zuschauer gaben an, nach der Ausstrahlung über das Gesehene diskutiert zu haben. In jedem Fall etablierte die Serie ihren Titel im deutschen Wortschatz: »Holocaust« wurde 1979 zum Wort des Jahres. Dies markierte jedoch auch eine längerfristige Veränderung des historischen Bewusstseins: Der massenhafte Mord an den europäischen Juden wurde erst seit dieser Zeit zunehmend als das zentrale Verbrechen der NS-Vernichtungspolitik angesehen – und nicht mehr allgemein die Kriegsverbrechen während des deutschen Eroberungsfeldzuges, für die man meist schwammige Formulierungen gebraucht hatte.

Zweifelsohne hingen diese Debatten eng mit Fragen des Antisemitismus zusammen, gleichwohl waren die Themenfelder auch in den siebziger Jahren nicht deckungsgleich. Eine Konzentration auf die NS-Verbrechen bedeutete nicht automatisch eine größere Aufmerksamkeit für das gesellschaftliche Problem des Antisemitismus: Die fortgesetzten Schmierereien und Friedhofsschändungen, die noch zwanzig Jahre zuvor die Debatte beherrscht hatten, wurden in dieser Phase kaum registriert. Aus diesen Jahren existieren zudem kaum Meinungsumfragen zum Antisemitismus im engeren Sinne, mit einer gewichtigen Ausnahme: Der Soziologe Alphons Silbermann hatte 1974 eine umfassende Studie zum Antisemitismus in der westdeutschen Gesellschaft begonnen, die er 1982 unter dem Titel *Sind wir Antisemiten?* veröffentlichte (Schaubild 3).

Schaubild 3: Zustimmungsrate zu antisemitischen Äußerungen
(in Prozent).[57]

Eine starke Zustimmung zu antisemitischen Aussagen ließ sich zwar nur bei einem relativ geringen Teil der Bevölkerung ausmachen, umso größer waren aber jene Gruppen – letztlich fast drei Viertel –, bei denen sich noch »Reste antisemitischer Einstellungen« fanden. Noch gravierender waren die Zustimmungsraten – jeweils ca. 30 Prozent – zu einzelnen offen rassistisch-antisemitischen Aussagen, etwa zu der Frage, ob die Juden angeborene Fehler besäßen, die auf ihre »Rasse« zurückzuführen seien. Für den sich in den siebziger Jahren langsam, aber weitgehend unbemerkt reorganisierenden Rechtsextremismus war dieses »erhebliche Antisemitismuspotential« durchaus von Bedeutung, weil sich hier ein Resonanzraum zu öffnen schien.[58]

Das Bundesamt für Verfassungsschutz veröffentlichte bereits in

den siebziger Jahren jährliche Berichte, die auch Beobachtungen zur
radikalen Rechten sowie zu deren jeweiligem Gewaltpotenzial enthielten. Antisemitismus kam dabei – im Vergleich zu heute – selten
zur Sprache, auch wenn man im Laufe des Jahrzehnts immer weniger
umhinkonnte, problematische Entwicklungen auf diesem Gebiet zu
benennen. Zu Beginn der Siebziger stellte sich die Lage in Bezug auf
den Rechtsextremismus noch entspannt dar: Der Verfassungsschutz
konstatierte einen Niedergang der rechtsradikalen Parteien, bemerk-
te aber einschränkend das Potenzial, dass sich kleinere, »nach APO-
Taktiken« strukturierte Absplitterungen vor allem von der NPD entwickeln könnten. Dennoch hieß es generell: »Nazistische und antisemitische Entgleisungen, die in den vergangenen Jahren im Vordergrund standen, gingen erheblich zurück.«[59] Schon Mitte der Siebziger
verzeichnete der Bundesverfassungsschutz in diesen Splittergruppen
dann jedoch eine »zunehmende Bereitschaft und Sympathie für terroristische Aktivitäten«, denen mit verschärfter Strafverfolgung zu
begegnen sei.[60] Außerdem musste man zur Kenntnis nehmen, dass
die entsprechenden Zirkel sich nicht nur dem Ziel einer Wiederge-
burt des Nationalsozialismus verschrieben hatten, sondern auch eine
»aggressive Judenfeindschaft« vertraten.[61] In den Publikationen der
neonazistischen Bewegung im engeren Sinne war dies offensichtlich.
So hieß es im *Nationalsozialistischen Deutschen Nachrichtendienst* im
September 1976 ganz offen:

Schlagt den Juden in die schadenfrohe Fresse. Zertrümmert ihnen die
Fenster, kennzeichnet die Häuser der Juden als solche. Brennt die Sy-
nagogen ab, soweit sie noch stehen. Deutschland, erwache! Arier,
kämpft für eine arische Völkergemeinschaft und vernichtet das Judentum, das unser aller Unglück ist. Juda, verrecke! Sieg Heil![62]

Solch eine massive antijüdische Hetze blieb mitnichten auf Nischen-
publikationen beschränkt; ein Verfassungsschutzbericht dokumentiert Ähnliches, wenn auch im Ausdruck Gemäßigteres anhand zahl-
reicher Überschriften aus der weitverbreiteten *Deutschen National-
Zeitung*: »Die jüdische Mafia in Deutschland«, »Wie Judenmorde erfunden werden«, »Hitlers wahre Judenpolitik – Geschichtsfälschun-

gen widerlegt«, »Ist Zionismus Rassismus?«, »Wieviel Kritik an Juden
ist erlaubt?«, »Ewig für Hitler büßen? So erpreßt uns Israel«, »Wer
tötete Jesus Christus?«[63]

Parallel dazu nahmen die Schändungen jüdischer Friedhöfe dra-
matisch zu: Nach unterschiedlichen Zählungen war es von 1945 bis
1980 auf dem Gebiet Westdeutschlands insgesamt zu 431 bzw. 503
solchen Vorfällen gekommen. Allein 1977/78 waren 72 Schändungen
zu beklagen, die stärkste Häufung seit dem Krieg.[64] Direkte Gewalt
gegen Juden und Jüdinnen drohte hingegen weiterhin vor allem von
links: Im Mai 1977 warnte der Linksterrorist Hans-Joachim Klein,
ein ehemaliges Mitglied der Revolutionären Zellen und mittlerweile
in Frankreich untergetaucht, in einem Schreiben an einen *Spiegel*-
Korrespondenten vor möglichen antisemitischen Mordanschlägen
auf die Vorsitzenden der jüdischen Gemeinden Berlins und Frank-
furts.[65] Die Bonner Behörden nahmen diese Entwicklung ernst,
was sich auch daran ablesen lässt, dass das Bundesinnenministerium
eine Akte »Bedrohung jüdischer Persönlichkeiten und Objekte« anlegte, diese dann aber anscheinend nur bis 1980 weiterführte. Der
Vorsitzende des Zentralrats, Werner Nachmann, traf sich wenige Tage nach Kleins Warnung, am 16. Mai 1977, mit Bundesinnenminister
Werner Maihofer zu einem Gespräch über die terroristische Gefahr.
Man vereinbarte, dass der Vorsitzende und der Generalsekretär des
Zentralrats in Zukunft unverzüglich über akute Bedrohungen zu informieren seien. In einem nachfolgenden Brief wies Nachmann auch
auf eine andere zunehmende Gefahr hin:

> Über die wachsenden Aktivitäten des Rechtsextremismus sind wir be-
> unruhigt. Die uns zugehenden Briefe, die seit einiger Zeit sogar mit
> vollem Absender geschrieben werden, sowie die Publikationen – zum
> Beispiel die Nationalzeitung – und Vorkommnisse, wie Friedhofs-
> schändungen und Beschmieren mit nazistischen Emblemen, die sich
> in letzter Zeit häufen, geben Anlaß, diesen Extremismus stärker zu be-
> obachten.[66]

Die steigende Bereitschaft zur Gewalt gegen Juden

Nachmann sollte Recht behalten. Das antisemitisch motivierte Gewaltpotenzial unter Rechtsextremisten wuchs: Die Kühnen-Schulte-Wegener-Gruppe etwa plante 1977 die Befreiung des in Spandau
einsitzenden Hitler-Stellvertreters Rudolf Heß, die Ermordung des
Ehepaars Beate und Serge Klarsfeld (bundesweit bekannt, seit Beate
Klarsfeld im November 1968 Bundeskanzler Kurt Georg Kiesinger
wegen dessen NS-Vergangenheit geohrfeigt hatte) und einen Sprengstoffanschlag auf die KZ-Gedenkstätte Bergen-Belsen.[67] Mit jedem
Jahresbericht des Verfassungsschutzes wurden die Details besorgnis-
erregender. Der Grundtenor, in dem diese Entwicklung interpretiert
wurde, jedoch änderte sich nicht: Trotz steigender Gewaltbereitschaft
gehe von Rechtsextremisten weiterhin keine Gefahr für Sicherheit
und Ordnung aus. Gerade die immer stärker zutage tretenden antisemitischen Tendenzen mussten jedoch beunruhigen: Im Februar
1978 beschmierten Rechtsextremisten die Fürther Synagoge und zer-
störten siebzig Grabsteine auf dem angrenzenden Friedhof. Im Mai
wurde die Gedenkstätte Bergen-Belsen verunstaltet. Am 9. November – dem 40. Jahrestag des Novemberpogroms – kam es in mindestens zwanzig größeren Städten zu Schmieraktionen mit NS-Parolen.
Im Mai 1978 fand in Hamburg eine medienwirksame Demonstration der Aktionsfront Nationaler Sozialisten (ANS) statt, auf der Neonazis mit Eselsmasken Plakate mit der Aufschrift: »Ich Esel glaube,
daß im KZ Juden vergast wurden«, trugen.[68] Der Verfassungsschutzbericht für das Jahr 1978 kam zu einem entsprechend klaren Ergebnis:
»Ein erheblicher Teil der 992 Ausschreitungen offenbart die antisemitische Grundhaltung neonazistischer Täter. So wurden bei den zahlreichen neonazistischen Schmier- und Klebe-Aktionen immer wieder antisemitische Parolen verwendet.«[69]
    Für das Jahr 1979 verwies der Verfassungsschutzbericht auf die mo-
bilisierende Wirkung, welche die Fernsehserie *Holocaust* im rechtsextremistischen Lager entfaltet habe. Das schlug sich in einer regelrech-

ten Welle rechtsextremistischer Ausschreitungen nieder, so dass im Gesamtjahr 18 Prozent (oder 272 Einzelfälle) aller 1483 rechtsextremistischen Taten antisemitisch motiviert waren.[70] Auch das Bundesinnenministerium beobachtete Auswirkungen der Serie. Man stellte eine besondere Gefährdung von TV-Sendemasten fest, nachdem die Rechtsterroristen Peter Naumann und Heinz Lembke am 18. Januar 1979, also im unmittelbaren Vorfeld der Ausstrahlung, entsprechende Sprengstoffanschläge in Koblenz und Coesfeld durchgeführt hatten. Als die ersten beiden Folgen auf große Resonanz in der Bevölkerung gestoßen waren, erhielt der WDR eine Morddrohung gegen Heinz Galinski, den Vorsitzenden der Jüdischen Gemeinde Berlins. In Mönchengladbach ging eine telefonische Bombendrohung ein, bei der aber kein genaueres Ziel angegeben wurde.[71] Im März brüstete sich der Holocaust-Leugner Christophersen am Rande einer gemeinsamen Veranstaltung mit WSG-Chef Hoffmann in der Nähe von Nürnberg, dass er seit der Ausstrahlung kaum noch seine Fanpost bewältigen könne.[72] Ende 1979 berichtete die Bundesministerin für Jugend, Familie und Gesundheit Antje Huber (SPD) auf einer von der Fraktion ihrer Partei veranstalteten Anhörung zum Thema Rechtsextremismus (mehr dazu in Kapitel 5) besorgt von der zunehmenden Tendenz zur Holocaust-Leugnung:

> Es handelt sich hier zum Beispiel um pseudowissenschaftliche Machwerke, in denen die Ermordung von Millionen Juden im Rahmen der sogenannten »Endlösung der Judenfrage« geleugnet und als ein von den Juden zur »Erpressung von Wiedergutmachungsleistungen lancierter Betrug« dargestellt wird.[73]

1980 entwickelte sich dann verstärkt ein antisemitisch motivierter Terrorismus: Am 21. Februar begingen die Deutschen Aktionsgruppen (DA) unter Führung von Manfred Roeder einen Sprengstoffanschlag auf das Landratsamt von Esslingen, wo gerade eine Ausstellung gezeigt wurde, die an den Judenmord in Auschwitz erinnern sollte. Im April folgte ein Anschlag auf das Haus des Landrats. Im August verschickten die DA Drohbriefe an ca. vierzig Polizeidienststellen, in denen sie die Sicherheitsbehörden aufforderten, nicht länger als »Er-

füllungsgehilfe der Zionisten und Geldmacher« zu fungieren und die
»volksfeindliche« Politik nicht mehr zu beschützen. Ein ähnlicher
Brief ging an den Bundeskanzler.[74] In den folgenden Wochen musste
das Bonner Kabinett die rechtsterroristischen Entwicklungen immer
ausführlicher und besorgter zur Kenntnis nehmen. Die DA verlegten
sich dabei – ein Novum in der Geschichte der Bundesrepublik – auf
Attacken gegen Ausländerinnen und Migranten. Am 30. Juli verübten Roeder und seine Mitstreiter einen Sprengstoffanschlag auf ein
Sammellager mit Flüchtlingen im fränkischen Zirndorf, am 6. August folgte ein Attentat auf ein Hotel mit Asylbewerberinnen in Lein-
felden-Echterdingen und am 17. desselben Monats ein Sprengstoffanschlag auf eine Unterkunft äthiopischer Flüchtlinge in Lörrach.
War bei diesem letzten Angriff bereits eine Schwerverletzte zu beklagen gewesen, so starben am 22. August die beiden vietnamesischen
Flüchtlinge Châu und Lân, nachdem die DA Molotowcocktails in
das Ausländerwohnheim in der Hamburger Halskestraße geworfen
hatten. Dieser erste tödliche ausländerfeindliche und rassistische Angriff durch Rechtsterroristen, dem leider viele folgen sollten, ist heute
ebenfalls nahezu vollständig vergessen. Die Deutschen Aktionsgruppen nahmen aber auch Jüdinnen ins Visier: Am Tag vor der Hamburger Tat ging beim ZDF eine Postkarte mit der Drohung ein, »daß
keine Minute vergehen werde, in der nicht Asyllager oder Wohnungen mit Juden und Ausländern in die Luft fliegen«.[75]
     Der schwerste terroristische Anschlag des Jahres 1980 – das Atten-
tat auf das Oktoberfest vom 26. September – zielte nicht auf Juden:
Die Bombe tötete zwölf Besucherinnen und verletzte 211 weitere, davon 68 schwer. Darüber hinaus kam der Täter, Gundolf Köhler, ums
Leben. Es ist allerdings durchaus möglich, dass Antisemitismus bei
der Motivation des Rechtsterroristen eine gewisse Rolle spielte.
Die Berichterstattung über Köhler (und die Debatte über ihn bis heute) konzentrierte sich vor allem auf seine – zweifelsohne wichtige –
Verbindung zur WSG, an deren Übungen er teilgenommen hatte.
Doch existieren in seiner Biografie auch Hinweise auf Antisemitismus: seine frühe und anhaltende Verehrung für den Nationalsozia-

lismus, seine Zustimmung zum Judenmord im »Dritten Reich«, seine Befürwortung zukünftiger Tötungen von Juden.[76] Noch am Abend vor der Tat hatte er einen Vortrag eines Historikers über die Geschichte der Konzentrationslager im Nationalsozialismus besucht.[77] Die eigentliche Bedeutung des Anschlags für den Erlanger Doppelmord lag jedoch in dessen antisemitischer Deutung, doch dazu später mehr (Kapitel 6).

Für erhebliche Unruhe gerade unter den deutschen Jüdinnen sorgte im Herbst 1980 eine Serie von Anschlägen auf jüdische Einrichtungen in Paris, zu der sich die rechtsradikale FANE (Fédération d'action nationale et européenne) bekannte. Beim folgenreichsten terroristischen Angriff, dem Bombenattentat auf die Synagoge in der Rue Copernic am 3. Oktober, wurden 4 Personen getötet und 46 weitere verletzt. Zu diesem ersten tödlichen antisemitischen Attentat seit dem Krieg bekannte sich ebenfalls die FANE; wirklich aufgeklärt wurde die Tat bis heute nicht. Auch mit Blick auf den verheerenden Bombenanschlag auf den Hauptbahnhof von Bologna am 2. August, bei dem 84 Menschen umgekommen waren und für den die neofaschistische Organisation Nuclei Armati Rivoluzionari (Bewaffnete revolutionäre Kerne) verantwortlich zeichnete, hielt die Bundesregierung weitere Attentate für wahrscheinlich. Man sah sich einer internationalen Terrorwelle gegenüber und vermutete häufig – zum Teil bis heute – Verbindungen zwischen den rechtsextremistischen Tätern.

Als Reaktion veranlasste das Bundesinnenministerium den besonderen Schutz jüdischer Einrichtungen.[78] In der Sitzung des Bundeskabinetts vom 15. Oktober 1980 war diese Bedrohung zum wiederholten Male Thema. Besorgt registrierte man Berichte, wonach unter den französischen Juden Forderungen nach Selbstschutz laut geworden seien.[79] Auch innerhalb der jüdischen Gemeinden in Deutschland wurde diese Möglichkeit diskutiert, wenn auch tendenziell ablehnend.[80] In diese Stimmung platzte der Vorschlag eines Knesset-Abgeordneten, israelisches Sicherheitspersonal zum Schutz jüdischer Schulen und Kindergärten nach Deutschland zu entsenden. Begründet wurde dies mit den Attentatsdrohungen, die fast täglich bei solchen Einrichtungen eingingen.[81] 1980 löste diese Forderung verschiedenste Abwehrreaktionen aus: Das israelische Außenministerium gab zu Protokoll, die Regierung in Jerusalem lehne ein solches Vorgehen ab.[82] Die deutschen Behörden erklärten, ein solcher Schutz durch Israelis sei nicht nötig. Das Bundesinnenministerium prüfte dennoch intern die Rechtslage, ob und wie man gegebenenfalls eine Ausweisung israelischer Sicherheitsleute bewerkstelligen könnte.[83] Der Zentralrat der Juden ließ öffentlich verlautbaren, die deutschen Behörden seien mit dem Schutz der jüdischen Bevölkerung beauftragt.[84]

Nicht öffentlich wurde hingegen, dass die Regierungsspitze durchaus wusste, dass ein solcher Schutz notwendig war. In einem verschlüsselten Fernschreiben des Bundesverfassungsschutzes an das Bonner Innenministerium vom 13. Oktober wurde mitgeteilt, dass zwar über konkrete Anschlagsplanungen gegen »jüdische Objekte und Personen« durch Rechtsextremisten nichts bekannt sei:

> Jedoch wurden in neonazistischen zirkeln schon wiederholt derartige aktionen allgemein eroertert. So erklaerte ein frueherer neonazi erst in juengster zeit: statt gegen unschuldige menschen wie in hamburg oder muenchen anschlaege durchzufuehren, sollten sich aktionen dieser art vielmehr gegen »lohnende ziele« wie den vorsitzenden der juedischen gemeinde in berlin, heinz – galinski –, oder den leiter des juedischen dokumentationszentrums in wien, simon – wiesenthal – richten.

Zudem hätten die Konspiration, der Fanatismus und die Unberechenbarkeit der Neonazis zugenommen. Daher erscheine es nicht ausgeschlossen, dass solche Taten in Zukunft umgesetzt werden könnten.[85] Drei Tage zuvor hatte die *Allgemeine jüdische Wochenzeitung* gemahnt: »Wir Juden sind darauf angewiesen, daß der Staat als Inhaber der legitimen Machtmittel uns gegen die Mörder schützt. Wir selbst sind machtlos.«[86]

4. Die Ermittlungen

Bei der Suche nach dem Erlanger Täter tappen die Ermittlungsbehörden monatelang im Dunkeln. Mehr noch: Sie ziehen die Suche völlig falsch auf. Das liegt zum einen an den Spuren, die ihnen der Tatort bietet: Bei der zurückgelassenen Brille handelt es sich um eine Damensonnenbrille (siehe Abbildung 6), deren Gläserstärke nicht zu der Kurzsichtigkeit der beiden Mordopfer passt. Die Fußspuren, die man im schneebedeckten Garten sicherstellt, schätzen die Ermittler zunächst auf Größe 36 oder 37, und fügen hinzu: »vermutlich von einem Damenschuh herrührend«.[1] Alles scheint für eine Täterin und somit gegen eine rechtsextremistische Tat zu sprechen, da man damals landläufig annimmt, dass solche nur von jungen Männern begangen werden. Damit rückt das »Motiv einer konfliktbeladenen Beziehungstat« in den Vordergrund.[2] Also durchforsten die Ermittler das private Umfeld und verdächtigen nicht zuletzt weibliche Familienangehörige.

Zum anderen neigen die Ermittler vor Ort offenkundig schnell dazu, diesen Fall nicht als eine politische oder gar terroristische Tat einzuordnen. Sie stellen keinen Zusammenhang zur wachsenden Bedrohung durch rechtsextremistische und neonazistische Antisemiten her. Man könnte meinen, dass sie von den oben erwähnten Entwicklungen nie etwas gehört haben. Das verdeutlicht schon die Kommunikation der Behörden unmittelbar nach dem Mord. Zwar melden die zunächst ermittelnden Beamten der Polizeidirektion Erlangen keine vier Stunden nach der Tat in einem Fernschreiben an übergeordnete bayerische Behörden und das Bundesinnenministerium: »das motiv der tat ist zur zeit noch unklar, politischer hintergrund ist anzunehmen.«[4] Diese Sichtweise ändert sich jedoch sofort, als das bayeri-

Abb. 6: Fotografie der Brille der Firma Schubert.[3]

sche Landeskriminalamt (LKA) die Ermittlungen übernimmt. Kurz
nach Mitternacht trifft ein Unterstützungsangebot vom Bundeskriminalamt (BKA) ein, doch das LKA wehrt ab, weil es keine Zuständigkeit des Bundes erkennen kann. Das BKA gibt sich damit nicht
zufrieden, sondern hält Rücksprache mit dem Generalbundesanwalt
(GBA), der sich aber für nicht zuständig erklärt. Es sei kein Sachverhalt nach § 129a StGB (Bildung terroristischer Vereinigungen) erkennbar. Das BKA bleibt allerdings skeptisch, vor allem weil die Beamten von Drohungen aus dem palästinensischen Lager wissen, die
in diesem Fall vielleicht relevant sein könnten. Wenn die Tat von internationalen Terroristen begangen wurde, müsste das BKA übernehmen. Das bayerische LKA hingegen beharrt auf der eigenen Sichtweise, man habe es wahrscheinlich mit einer unpolitischen Tat zu tun.
Man einigt sich darauf, dass das BKA zwei Beamte nach Erlangen ab-
ordnet.

Wahrscheinlich ist mit der schnell erfolgten Einschätzung, dass es
sich beim Erlanger Doppelmord weder um eine politische Tat noch
um Terrorismus handelt, ein großer Fehler beim Versuch der Tataufklä-
rung schon passiert; diesem werden allerdings noch einige folgen. Si-

cherlich hätte man diese frühe Festlegung revidieren können, wenn entsprechende Hinweise aufgetaucht wären. Dies passiert aber wochenlang nicht, auch weil die Option Rechtsterrorismus nicht in den Fokus gerät. Als die Ermittler ab Februar 1981 doch auf eine Spur ins rechtsextreme Lager stoßen, werden das BKA und der Generalbundesanwalt nicht mehr eingeschaltet.

Dahinter verbirgt sich ein grundlegenderes Problem: Die Behörden haben Schwierigkeiten, sich antisemitischen Rechtsterrorismus vorzustellen. Terroristische Gewalt wird am Ende der brutalen siebziger Jahre ausschließlich mit der extremen Linken in Verbindung gebracht. Nur wenige politische Entscheidungsträger – in der sozialliberalen Bundesregierung oder in einigen SPD-Landtagsfraktionen – haben die wachsende Gewaltbereitschaft des rechtsextremistischen Lagers überhaupt registriert. Andere weigern sich, diese Gefahr zur Kenntnis zu nehmen. Führend ist hierbei die bayerische CSU-Regierung, welche die Ermittlungsbehörden im Fall des Oktoberfest-Anschlags wie des Erlanger Doppelmords beaufsichtigt.

Die wesentlichen Fragen liegen damit auf dem Tisch: Was halten die Ermittler des bayerischen LKA in diesem Fall für wahrscheinlich und warum? Welche Mentalität zeigt sich in den Ermittlungen im Erlanger Doppelmord, so dass sie über Monate ins Stocken geraten? Zweifelsohne sind polizeiliche Ermittlerinnen hochspezialisierte Fachleute, zu deren alltäglicher Arbeit es gehört, Beweise zu sichern, Zeugen zu befragen, Motivlagen zu analysieren und den wahrscheinlichsten Ablauf eines Verbrechens zu rekonstruieren. Sie sind aber zugleich Mitglieder einer Gesellschaft, in der bestimmte Gefährdungen als wichtiger gelten als andere, einige Szenarien als wahrscheinlicher und einige Personen als bedrohlicher. Was also sehen mutmaßlich die Ermittler, als sie vor den beiden Toten in der Ebrardstraße 20 stehen? Was spielt sich vor ihrem inneren Auge ab? Und wieso berücksichtigen sie nicht zumindest, was für uns heute als mögliches Tatmotiv offensichtlich erscheint: dass der Erlanger Doppelmord von Antisemiten begangen wurde?

Zunächst fassen die Fahnder den Kreis der möglichen Täter sehr weit.
Täterinnen aus der rechtsextremistischen Szene werden als eine unter
mehreren Möglichkeiten in Erwägung gezogen, aber nur allgemein
benannt; konkrete Gruppen identifiziert man nicht. Naheliegender
scheint in den ersten Tagen nicht nur dem BKA eine andere Variante:
ein Mord durch die Palästinensische Befreiungsorganisation (PLO).
Am 14. Dezember 1980 hat die israelische Botschaft die deutschen
Behörden gewarnt, die PLO plane bis Mitte Januar Aktionen gegen
israelische Einrichtungen und Besuchergruppen.[5] Das nimmt man
zunächst sehr ernst: Am Tag nach dem Doppelmord werden alle Grenz-
stellen per Fernschreiben beauftragt, Reisende aus dem arabischen
Raum besonders zu befragen.[6] Doch ergeben sich in diese Richtung
keine konkreten Hinweise, so dass die Variante palästinensischer Terrorismus bereits nach kurzer Zeit ad acta gelegt wird. Dass die PLO
durchaus eine, wenn auch ganz anders geartete, Rolle gespielt hat,
liegt noch jenseits des Horizonts der Behörden.

Praktisch haben solche Szenarien für die Ermittler vor Ort jedoch
kaum eine Bedeutung. Sie suchen die Verantwortlichen für den Doppelmord ausschließlich im Umfeld von Shlomo Lewin und Frida
Poeschke. In der Tatnacht hat man zunächst die Haushälterin im Verdacht, weil sie Jägerin ist und auf eine Erbschaft spekuliert haben könnte.[7] Als der leitende Oberstaatsanwalt in Nürnberg am 30. Dezember
1980 seinen ersten Bericht mit den bisherigen Erkenntnissen zusam-
menstellt, gibt er mehrere mögliche Tätergruppen und Motive an.
Neben den Rechtsradikalen und der PLO sind das vor allem solche,
die im persönlichen Umfeld angesiedelt sind. Man verdächtigt ganz
allgemein den Bekanntenkreis von Lewin und Poeschke, außerdem
Familienangehörige, insbesondere Lewins israelische Ehefrau und seine Tochter, sowie andere mögliche Erben. Weitere Ermittlungen konzentrieren sich auf die Mitglieder der israelitischen Kultusgemeinde
in Nürnberg, weil es dort zu Konflikten Lewins mit dem ehemaligen
Vorsitzenden Arno Hamburger gekommen ist.[8] Offenkundig hält
man es nicht für ausgeschlossen, dass Lewin und Hamburger wegen
einiger persönlicher Streitigkeiten über die Ausrichtung der Gemein-

de zu Todfeinden geworden sind. Deswegen werden alle möglichen Mitglieder der jüdischen Gemeinde vom LKA eingehend, zum Teil stundenlang, befragt, so etwa der Vorbeter, Baruch Grabowski, oder der Vorsitzende des jüdischen Fußballklubs, Henry Majngarten.[9] Selbst der Versuch Lewins, in Erlangen eine eigene jüdische Gemeinde aufzubauen, macht ihn jetzt verdächtig, weil es sich dabei um eine Art Konkurrenzunternehmen gehandelt haben soll. Zeitweise zieht man auch andere deutsche Juden als Täter zumindest in Erwägung, weil die – falsche – Behauptung im Raum steht, Lewin habe Material gegen diverse Mitglieder der jüdischen Gemeinschaft gesammelt.[10] Ein enger Freund, der Holocaust-Überlebende Josef Jakubowicz, mit dem Lewin wenige Tage nach dem Mord eigentlich einen Notartermin gehabt hätte, um die Erlanger Gemeinde zu gründen, erinnert sich:

> Ich weiß nur, die haben ermittelt, die haben mich vernommen und meinen Sohn vernommen und haben den Hamburger vernommen. Weil es war ein Clinch, zwischen dem Hamburger und dem Lewin war irgendein Clinch in der Gemeinde, und da haben die auch geglaubt, dass man nicht weiß, was passiert ist [...].[11]

Zugegeben: Es gehört zu den üblichen Grundannahmen bei Mordermittlungen, dass die allermeisten Täterinnen im persönlichen Umfeld der Opfer zu finden sind. Somit ist es durchaus sinnvoll, erst einmal dort nach Verdächtigen zu suchen. Aber warum nehmen die Ermittler vor allem Bekannte und Verwandte Lewins unter die Lupe? Frida Poeschke ist als Witwe des ehemaligen Oberbürgermeisters immerhin eine bekannte Persönlichkeit, und zu ihrem Begräbnis am 27. Dezember 1980 erscheint viel Prominenz, inklusive eines Bundesministers. Auf ihre Person bezieht sich nur einer der genannten Ermittlungsansätze, die Option der Erbstreitigkeiten, weil ihr das Haus in der Ebrardstraße gehörte, während Lewin weitgehend mittellos war. In diese Richtung wird jedoch anscheinend kaum recherchiert.

Hinzu kommt ein weiterer Aspekt: Wenn man im privaten Umfeld ermittelt, verlangt dies größte Diskretion. Im Fall des jüdischen Opfers Lewin wird allerdings gegen diese Regel verstoßen, worauf

ich zurückkommen werde (Kapitel 8). All dies deutet darauf hin, dass
sich die Beamten durch die jüdische Identität Lewins erheblich in ihrer Arbeit leiten ließen. Bald sind diverse Gedankenspiele dazu in der Welt. Bedenklich
schnell einigen sich alle auf eine bestimmte Lesart: Im Lagebericht
des Bundesinnenministeriums für die Kabinettssitzung am 7. Januar
ist von der »schillernden Persönlichkeit« Lewins die Rede.[12] Eilig bit-
tet ein Abteilungsleiter im Innenministerium den Vorsitzenden des
Zentralrats der Juden, Werner Nachmann, bei öffentlichen Erklärungen um Zurückhaltung, bis man Lewins Hintergrund aufgeklärt habe.[13] Sofort greift man auch Meldungen aus Israel auf, die Lewin in
ein zweifelhaftes Licht rücken. Der deutsche Botschafter in Israel,
Klaus Schütz, meldet dem Auswärtigen Amt, der Mordfall habe dort
»beträchtliches Aufsehen« erregt und er werde oft darauf angespro-
chen. »Berichte heben jedoch hervor«, fügt Schütz beruhigend hinzu,
»dass politische oder antisemitische Motive bisher nicht nachzuweisen sind.«[14]

Die Kriminalpolizei Erlangen und das bayerische LKA bilden eine
35-köpfige Sonderkommission, die sogar – das wird extra betont[15] –
über die Weihnachtsfeiertage an der Aufklärung arbeitet. Der zuständige Oberstaatsanwalt wird nicht müde, die »mustergültige Zusammenarbeit« von Justiz und Polizei bei den »sehr schwierigen«
Nachforschungen zu loben, zumal man ja auch im Ausland ermitteln
müsse.[16] Lob ist wohl auch deshalb vonnöten, weil die Ergebnisse lange mehr als mager bleiben. Man bemüht sich erst einmal um eine genaue Rekonstruktion des Lebenslaufs von Lewin, was sich angeblich
als Herausforderung erweist. Es gebe Ungereimtheiten: Wann wurde
Lewin geboren, 1911 oder 1914? War sein Vater wirklich als Feldrabbiner im Ersten Weltkrieg im Einsatz?[17] Inwiefern das für die Mord-
tat relevant sein könnte, bleibt unklar, aber die Behörden glauben,
dies akribisch klären zu müssen. Auch hinterfragen sie die berufliche
Tätigkeit des Opfers: Lewin soll in seinem Privatarchiv Informationen »über deutsche Juden und Nichtjuden« gesammelt haben, mit
denen »er verschiedene Leute habe unter Druck setzen können«. Schon

wird über einen »persönlichen Racheakt« spekuliert.[18] Als man die Unterlagen im Haus der beiden Mordopfer schließlich durchgesehen hat, stellen sie sich als einfaches Verlagsarchiv heraus.

Ebenso treibt die Ermittlerinnen um, dass Lewin als Adjutant des ehemaligen israelischen Generalstabschefs und Verteidigungsministers Mosche Dajan tätig war. Einige Erlanger Polizeibeamte erinnern sich, dass Lewin sich bei einem Vortrag, den er bei der Polizei zum Nahostkonflikt gehalten hat, so bezeichnet hat.[19] Dies wird auch der Presse sofort mitgeteilt.[20] Die meisten Deutschen dürften 1980 beim Namen Dajan an den Sechstagekrieg 1967 oder den Jom-Kippur-Krieg 1973 gedacht haben, weil er damals als Verteidigungsminister weltberühmt wurde. Hat Lewin also in diesen Konflikten an seiner Seite gekämpft? Das könnte ihn zu einem interessanten Ziel für Terroristen gemacht haben. Die Verwirrung steigt, als Dajan aus Israel über die Presse verlauten lässt: »Meine Frau und ich haben den ganzen Morgen darüber nachgedacht, doch ich kann mich an niemanden mit diesem Namen erinnern.«[21] Tatsächlich lebt Lewin seit 1954 in Deutschland. Als Adjutant teilgenommen hat er am Unabhängigkeitskrieg von 1948 – wohl in der sechsten (auch als »Jerusalemer Brigade« bekannten), zeitweise von Dajan befehligten Brigade der Haganah,[22] was zumindest das Bundesinnenministerium bereits einen Tag nach dem Mord in Erfahrung bringt.[23] Bei derartigen Spekulationen überrascht es nicht mehr, dass direkt nach der Tat das Gerücht auftaucht, der 69-jährige Lewin sei für den israelischen Geheimdienst Mossad tätig gewesen. Dadurch sieht sich das Innenministerium zu einer Anfrage beim Bundesnachrichtendienst (BND) veranlasst, ob ein entsprechender Hintergrund des Ermordeten denkbar sei.[24] Israelische Quellen bestreiten dies aber entschieden.

Die Ermittler sind also in den ersten Tagen und Wochen im Wesentlichen damit beschäftigt, die Biografie und die Lebensumstände eines der beiden Opfer zu durchleuchten. Sie glauben ziemlich einhellig, dass die Tat etwas mit der jüdisch-israelischen Identität Lewins zu tun haben müsse, wobei sie allerdings gerade nicht an eine antisemitische Tat den-

ken. Sie gehen vielmehr von einem unpolitischen Mord aus, der mit
dem angeblich zweifelhaften Charakter des Juden zusammenhängen
soll. In dieser Hinsicht meint der die Ermittlung leitende Staatsanwalt Dr. Rudolf B. gegenüber der Presse, dass es »Momente im Leben
Lewins« gebe, »die ein solches Motiv ausgelöst haben könnten«.[25]
Diese Fixierung prägt alle Aspekte der Ermittlungen. Jedenfalls
ordnen die Beamtinnen bestimmte Hinweise falsch ein bzw. verken-
nen ihre Relevanz. Zunächst müssen sie sich natürlich mit den wichtigsten Tatortspuren beschäftigen, das heißt mit der zurückgelassenen Brille und den Patronenhülsen sowie den Projektilen. Außerdem
hat man Metallteile gefunden, die man relativ bald auf die Nutzung
eines schadhaften Schalldämpfers zurückführt. Für die Munition er-
bitten die Ermittler einen Bericht der Ballistikexperten des BKA, der
allerdings erst sehr spät, nämlich am 23. Februar 1981, eintreffen wird.
Im Zentrum der Aufmerksamkeit steht daher die Damensonnenbrille
(Scheibendurchmesser 54 mm, Nasensteg 16 mm, Bügellänge 130 mm,
mit blaugetönter Kunststofffassung und blau-orangefarben marmo-
rierten Bügeln, von denen einer die Einprägung »Schubert Modell 27«
trägt).[26] Im Ermittlungsbericht vom 30. Dezember wird dazu ausgeführt:

> Weitere Ermittlungen haben ergeben, daß das Brillengestell von der
> Fa. Schubert KG, Heroldsberg, Sophienhöhe 3, hergestellt worden ist.
> Brillengestelle dieser Art werden von der Fa. Schubert KG ausschließ-
> lich unverglast an den Fachhandel geliefert und sind nicht für Sonnen-
> schutzgläser vorgesehen. Nur in Einzelfällen wurden gelegentlich von
> der Fa. Schubert KG derartige Brillengestelle mit Sonnenschutzglä-
> sern versehen und unmittelbar an Kunden oder Bekannte weiterver-
> kauft und verschenkt.[27]

Nur insgesamt 77 Exemplare dieses Modells wurden produziert. Von
denen befinden sich Ende 1980 noch 36 im Firmenlager. Die rest-
lichen 41 müssen an Optikerinnen im In- und Ausland ausgeliefert
worden sein. Jedenfalls gehen die Ermittler davon aus und beginnen,
national wie international nach den Eigentümern jedes einzelnen
Exemplars zu suchen. Zugleich übersehen sie das Offensichtliche:

dass nämlich der Sitz des Brillenherstellers in der Sophienhöhe 3 in Heroldsberg nur wenige Meter von der ehemaligen Zentrale der Wehrsportgruppe und Hoffmanns früherem Wohnsitz in der Sophienhöhe 5 entfernt liegt. Dieses Anwesen hatten Nürnberger Polizisten im Zuge des Verbotsverfahrens zuletzt im Januar 1980, also knapp elf Monate vor der Tat, ein weiteres Mal durchsucht.[28]

Neben der Brille könnte den Ermittlerinnen schon früh eine zweite Verbindung von Lewin zur WSG und zu Hoffmann auffallen, wenn sie ihre Informationen vernünftig auswerten und diese untereinander austauschen würden. Immerhin kennen die Behörden seit 1977 den *Oggi*-Artikel, weil sie diesen für den Bundesverfassungsschutzbericht analysiert und daraus auch für die Begründung des WSG-Verbots im Januar 1980 zitiert haben.[29] Mehr noch: Nürnberger Polizeibeamte haben bei einer Durchsuchung des neuen Anwesens Hoffmann in Ermreuth am 27. September 1980, also nur wenige Wochen vor dem Mord an Lewin, ein entsprechendes *Oggi*-Exemplar in dessen Schlafzimmer gefunden. Doch die Ermittler nehmen keinen Zusammenhang wahr. Man kann insofern jene Schlussfolgerung ziehen, die der *Spiegel* drei Jahre später formulieren wird: »Es hat den Anschein, als seien die Ermittler in diesem Mordfall mit Blindheit geschlagen gewesen.«[30]

Hinterher schlauer zu sein fällt leicht. Mordermittlungen sind keine einfache Angelegenheit, und natürlich passieren auch den besten Ermittlern und Kriminologinnen Fehler. Es geht mir auch weniger darum, durch den Nachweis mangelhafter oder gar schlampiger Arbeit den Behörden geringen Aufklärungswillen zu unterstellen. Ich halte im Fall des Erlanger Doppelmords eine willentliche Vertuschung oder eine große Verschwörung, etwa dass rechtslastige Polizei- und Behördenstellen mit dem Täter sympathisiert hätten, nicht für wahrscheinlich. Man muss sich eher fragen, was in den Köpfen der Ermittler vor sich geht und warum ihnen bestimmte Überlegungen gar nicht in den Sinn kommen.

Weil die Ermittlerinnen aus dem Produktionsort der Sonnenbrille

keine Schlüsse ziehen und zudem die sich aus dem *Oggi*-Heft erge-
bende Verbindung zwischen der WSG Hoffmann und Lewin nicht
erkennen, treten sie seit Jahresbeginn auf der Stelle. Schon Anfang
Januar erhöht man die Belohnung für sachdienliche Hinweise von
25 000 auf 100 000 Mark – im Jahr 1981 eine stattliche Summe.[31]
Zahlreiche Hinweise aus der Bevölkerung treffen ein, darunter auch
Anrufe von »Spinnern und Wichtigtuern«.[32] Am Wochenende 10./
11. Januar veröffentlichen die fränkischen Lokalzeitungen das Phantombild eines tatverdächtigen Mannes, der einige Minuten vor der
Tat vor dem Haus in der Ebrardstraße gesehen wurde, womöglich
zur »Erkundigung oder Absicherung des Tatortes«.[33]
    Die Brille des Phantoms, das betonen die Ermittler, ist keineswegs
identisch mit der gefundenen Schubert-Brille. Im Prinzip geht man
nun von zwei Tatbeteiligten aus: der vermuteten Frau mit Brille, von
der die Spuren im Schnee stammen, und einem männlichen Kund-
schafter. Doch die Veröffentlichung des Phantombilds bringt kaum
neue Erkenntnisse.[35] Hilflos stellt die Kriminalpolizei die am Tatort
gefundene Sonnenbrille am 25. Januar 1981 sogar im Volkshaus der
Gemeinde Heroldsberg aus, dem Sitz der Firma Schubert – und früher auch der WSG.[36] Dies führt ebenfalls nicht weiter; es erscheinen
nur zwei Personen, um die Brille in Augenschein zu nehmen.[37] Ver-
ständlicherweise klingt der Ermittlungsbericht des Oberstaatsanwalts vom 2. Februar rechtfertigend: Man habe »bisher ca. 1000 Zeugen vernommen, ca. 240 verschiedene Hinweise und Spuren verfolgt,
Durchsuchungen vorgenommen und Ermittlungen im In- und Ausland geführt«. Dennoch habe man »keine erkennbar tatrelevanten
Hinweise« erhalten.[38] Es sieht so aus, als ließe sich der Tatverlauf nicht
aufklären.

Unmittelbar nach diesem Bericht nehmen die Ermittlungen plötzlich eine Wendung: Der ehemalige Inhaber der Firma Schubert erinnert sich jetzt, dass er eine dieser Brillen möglicherweise einer früheren Nachbarin als Gegenleistung für Druckarbeiten geschenkt hat.
Diese Nachbarin entpuppt sich als Franziska Birkmann, die Lebens-

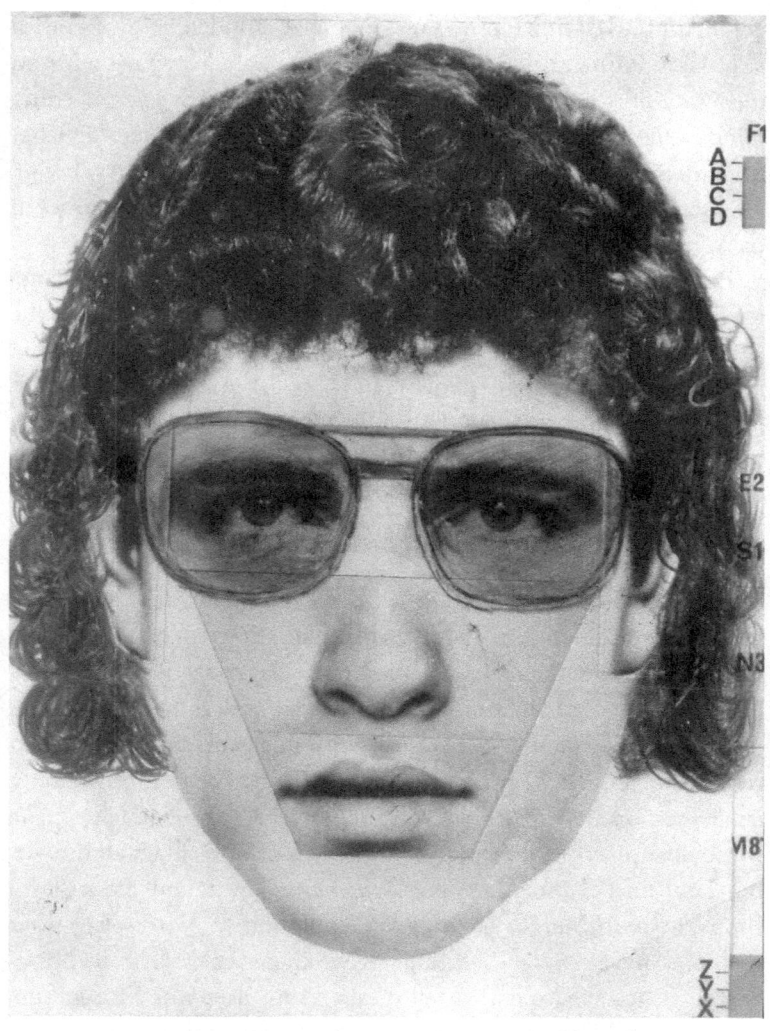

Abb. 7: Das veröffentlichte Phantombild.[34]

gefährtin Karl-Heinz Hoffmanns. Erst jetzt fällt den Ermittlerinnen auf, dass Hoffmann lange neben der Firma Schubert gewohnt und die WSG dort ihren Hauptsitz gehabt hat.[39] Freilich hat der ermittelnde Oberstaatsanwalt Rechtsextremisten auf der Liste möglicher Szenarien für den Doppelmord an zweiter Stelle angeführt, aber offenkundig dachte zunächst keiner der 35 Sonderermittler konkret in diese Richtung.

Bei einer viel zu späten Zeugenvernehmung im März 1981 behauptet Birkmann, sie habe ihre Brille bereits früher verloren, so dass die Ermittler eine Spur zu Hoffmann und zu seiner Wehrsportgruppe, aber außer Indizien nichts in der Hand haben.[40] Aus Sicht der Ermittlerinnen ändert daran auch das Ballistikgutachten nichts, das sie am 23. Februar 1981 bekommen haben und das einen weiteren Hinweis enthält, der in die Richtung der WSG deuten könnte. Die Waffenexperten des Bundeskriminalamts haben herausgefunden, dass bei dem Doppelmord wohl eine Beretta-Maschinenpistole verwendet wurde. An den Resten der 9-Millimeter-Munition, die man am Tatort gefunden hat, fällt ihnen eine Besonderheit auf: »Spuren an den Hülsen lassen die Möglichkeit zu, daß am Patronenlager der Waffe Veränderungen vorgenommen worden sind, wie sie z. B. auftreten können, wenn eine Deko-Waffe wieder funktionsfähig gemacht wird.«[41] Jetzt rekonstruieren die Ermittler, dass die Nürnberger Polizei während einer Razzia bei der Wehrsportgruppe bereits 1976 eine baugleiche Maschinenpistole der Marke Beretta zeitweise beschlagnahmte, deren Lauf am Patronenlager verlötet worden war und die so legal für Wehrsportübungen genutzt werden konnte.[42] Nun weisen zwar mehrere Spuren in die Richtung der WSG, dennoch sieht die Nürnberger Staatsanwaltschaft in all diesen Hinweisen nur Mutmaßungen, wie es in ihrem (vorläufigen) abschließenden Ermittlungsbericht vom 31. März 1981 heißt. Sicherlich komme die WSG aufgrund ihrer antisemitischen Tendenzen – einer der wenigen Momente, wo Antisemitismus als Motiv erwähnt wird – als Tätergruppe für den Doppelmord infrage. Zudem sei es denkbar, dass Hoffmann und die WSG-Leute, die sich in dieser Zeit zur militärischen Ausbildung im Nahen

Osten aufhalten, die Ermordung eines Juden gegenüber ihren palästinensischen Gastgebern als Einstiegstat ausgeführt hätten.[43] Nichts davon, hält die Staatsanwaltschaft in ihrem Bericht fest, lasse sich jedoch beweisen, und fügt lapidar hinzu: »Hoffmann konnte hierzu nicht befragt werden, da er sich seit 25. 12. 1980 in Syrien und im Libanon aufhält.« Für die Tatzeit habe ihm Birkmann ein nicht überprüfbares Alibi gegeben. Angeblich sei sie mit ihm an diesem Abend in Ermreuth gewesen.[44] Die Staatsanwaltschaft lässt eine kleine Arbeitsgruppe an dem Fall weiterarbeiten, dies aber mit wenig Hoffnung auf Erfolg.

Drei Monate nach dem Erlanger Doppelmord sind die Ermittlerinnen endlich auf der richtigen Spur, frustrierenderweise befinden sie sich jedoch zugleich in einer Sackgasse. Auch die erste Zeugenvernehmung Hoffmanns am 27. April 1981, als die Behörden diesen in Ermreuth antreffen, hilft den Ermittlern nicht weiter, vornehmlich weil Hoffmann sie schlicht belügt: Er, Birkmann und Uwe Behrendt seien am Tag der Tat ab spätestens 18 Uhr den ganzen Abend zu Hause gewesen. Er habe von dem Doppelmord aus dem Fernsehen erfahren und dabei auch mitbekommen, dass eine Brille der Firma Schubert am Tatort gefunden worden sei. Erst später habe sich herausgestellt, dass diese Sonnenbrille, die er noch nie gesehen habe, wohl einmal Birkmann gehört habe.[45]

Davon stimmt nur wenig, aber das können die Beamten Hoffmann im April 1981 nicht nachweisen. So bleibt es zunächst beim ernüchternden Schluss der Staatsanwaltschaft: »Es erscheint jedoch zweifelhaft, ob die Tat noch aufgeklärt werden kann, falls nicht von dritter Seite neue Hinweise gegeben werden.«[46] Zu diesem Zeitpunkt kann niemand ahnen, dass nur einige Wochen später genau diese neuen Hinweise von dritter Seite kommen werden. Allerdings ergeben sich diese im Rahmen eines anderen Ermittlungsverfahrens gegen die WSG: einer Ermittlung des Generalbundesanwalts nach § 129a StGB, also wegen des Verdachts der Bildung einer terroristischen Vereinigung.

5. Rechtsextremismus

1973 gründete Karl-Heinz Hoffmann die nach ihm benannte Wehrsportgruppe. Hoffmann, 1937 in Nürnberg geboren, war in der DDR aufgewachsen und hatte dort Porzellanmaler gelernt. 1963 flüchtete er in die Bundesrepublik, wo er eine zusätzliche Ausbildung zum Grafiker absolvierte; anschließend besuchte er die Akademien der Bildenden Künste in Nürnberg und München. Parallel zu seinen politischen Aktivitäten gründete er ein einträgliches Unternehmen, das sich auf Messebau und Werbung für die Baubranche spezialisierte und zeitweise bis zu fünfzehn Mitarbeiterinnen beschäftigte. Hoffmann war – und ist, wie sich anhand seiner zahlreichen Internetaktivitäten zeigen lässt – eine intelligente, charismatische und schillernde Persönlichkeit, die in einem Schloss residiert, sich zeitweise einen Puma hielt und noch heute in zahllosen Youtube-Videos die eigene Weltsicht verbreitet.

Hoffmann war bereits seit den fünfziger Jahren politisch aktiv und hatte sich für einige Jahre in dem Verein »Der Stahlhelm – Kampfbund für Europa« betätigt, weshalb die WSG ursprünglich auch als »Stahlhelm-Gau-Nordbayern« bekannt war. Damit wird zudem die Traditionslinie zum »Stahlhelm, Bund der Frontsoldaten« offenkundig, einer antirepublikanischen Organisation der Zwischenkriegszeit.[1] Die bundesrepublikanische Variante vertrat einen markanten Geschichtsrevisionismus, leugnete den Holocaust und war seit Ende der Fünfziger zunehmend paramilitärisch organisiert. Schon in seinen Jugendorganisationen legte der »Stahlhelm« großes Gewicht auf Wehrsportübungen. Während dieser – seinem Anspruch nach – militärische Großverband in den sechziger Jahren zunehmend ins Abseits geriet, konnte eine kleine, sich als radikale Elite verstehende

Einheit weiterhin auf genügend Unterstützung aus diesem Umfeld hoffen.[2] Doch der»Stahlhelm« stellte keineswegs das Hauptrekrutierungsfeld für die neu entstandene WSG dar. Viele der jungen Männer und die wenigen Frauen, die ihren Weg dorthin fanden, waren zuvor in diversen anderen rechtsextremistischen Organisationen aktiv gewesen, etwa bei den Jungen Nationaldemokraten, der Jungen Front (den Jugendorganisationen der Nationaldemokratischen Partei, NPD, bzw. der Volkssozialistischen Bewegung Deutschlands, VSBD), der Wiking-Jugend oder dem Bund Heimattreuer Jugend. Entgegen der späteren Behauptungen Hoffmanns fand die WSG so Anschluss an die Neonazi-Szene, die sich in den siebziger Jahren herausbildete. Darüber hinaus zog die WSG Militaria-Fans an; die WSG-Zeitschrift *Kommando* enthielt reich bebilderte Texte zu Uniformen und Abzeichen der Truppe, war also offensichtlich auf diese jugendliche Zielgruppe zugeschnitten. Schließlich schaltete Hoffmann auch Werbung in anderen einschlägigen Publikationen, so etwa in der ausgeprägt antisemitischen Zeitschrift *Die Bauernschaft*, die Thies Christophersen herausgab.[3] Die Wehrsportgruppe Hoffmann war somit in den siebziger Jahren ein Sammelbecken mehr oder weniger extremistischer Rechter. Sie knüpfte an die Geschichte dieses politischen Lagers an, bot dabei aber eine spezifische Antwort auf die organisatorischen und politischen Schwierigkeiten, mit denen sich die Szene in dieser Phase konfrontiert sah.

Das rechtsextreme Lager nach 1945

Während der Besatzungszeit war es dem rechten bis rechtsextremen Lager zunächst schwergefallen, sich neu zu formieren. Dabei wirkte sich nicht nur die Ernüchterung über die massive Politisierung und Ideologisierung der NS-Zeit aus, die bei vielen Deutschen durchaus eine innere Distanz zu rechtsextremen Experimenten befördert hatte. Auch die Westalliierten bemühten sich, ein Wiedererstarken zu verhindern. Außerdem waren viele Personen im rechten Milieu NS-belastet, so dass sie die ersten Monate und Jahre nach Kriegsende entweder in Haft, auf der Flucht oder auf Tauchstation verbrachten. Man wartete auf eine neue Chance, die mit der Gründung der Bundesrepublik gekommen zu sein schien. Eine ganze Reihe ehemaliger Funktionäre und Anhänger des NS-Regimes wurde nun schnell wieder aktiv. Andere blieben skeptisch oder arrangierten sich über die Jahre mit der Demokratie, zufrieden, trotz ihrer Vergangenheit einen Platz im Land des Wirtschaftswunders ergattern zu können.

Mit der Gründung der Bundesrepublik entstanden sofort neue rechte Parteien. Auf der einen Seite waren darunter rechtskonservative Gründungen wie der Block der Heimatvertriebenen und Entrechteten (1950) oder die Deutsche Partei, die allerdings aufgrund der etwas günstigeren Bedingungen in der britischen Besatzungszone schon 1945/46 ins Leben gerufen wurde. Beide errangen bei den ersten Bundestagswahlen 1949 und 1953 Mandate. Auf der anderen Seite gelang es auch dem rechtsextremen und offen nationalsozialistischen Spektrum, sich parteipolitisch zu organisieren, etwa mit der Deutschen Reichspartei (DRP) (1950) bzw. der Sozialistischen Reichspartei (SRP) (1949).[4] Vor allem die SRP war für ehemalige NSDAP-Angehörige attraktiv und zählte zeitweise 40 000 Mitglieder. 1951 zog sie in Niedersachsen und Bremen mit 11 bzw. 7,7 Prozent in die Länderparlamente ein und errang in Niedersachsen sogar vier Direktmandate. Die Partei orientierte sich am Programm der NSDAP und propagierte offen Antisemitismus, indem sie etwa weiterhin eine Lösung der – ohne Umschweife so genannten – »Judenfrage« anstrebte. Als das Bundesverfassungsgericht die SRP 1952 verbot, geschah dies mit direktem Bezug auf die zahlreichen antisemitischen Äußerungen der Partei und ihrer Vertreter.[5] Parallel dazu wurde das rechtskonservative Lager zunehmend von den Unionsparteien integriert. Spätestens ab Mitte der fünfziger Jahre wurde es für die radikale Rechte daher für lange Zeit schwierig, Parteien rechts der CDU/CSU zu etablieren, auch weil dort das verfassungsgerichtliche Verbot drohte. Das entsprechende Milieu bestand aber natürlich weiter, und man begann, sich in anderen Foren zu organisieren.

So zeigt schon die Vorgeschichte der WSG, dass sich das rechtsradikale Lager nicht in offiziellen Parteien erschöpfte. Mit der Gründung der Bundesrepublik und dem Wegfall alliierter Kontrollmöglichkeiten bildete sich ein ganzes Netzwerk von Gruppierungen, Interessengemeinschaften, Gesellschaften und Bünden sowie Verlagen, Zeitschriften und Zeitungen heraus.[6] So wurden Anfang der Fünfziger die *Neue Nationalzeitung*, die *Deutsche Opposition* und die *Deutsche Reichszeitung* gegründet, die klar rechtsradikal bis rechtsextrem ausgerichtet waren und auch antisemitische Ideen propagierten. Ähnliches galt für die durchaus dauerhaft erfolgreiche Zeitschrift *Nation Europa* einschließlich des angegliederten Buchdienstes für rechtsradikales Schrifttum. Entsprechende Machwerke erzielten oft hohe Auflagen, was angesichts der vergleichsweisen politischen Bedeutungslosigkeit der ideologisch dazu passenden Parteien überrascht. Kulturvereinigungen wie das 1950 gegründete Deutsche Kulturwerk Europäischen Geistes waren oft bis in die siebziger oder gar achtziger Jahre einflussreich.

Zwei diskursive Strategien der extremen Rechten, die sie – bisweilen aber auch Rechtskonservative – bis heute verfolgen, bildeten sich bereits in dieser Phase heraus: die Verharmlosung oder gar Leugnung der Verbrechen des NS-Regimes und das Beharren auf der Existenz einer alternativen, nicht-nazihaften Rechten. In diesem letzteren Sinne popularisierten Rechtsintellektuelle wie Armin Mohler den Mythos, es habe mit der »Konservativen Revolution« bereits in der Weimarer Republik eine später dem NS-Regime distanziert bis feindlich gegenüberstehende rechte Strömung gegeben, die nun auch in der westdeutschen Gegenwart einen legitimen Platz im politischen Spektrum beanspruchen könne.[7] Damit vereindeutigten sie einerseits den Nationalsozialismus zu einer klar abgrenzbaren politischen Ideologie (die er nie war); andererseits sollte unsichtbar werden, dass Nationalkonservative und andere Rechte sich durchaus als Teil der nationalsozialistischen Bewegung verstanden und an deren Etablierung, Durchsetzung und Fortexistenz mitgewirkt hatten.[8]

Auf- und Abstieg der NPD

Als die Parteien des rechten Lagers Mitte der fünfziger Jahre allmählich in der Bedeutungslosigkeit verschwanden, blieb das entsprechende
Wählerpotenzial dennoch erhalten. 1964 wurde dann die Nationalde-
mokratische Partei Deutschlands gegründet, die sich als nationale
Sammlungsbewegung verstand und diesen Bevölkerungsteilen eine
neue politische Heimat bieten wollte. Bis zum Ende des Jahrzehnts
gewann die NPD erheblich an Zustimmung und schien sich im politischen System rechts von der Union etablieren zu können. Die Mit-
gliederzahl stieg von 250 im Gründungsjahr auf 28 000 fünf Jahre
später.[9] Bei Wahlen profitierte die rechtsradikale Partei erheblich davon, dass sie sich in den Jahren der Großen Koalition aus CDU/CSU
und SPD als einzige radikale, nationalistische Opposition profilieren
konnte. 1966 erreichte sie bei den Landtagswahlen in Bayern und
Hessen 7,4 bzw. 7,9 Prozent, 1967 in Rheinland-Pfalz 6,9, in Schleswig-Holstein 5,8, in Niedersachsen 7,0 und in Bremen 8,8 Prozent.
Der NPD war es gelungen, sich als moderater zu präsentieren als
frühere rechte Parteien; sie schien das politische System und den
Rechtsstaat akzeptiert zu haben und konnte die enormen Fliehkräfte
im zerstrittenen Lager der radikalen Rechten zumindest zeitweise ein-
dämmen. Mit Forderungen nach einem stärkeren Nationalbewusst-
sein, nach der Überwindung der deutschen Teilung und einem Ende
des vermeintlichen Sitten- und Kulturverfalls traf sie offensichtlich
einen Nerv. Nach ihrem bislang größten Erfolg, 1968 holte sie bei
den Landtagswahlen in Baden-Württemberg 9,8 Prozent, ging man
daher davon aus, dass sie auch bei der Bundestagswahl 1969 die Fünf-
prozenthürde überwinden würde.[10] Der Parteivorsitzende Adolf von
Thadden spekulierte gar auf ein Ergebnis zwischen 8 und 12 Prozent.

Mit lediglich 4,3 Prozent verpasste die NPD ihr Ziel dann jedoch
deutlich. Intern war man freilich schon über einige der jüngsten
Landtagswahlen enttäuscht gewesen, was zu Streitigkeiten geführt

hatte, die sich auch negativ auf die Bundestagswahl auswirkten. Zugleich war die Partei öffentlich stärker als radikal gebrandmarkt worden, was potenzielle Wählerinnen abschreckte. Nach dem Misserfolg brachen die Flügelkämpfe offen aus, und die radikalen Kräfte mobilisierten gegen die sich gemäßigter gebende Parteiführung. Deren Versuch, 1970 durch die Gründung der »Aktion Widerstand«, die als außerparlamentarische, oft gewalttätige Protestbewegung fungieren sollte, Druck aus dem Kessel zu nehmen, scheiterte nicht nur, sondern befeuerte die Auflösungs- und Radikalisierungstendenzen weiter.[11] Immer mehr Extremisten spalteten sich ab, so dass von Thadden 1971 seinen Hut nehmen musste.

Im selben Jahr entstanden radikalere Alternativen: Der Verleger der *Deutschen National-Zeitung*, Gerhard Frey, gründete die Deutsche Volks-Union (DVU) insbesondere für ältere NPD-Anhängerinnen, während der gewaltbereite Friedhelm Busse von der Aktion Widerstand für junge Neonazis die Partei der Arbeit ins Leben rief. Ebenfalls 1971 baute Thies Christophersen in Schleswig-Holstein die »Bauern- und Bürgerinitiative« auf; Manfred Roeder ließ die Deutsche Bürgerinitiative folgen. Beide Kleinstorganisationen hatten ein klar neonazistisches Profil.

Die Radikalisierung der Rechtsextremisten in den siebziger Jahren

Diese Aufsplitterung macht eine grundlegende Veränderung deutlich: Die extreme Rechte radikalisierte sich in den siebziger Jahren parallel zur Linken – nur fiel es weniger auf. Während die alten NS-Kader weiterhin eine wichtige Rolle spielten, wuchs allmählich eine neue Generation heran. Als Gegenreaktion zu den linken Studentinnenrevolten um 1968 entstand mit der »Neuen Rechten« eine Art Erneuerungsbewegung, die ihre – oft nur vermeintliche – Distanz zur NS-Ideologie mit einer markant europäischen Orientierung zu verbinden trachtete. Die im Umfeld der Zeitschrift *Nation Europa*

aktiven Rechtsintellektuellen Henning Eichberg und Alain de Be-
noist standen beispielhaft für diesen Trend, der mit der Nouvelle
Droite auch in Frankreich sichtbar war.[12] Parallel dazu emanzipier-
ten sich neonazistische Gesinnungskader zunehmend von der
zerbröckelten NPD. Diese Kräfte waren aktivistisch orientiert, sie
setzten unter anderem auf politischen Krawall und Gewalt gegen An-
dersdenkende. Erstmals massiv in Erscheinung traten diese Gruppen
am 22. Juli 1978, als Michael Kühnen ca. hundert Neonazis in einer
Gaststätte im schleswig-holsteinischen Lentföhrden zusammenrief,
um bei der Veranstaltung »Gerechtigkeit für Adolf Hitler« unter anderem eine Gedenktafel für den »Führer« zu enthüllen. Es kam zu
einer veritablen Saalschlacht mit etwa sechzig Polizisten, von denen
einige schwer verletzt wurden.[13]

Der Verfassungsschutzbericht hatte bereits 1971 das »Auftreten vieler kleiner Widerstands- und Kadergruppen« registriert, die sich aus
abtrünnigen jüngeren NPD-Anhängerinnen zusammensetzten.[14] Die
Behörden – sowie die politischen Entscheidungsträgerinnen auf Län-
der- wie Bundesebene – waren in den siebziger Jahren allerdings nahezu ausschließlich damit beschäftigt, linke Aktivisten und Terroristinnen zu beobachten. Wenn man sich die Entwicklung der in den
Verfassungsschutzberichten aufgelisteten rechtsradikalen Ausschreitungen und Gewalttaten vergegenwärtigt, war die zurückhaltende
Einschätzung zunächst nicht unbegründet. Zwischen 1972 und 1976
verblieben die rechten Vorkommnisse auf einem insgesamt niedrigen
Niveau (vgl. Schaubild 4), während zeitgleich die radikale Linke und
vor allem die RAF immer gewalttätiger wurde.

Als die rechtsradikale Szene ab Mitte der Siebziger aktiver wurde
und sich Straftaten häuften, fand dies seitens der Behörden und der
Bundes- sowie Landesregierungen nicht sofort die nötige Aufmerksamkeit. Gerade nach dem Deutschen Herbst 1977 – mit der Ermordung Hanns Martin Schleyers, der Entführung der Lufthansa-Ma-
schine Landshut nach Mogadischu und dem kollektiven Selbstmord
der in Stammheim inhaftierten RAF-Terroristinnen – war die behördliche wie die öffentliche Aufmerksamkeit vollkommen auf lin-

Rechtsextremistische Ausschreitungen und Gewalttaten

──rechtsextremistische Ausschreitungen ──rechtsextremistische Gewalttaten

Schaubild 4: Rechtsextremistische Ausschreitungen und Gewalttaten in den siebziger Jahren.[15]

ken Terrorismus fokussiert. Das prägte auch die zögerlichen Reaktionen auf die Radikalisierung der Rechten. Im Verfassungsschutzbericht 1973 benutzte Bundesinnenminister Werner Maihofer (FDP) 1973 den Begriff »Rechtsextremismus« zum ersten Mal und betonte dabei den engen Zusammenhang zum Linksextremismus.[16] Grundsätzlich war sich Maihofer in dieser Phase aber sicher, dass der Rechtsextremismus in der Bundesrepublik »seit langem politisch nahezu bedeutungslos« sei.[17] Erst 1977 lieferte das Bundesinnenministerium dann im Verfassungsschutzbericht eine Definition des Begriffs nach. Demnach würden Rechtsextremisten

– die repräsentative Demokratie als unfähige Regierungsform ablehnen,

– eine totalitäre, auf einem »Führerprinzip« basierende Regierungsform bevorzugen,

– Nationalismus, Antisemitismus und Rassismus vertreten,

– der »Volksgemeinschaft« Vorrang gegenüber den Rechten des Einzelnen geben,
– den Nationalsozialismus rechtfertigen sowie dessen Verbrechen leugnen oder verharmlosen.[18] Sowohl in den Länderparlamenten als auch im Bundestag nahmen in der zweiten Hälfte der siebziger Jahre die Anfragen zum Rechtsextremismus vor allem aus den Reihen der SPD-, gelegentlich auch aus den FDP-Fraktionen zu. Die Antworten der Behörden glichen sich: Wie die Wahlergebnisse zeigten, lehne eine überwiegende Mehrheit der Bevölkerung die radikale Rechte ab, und auch wegen der internen Streitigkeiten könne man in den entsprechenden Organisationen keine grundlegende Gefahr für das politische System erkennen. Man beobachte aber, so wurde in der Regel hinzugefügt, diese Bewegungen intensiv.[19] Nach Partei-Couleur unterschieden sich meist die darauf folgenden Hinweise: In den Erklärungen der sozialliberal geführten Bundesregierung findet man fast immer auch die Versicherung, man sei über die konspirativen Tendenzen und die zunehmende Gewaltanwendung in diesem Lager beunruhigt.[20] Unionsgeführte Landesregierungen wie die bayerische hingegen betonten in der Regel, die Aktivitäten der Linksextremisten seien als gefährlicher einzuschätzen.

Im November 1979 hielt die SPD-Bundestagsfraktion eine breit angelegte, über Wochen vorbereitete Anhörung zum Thema »Rechtsextremismus/Neonazismus« ab. Mehrere Bundesministerien, das Bundesamt für Verfassungsschutz und das Bundeskriminalamt, aber auch die Bundeszentrale für politische Bildung sowie Gewerkschaften kamen zu Wort. Meines Wissens war dies die erste Initiative dieser Art – lanciert immerhin von der (seit 1976 nur noch) zweitgrößten Fraktion im Bundestag –, was die gewachsene Aufmerksamkeit für das Problem dokumentiert. Dem SPD-Innenexperten Willfried Penner zufolge sollten »die gegenwärtigen Erscheinungsformen des Neonazismus analysiert, Verbesserungsvorschläge für Rechtsgrundlagen und Bekämpfungspraxis entwickelt und der Beitrag von Jugendarbeit, politischer Bildung und Medienarbeit beim Kampf gegen Neonazismus erörtert werden«.[21]

Das FDP-geführte Bundesinnenministerium sandte einen Sprecher, hatte sich zuvor jedoch intern auf eine gemeinsame Sprachregelung festgelegt. Gegen etwaige Gesetzesverschärfungen, wie sie das SPD-geführte Bundesjustizministerium in Bezug auf § 130 StGB zur Volksverhetzung ins Spiel gebracht hatte, wandte man ein, dass die entsprechenden Änderungen auch für den Linksextremismus gelten würden. Ganz allgemein halte man die politische Auseinandersetzung mit der radikalen Rechten dabei für wichtiger als die juristische. Zugleich dürfe man, betonte das Ministerium, nicht den Fehler machen, die von den Rechten ausgehende Gefahr überzubetonen. Dies würde nur den Linksextremisten in die Hände spielen und könne außerdem einen »Werbeeffekt für potentielle neue Mitglieder« der Rechten haben. Abschließend wies man darauf hin, dass durch ein solches Vorgehen »erheblicher außenpolitischer Schaden« drohe.[22]

Während die Berichte der teilnehmenden Einrichtungen allenfalls eine weitere Steigerung des rechtsextremistischen Gefährdungspotenzials konstatierten und ansonsten kaum neue Erkenntnisse enthielten, verdeutlichte die darauf folgende öffentliche Sachverständigenanhörung, dass der Linksterrorismus auch weiterhin die Folie lieferte, vor der man rechtsradikale Aktivitäten betrachtete. So fragte Penner, ob die Rechten ähnlich gefährlich seien wie die RAF. Wenig überraschend fielen die Antworten auf dem Kenntnisstand von 1979 negativ aus. Zudem ergaben sich aus den Expertenbefragungen einige Unterschiede zwischen Rechts- und Linksextremismus bzw. zwischen rechter und linker Gewalt, auf die ich zurückkommen werde. An dieser Stelle ist vor allem die Erkenntnis wichtig, dass sich bereits in der zweiten Hälfte der siebziger Jahre eine reflexartige Reaktion etablierte, die in der politischen Kommunikation der Bundesrepublik bis heute nachwirkt: Fragt man maßgebliche politische Akteure nach den rechtsradikalen Tendenzen in der Gesellschaft, antworten sie mit dem Hinweis, dass man auf keinen Fall die – wahlweise ebenso gefährlichen oder weitaus gefährlicheren – linksradikalen Aktivitäten ignorieren dürfe.

Ein Effekt der allmählich wachsenden politischen Aufmerksamkeit für Rechtsextremismus bestand darin, dass das Bundeskanzleramt unter Helmut Schmidt 1979/80 das Markt- und Sozialforschungsinstitut Sinus mit einer ersten Studie zu rechtsextremistischen Einstellungen beauftragte. Das Institut befragte 7000 Wahlberechtigte und kam zu dem Ergebnis, 13 Prozent der Bevölkerung verfügten über ein »geschlossenes rechtsextremes Weltbild«.[23] Gerade antisemitische und rassistische Einstellungen waren besorgniserregend weit verbreitet: Dem Satz »Der Einfluß von Juden und Freimaurern auf unser Land ist auch heute noch groß« stimmten 6 Prozent völlig und 19 Prozent teilweise zu. Mit der Aussage »Nicht nur unsere Umwelt, sondern auch unsere Rasse muß rein gehalten werden« zeigten sich 12 Prozent völlig und 27 teilweise einverstanden.[24] Darüber hinaus stellte die Studie fest, dass weitere 37 Prozent der Befragten für einzelne »rechtsextreme Denkinhalte« anfällig seien, auch wenn sie keine umfassende rechtsextremistische Einstellung hätten.[25] Die Ergebnisse der Studie wurden nach ihrer Veröffentlichung 1981 breit diskutiert. Auch Teile der Politik sahen darin ein Alarmzeichen.[26]

Die Wehrsportgruppe Hoffmann im rechtsextremen Lager

Die WSG spielte seit etwa Mitte der siebziger Jahre eine herausragende Rolle in der rechtsextremen Szene. Verfassungsschutzämter, Beamte in der Ministerialbürokratie oder Gerichte versuchten, sie einzuordnen, indem sie ihre öffentlich zugänglichen Grundsätze analysierten. In der Regel stützte man sich dabei auf das von Hoffmann verfasste »1. Manifest der Bewegung zur Verwirklichung der Rational Pragmatischen Sozial Hierarchie« der »Arbeitsgemeinschaft zur wissenschaftlichen Planung zukunftsbezogener Gesellschaftsformen«, das eine Art politisches Programm zu enthalten schien.[27] Allerdings stellte dies ein durchaus merkwürdiges, nur einige Absätze umfassendes Dokument dar, dessen technizistisches Vokabular kaum zu den

üblichen Formeln in Texten rechtsradikaler Organisationen passte.
Außerdem ist vollkommen unklar, wie verbreitet der Text überhaupt
war und welchen Status er in der alltäglichen Praxis der WSG hatte,
ob er also zum Beispiel an neue Rekruten verteilt wurde.[28] Wie man
in Fernsehaufnahmen aus der Zeit sieht, lernten die WSG-Kämpfer
das elementare Wissen eher durch Kampfparolen:

Hoffmann brüllt: »Was sind wir?«

Truppe antwortet kollektiv: »Kämpfer für Europa!«

Hoffmann: »Wofür kämpfen wir?«

Truppe: »Für den Sieg der Bewegung!«

Hoffmann: »Wer ist unser Feind?«

Truppe: »Bolschewisten und Kapital!«[29]

Während somit der die WSG durchgängig prägende Antikommunismus
selbst im deutschen Fernsehen offen zur Schau getragen werden konnte, war das Manifest vor allem wegen etwas interessant,
das im Text lediglich mitschwang, aber nicht offen ausgesprochen
wurde: Antisemitismus und NS-Verherrlichung. Als Ziel wurde eine
»Rational Pragmatische Sozial Hierarchie« angegeben: »eine zweck-
bezogene, vernunftgemäße, der Volksgemeinschaft dienende Staatsform mit freiheitlicher Grundordnung und einer, [sic] nach dem
Leistungs- und Selektionsprinzip ausgerichteten Führerstruktur«.
Wörter wie »Volksgemeinschaft«, »Selektionsprinzip« und »Führerstruktur« passten zwar nicht recht zu Begriffen wie »vernunftgemäß«,
»freiheitliche Grundordnung« und »Leistungsprinzip«, gaben aber
die Richtung vor: Hier wurde NS-Vokabular in codierter Form genutzt. Dies galt auch für die Beschreibung der Gegenwart:

Alle Lebensbereiche dieser Erde beherrschen entweder rote Funktio-
närsgruppen, Zyniker der Macht oder korrupte Marionettenregierun-
gen der internationalen Hochfinanz. Den Rest regieren feudale Bonzen, meist in Einklang mit religiösen Fanatikern.

»Hochfinanz« und »Bonzen« im Einklang mit »religiösen Fanatikern« – hier spielte der Text mit antisemitischen Vorstellungen, ohne
diese direkt auf Juden zu beziehen. Diese heute durchaus gängige
Praxis des codierten Antisemitismus war damals noch etwas Neues.

An anderer Stelle begründete Hoffmann seine Ablehnung der bundesrepublikanischen Ordnung mit Konzepten wie Souveränität. Die noch immer besetzte BRD verfüge nur über eine »Scheinsouveränität«: »Jeder bundesdeutsche Regierungschef muß sich im Prinzip seine Aufträge in den Vereinigten Staaten holen und sein eigenes politisches Wollen dort absegnen lassen.« In diesem Sinne dürfte Hoffmann auch das spätere Verbot seiner WSG als Entscheidung eines nichtunabhängigen Staates verstanden haben, nicht als Entscheidung des eigentlichen Souveräns, also des Volkes – eine Argumentation, die den heutigen Duktus der Reichsbürger vorwegnahm.[30] Schon 1976 durchschaute das Landgericht Nürnberg-Fürth die Phrasen Hoffmanns, als es im ersten Verfahren gegen ihn und die WSG – wegen der unerlaubten Verwendung militärähnlicher Uniformen – Recht sprechen sollte: »Der Angeklagte ist ein militanter Radikaler faschistoider Ausrichtung, ohne daß er sich jedoch völlig einer bestimmten Gruppierung der radikalen Rechten zuordnen ließe.«[31]

Allerdings handelte es sich bei der WSG in erster Linie um eine paramilitärische Einheit, in der Taten mehr galten als Worte.[32] In bewusster Anknüpfung an die rechtsextremistische Freikorpsbewegung der zwanziger Jahre sah Hoffmann seine Gruppe als einen »nach militärischen Gesichtspunkten organisierte[n], straff geführte[n] Freiwilligen-Verband« mit hierarchischer Struktur.[33] Dementsprechend ist es wenig sinnvoll, hier nach ideologischer Konsistenz zu suchen. Auch die politische Programmatik der WSG blieb nebulös. Allerdings darf man nicht den Fehler machen – den damals viele Beobachterinnen gerade im direkten Vergleich mit der radikalen Linken begingen –, die WSG-Leute deswegen für ideologisch wenig gefestigt, quasi minderbemittelt und die Gruppe insgesamt für wirkungslos zu halten. Rechtsradikale scheren sich in der Regel wenig um intellektuelle Brillanz.

Neben der durchgehenden Demokratiefeindlichkeit, dem Militarismus und einem freikorpsartigen Kult der Tat sticht bei der WSG vor allem der immer wieder durchscheinende Antisemitismus hervor. Eine besondere Rolle spielten dabei Bezugnahmen auf den nationalsozialistischen Judenmord, insbesondere nachdem Anfang 1979 die Serie *Holocaust* im bundesdeutschen Fernsehen gelaufen war. Auf den Seiten der WSG-Zeitschrift *Kommando* wurde diese als psychologische Kastration und als »Inbegriff der Greuelpropaganda gegen das deutsche Volk nach 1945« beschrieben.[34] Dem stellte Hoffmann drastische Fotos von Toten des sogenannten »Bromberger Blutsonntags« gegenüber: »unser eigenes deutsches ›Holocaust‹-Ereignis«.[35] Hoffmann trat zudem medienwirksam mit Thies Christophersen auf, der behauptete, es habe keinen Judenmord und in Auschwitz keine Massentötungen durch Gas gegeben.[36] Hoffmann bekannte seine Haltung gegenüber Juden auch selbst recht offen: »*Ich* bin nicht antijüdisch, aber antizionistisch. Weil der Zionismus unser Feind ist und die Lüge verbreitet hat, dass sechs Millionen Juden in den Lagern der Nazis ermordet wurden.«[37] Hoffmann leugnete also eindeutig den Holocaust, wofür er in den siebziger Jahren noch nicht strafrechtlich belangt werden konnte. Zugleich versuchte er, seine antisemitischen Einstellungen als legitime Feindschaft gegen Israel zu verharmlosen.

In einer Phase, in der das rechtsextreme Lager in zunehmend radikalere Einzelgruppen aufsplitterte, war Hoffmann mit seinen Verbindungen zu anderen wichtigen Aktivisten ein einflussreicher Netzwerker, wie man heute sagen würde. Ein Mitstreiter gab an, der Holocaust-Leugner Christophersen habe Hoffmann beim Aufbau der WSG geholfen, indem er ihm die Adresskartei überließ, die er für den Vertrieb seiner Schriften aufgebaut hatte.[38] Engere Verbindungen bestanden auch zur 1971 von Gerhard Frey gegründeten DVU.[39] 1977 beteiligte sich Hoffmann laut den Erkenntnissen der Nürnberger Polizei an den Planungen des bereits angesprochenen »Auschwitz-Kongresses« in Nürnberg, der von Erwin Schönborn und Klaus Huscher durchgeführt werden sollte. Auch Hoffmanns alte Militärleidenschaft kam bei solchen Kooperationen zum Tragen. So übernahm die WSG den Saalschutz bei Veranstaltungen des Verbands deutscher Soldaten, bei denen im Juni 1977 auch der ehemalige Wehrmachtsflieger, spä-

tere Nazi-Fluchthelfer und Rechtsextremist Hans-Ulrich Rudel auf-
trat.[40] Die anderen Rechtsextremisten nahmen Hoffmann als wichtigen Partner wahr, so etwa der Rechtsterrorist Udo Albrecht, der später die Kooperation mit der PLO anbahnen sollte und in der WSG
einen »Kern tatsächlicher rechtsradikaler, durchaus auch neonazistischer Gruppierung« identifizierte.[41]

1979 zählten ca. 400 Personen zur WSG – zum Vergleich: Die Zahl
der bundesweiten Mitglieder in neonazistischen Organisationen
schätzte man damals auf 1400 (wobei allerdings unklar ist, ob die
WSG-Leute hier mit eingerechnet waren, da die Gruppe behörd-
licherseits nicht per se dem Neonazi-Lager zugeordnet wurde).[42] 1978
hatten 70 Aktivisten an den Übungen und Treffen der WSG teilgenommen, ein Jahr später kamen zu zwei größeren Übungen im Raum
Nürnberg-Erlangen insgesamt rund 100 Personen. Am 17. März 1979
sprach Hoffmann in Heroldsberg vor rund 200 Besucherinnen zum
Thema »Die neue Ordnung kommt«.[43] Das war durchaus program-
matisch zu verstehen, häuften sich in dieser Zeit doch die Hinweise
darauf, dass sich die WSG radikalisierte. Mehrfach kündigte Hoffmann an, die Organisation werde sich bald nicht mehr auf Wehr-
übungen beschränken, sondern auch politisch aktiv werden.[44] Auf
den Seiten von *Kommando* bezeichnete er dies als »das konsequente
Vertreten eines bestimmten politischen Weltbildes«.[45] Auch die Ver-
fassungsschutzorgane registrierten diese Veränderung: Das bayerische Landesamt zitierte Hoffmann 1979 mit den Worten, die WSG
müsse »Verhaltensformen« entwickeln, »die in gewisser Weise dem
Verhalten einer im Untergrund arbeitenden Vereinigung gleichen«.[46]
Der Bericht des Bundesamts für Verfassungsschutz hatte bereits 1978
»neonazistische Tendenzen« in der WSG konstatiert.[47] Hoffmann
selbst war durchaus klar, dass die steigende Attraktivität seiner Truppe den Behörden Kopfzerbrechen bereitete. Er begann, mit seinen
ständigen Begleitern zu spielen:

> In Bezug auf uns scheint bei der Polizei wiederum die Faustregel zu
> gelten: Immer schauen, wo sich der WSG-Häuptling aufhält, denn
> dort muß das Zentrum des Geschehens sein. So ist zu erklären, warum

sich um unser Anwesen in Heroldsberg und um das Ermreuther Schloß ein Ring von zivilen Polizeibeobachtern legte.[48] Man kann solche Andeutungen auch so verstehen, dass Hoffmann wusste, dass seine Leute Dinge unbemerkt erledigen konnten, während alle auf ihn starrten.

Zwar war Hoffmann offenkundig kein Theoretiker rechter Ideologie, aber er erwies sich als erstaunlich begabt im Umgang mit den Medien. Schon kurz nach der Gründung der WSG instrumentalisierte er im März 1974 eine Folge des ARD-Magazins *Panorama* durch provozierend martialisches Gehabe.[49] Dass er solche Auftritte bewusst plante, zeigte sich wenige Monate später, als er im Vorfeld einer ZDF-Sendung Flugzettel verteilte, in denen er junge Männer aufforderte, mit »Drillich, Kampfanzug oder Feldausrüstung« bei ihm zu erscheinen, um bei den Dreharbeiten eine gewisse Truppenstärke zu suggerieren.[50] Bereits drei Tage nach dem *Panorama*-Beitrag stellte die SPD im bayerischen Landtag eine Anfrage zur WSG. Zugleich half dieses mediale Spiel von Beginn an, die Gruppe zu verharmlosen, wie auch aus einem Fernschreiben des Bundesamtes für Verfassungsschutz an das Bundesinnenministerium vom 18. März 1974 deutlich wird:

eine gefaehrdung der demokratischen grundordnung durch die hoffmann-gruppe ist nicht gegeben. hoffmanns ueberdurchschnittliches geltungsbeduerfnis (er wird vielfach als angeber und aufschneider bezeichnet) dokumentiert sich schon dadurch, dasz er selbst das fernsehen eingeladen hat.[51]

Wenig überraschend sollte Hoffmann diese Art der medialen Präsentation daher auch weiterhin pflegen. Die für den *Oggi*-Artikel inszenierten militaristischen Bilder waren ein weiteres Beispiel für diese Strategie (siehe Abbildung 8).

Mit dieser Art der Präsentation nahm Hoffmann eine einzigartige Position im deutschen Rechtsextremismus der siebziger Jahre ein: für liberale und linke Betrachterinnen eine überaus sichtbare Provokation, die die Wiederkehr des »Dritten Reichs« heraufbeschwor und gegen die man Sturm laufen musste; für das eigene Lager eine mar-

Abb. 8: Bildausschnitt aus der Reportage im Magazin *Oggi*.[52]

tialische Vision männlicher Entschlossenheit, die insbesondere ein spezifisches Milieu jüngerer Männer ansprach. Genau diesen Neben-effekt hatte Hoffmann auch im Blick, war er doch überzeugt, dass selbst von kritischen Berichten ein »propagandistischer Nutzeffekt von 10-20 %« ausgehe.[53] In der Tat sollte man nicht unterschätzen, wie attraktiv die Bilder von Wehrsport, Drill und soldatischer Kame-radschaft wirken konnten, obwohl diese eher abschreckend gemeint waren, als sie von den Medienhäusern produziert wurden.

In der Bewertung der Wehrsportgruppe waren sich Behörden und Politik lange nicht einig, insbesondere ergaben sich schon früh Unter-schiede zwischen Bayern und der Bundesebene. Auf Veranlassung von

Innenminister Werner Maihofer (FDP) begann man in Bonn im Januar 1977 mit der Prüfung eines vereinsrechtlichen Verbots.[54] Die bayerischen Behörden hingegen wiegelten stets ab. Im März desselben Jahres konnte der bayerische Innenminister Bruno Merk zwar nicht leugnen, dass sich ein paar Rechtsradikale der WSG angeschlossen hatten; auffälliger erschien ihm jedoch, dass es dort »irregeleitete Romantiker« gebe, die »aus Freude an Fanfarenstößen, Lagerfeuern und dergleichen« dabei seien.[55] Zwei weitere Monate später hatte der weit rechts stehende CSU-Politiker Alfred Seidl das bayerische Innenministerium übernommen und insistierte sofort, für ein Verbot der WSG lägen keine ausreichenden Verdachtsmomente vor.[56]

Der direkte behördliche Umgang mit Hoffmann und der WSG zeichnete sich ebenfalls nicht gerade durch Konsequenz und Härte aus. Nachdem die Stadt Nürnberg Hoffmann, der über einen gültigen Waffenschein verfügte, 1973 den Besitz von mehr als einem Dutzend Schusswaffen genehmigt hatte, wurde ihm diese Genehmigung schon 1974 wieder entzogen, wogegen er klagte. Vier Jahre später hatten Gerichte und Behörden immer noch nicht abschließend darüber befunden, ob die Waffen einzuziehen seien.[57] Noch 1979 musste der Landesverfassungsschutz andere Dienststellen des Landes (und des Bundes) darauf hinweisen, dass sie keine öffentlichen Aufträge an das Grafik- und Werbeunternehmen vergeben sollten, das Hoffmann Anfang 1978 an Birkmann übertragen hatte. »Frau Birkmann ist im Zusammenhang mit den politischen Aktivitäten Hoffmanns in Erscheinung getreten.« Auch seien wiederholt WSG-Anhänger für die Firma tätig gewesen. Es stünde somit zu befürchten, dass die Einnahmen der Truppe zufließen würden.[58]

Mit den Jahren war die bayerische Politik dazu übergegangen, mit Spott auf Aufforderungen zu reagieren, etwas gegen die WSG zu unternehmen. Als der SPD-Landtagsabgeordnete Alfred Sommer 1978 eine entsprechende Anfrage stellte, lautete die Überschrift der Presseerklärung des Innenministeriums: »Alle Jahre wieder: Wehrsportgruppe Hoffmann wird aufmerksam beobachtet«. Stereotyp fiel auch die darin zitierte Antwort von Innenminister Seidl aus, die WSG stel-

le keine Gefahr für die freiheitlich-demokratische Grundordnung
dar:
Der Minister warnt davor, sich durch einige spektakuläre Auftritte
des Hoffmann zu sehr beeindrucken zu lassen und darüber die un-
gleich größere Gefahr zu vergessen, die vom Linksextremismus und
dabei vor allem von der DKP, ihren Nebenorganisationen und den
von ihr beeinflußten Organisationen ausgeht.[59]
Angesichts der Aufmerksamkeitsstrategie, die Hoffmann verfolgte,
empfahl die bayerische Politik immer häufiger: am besten ignorieren.
Zwar nahm das Innenministerium zur Kenntnis, dass der WSG-Chef
Fotografien seiner Gegnerinnen anfertigen ließ, was auf eine gewisse
Gefährdung hindeutete. Der zuständige Minister Seidl sah jedoch
1978 keinen Anlass für einen besonderen Schutz vor WSG-Übergrif-
fen.[60] Und Ministerpräsident Franz Josef Strauß meinte noch zwei
Monate nach dem bundesweiten Verbot der Wehrsportgruppe zu deren paramilitärischen Aktivitäten:»Mein Gott, wenn jemand Spaß
daran hat, am Sonntag mit einem Rucksack und im Kampfanzug
mit Koppelschloß durchs Gelände zu spazieren, soll man ihn in Ruhe
lassen«.[61] Doch das war noch nicht der Höhepunkt der Ignoranz gegenüber der Gefahr von rechts: Nach dem Anschlag auf das Oktoberfest behauptete Strauß ohne jeglichen Beweis, die DDR habe Agenten
in die WSG eingeschleust, um die Bundesrepublik zu diskreditie-
ren.[62]
   Am 30. Januar 1980 verbot Gerhart Baum (FDP), der Maihofer im
Juni 1978 als Bundesinnenminister nachgefolgt war, die Wehrsportgruppe Hoffmann mit der Begründung, sie richte sich »gegen die verfassungsmäßige Ordnung«.[63] Das Ministerium hatte diesen Schritt
mehrere Jahre vorbereitet und dafür akribisch Material gesammelt.
Um die Verfassungsfeindlichkeit zu belegen, referierte die Verbotsverfügung aus dem erwähnten WSG-Manifest, verwies auf die enge
Kooperation mit anderen Neonazis, betonte die Bedeutung der militärischen Ausbildung und wies auf den militanten und konspirativen
Charakter der Organisation hin: »Die Bereitschaft der WSG, zur
Durchsetzung ihrer politischen Ziele Gewalt anzuwenden, ergibt

sich auch aus der Tatsache, daß die WSG-Angehörigen sich in illegaler Weise Waffen beschaffen und Gegner der WSG tätlich angreifen.«
Wichtig war dem Innenministerium darüber hinaus, dass das spektakuläre Auftreten eine »gewisse Signal- und Sogwirkung« für das gesamte rechte Lager entwickelt habe und zudem dem Ansehen der
Bundesrepublik im Ausland schade.[64] Gerold Tandler, der Seidl nach
nur einem Jahr als bayerischer Innenminister ersetzt hatte, erklärte noch am selben Tag, man trage das Verbot mit, allerdings vor allem aus außenpolitischen Erwägungen; ansonsten sei man weiterhin
überzeugt, dass es weitaus gefährlichere linksextreme Gruppen gebe.[65]

Hoffmann und seine WSG stehen damit stellvertretend für den problematischen Umgang mit dem Rechtsextremismus in der Bundesrepublik. Zwar waren einige Verantwortliche durchaus willens, den
Rechtsextremismus mit den Mitteln des Rechtsstaates aktiv zu bekämpfen. Das verdeutlichen die Verbote der Sozialistischen Reichspartei 1952 und der Wehrsportgruppe 1980. Zugleich waren viele andere Entscheidungsträger weder von der Gefährlichkeit der WSG
überzeugt noch wollten sie die besondere Dynamik im rechtsextremistischen Milieu ab Mitte der siebziger Jahre wahrhaben. Man hielt
die entsprechenden Hinweise für ein politisches Manöver, das vom
eigentlichen Feind ablenken sollte: der radikalen Linken, den Linksterroristinnen und dem kommunistischen Ostblock. Aber Befürwor-
ter wie Gegner staatlicher Maßnahmen gegen Rechtsradikale waren
sich im Wesentlichen darin einig, dass es sich bei diesen um keine
ernsthafte Gefahr handelte. Dabei dachten offenkundig alle an eine
Gefährdung des demokratischen Staatswesens und die Errichtung
eines diktatorischen Systems. Die Gefahr, die diese Entwicklungen
für mögliche Opfer darstellten, blieb ausgeblendet.
    In gewisser Hinsicht folgte sogar die Verbotsverfügung noch die-
ser Logik: Damit konnte man demonstrieren, dass man sich des Pro-
blems bewusst war und etwas unternahm. Aber wollte man Hoffmann tatsächlich in die Schranken weisen, weil man glaubte, dass

er eine echte Gefahr darstellte? Hier traf Jahre später der *Spiegel* den Nagel auf den Kopf:

> Karl-Heinz Hoffmann ist stets unterschätzt worden. Er galt als schrullig, aber nicht gefährlich. Das Operettenhafte in Erscheinung und Auftreten, der Zwirbelbart und seine Spaziergänge mit dem angeleinten Puma fanden stärkere Beachtung als seine politischen Ideen und die kalte Entschlossenheit, ihnen Geltung zu verschaffen [...].[66]

6. Das Motiv

Letztendlich wird das Landgericht Nürnberg-Fürth am 30. Juni 1986 feststellen, dass es der WSG-Mann Uwe Behrendt war, der am Abend des 19. Dezember 1980 Shlomo Lewin und Frida Poeschke in Erlangen erschoss. Zur selben Zeit empfingen Hoffmann und Birkmann gerade den Rechtsextremisten Jörg H. und dessen Freundin in Ermreuth, die dieses Alibi vor Gericht bestätigten.[1] Der weitere Ablauf soll so gewesen sein: Gegen 21 Uhr unterbricht ein Klopfen ein längeres Küchengespräch zwischen Hoffmann und H. Behrendt steht vor der Tür. Hoffmann zieht sich kurz mit ihm zurück, und Behrendt erklärt:»Chef, ich habe den Vorsitzenden der jüdischen Gemeinde in Erlangen erschossen. Ich hab's auch für Sie getan.«[2] Behrendt soll laut Hoffmann auch von einer»Rache für das Oktoberfestattentat« gesprochen haben.[3] Hoffmann verspricht Behrendt,»die Spuren so gut wie möglich zu verwischen. Tauchen Sie erstmal ab.«[4] Danach kehrt Hoffmann zu seinen Gästen zurück, denen an seinem Verhalten nichts auffällt.[5]

Behrendt zieht sich anschließend auf das Zimmer auf Schloss Ermreuth zurück, in dem ihn Hoffmann wohnen lässt, nimmt ein Bad, wirft sich in Schale und geht in die von dem Hoffmann-Vertrauten Rudolf K. geführte Dorfgaststätte. Dort warnt er den Kneipier, alle verdächtigen Gegenstände zu beseitigen, da mit dem baldigen Auftauchen der Polizei zu rechnen sei.[7] Hoffmann verfolgt laut seiner eigenen Aussage zur selben Zeit die ersten Meldungen über den Doppelmord im Fernsehen, will dann Birkmann geweckt haben, um ihr von der Tat zu berichten, angeblich weil in den Nachrichten auch ihre Brille erwähnt wird. In der Tatnacht ist davon in den entsprechenden Fernsehmeldungen jedoch nicht die Rede.[8] Daraufhin ge-

Abb. 9: Eine der wenigen Fotografien von Uwe Behrendt.[6]

sellt sich Hoffmann zu Behrendt in die Gaststätte und erzählt offen
von den Meldungen über den Doppelmord, wobei er auf sein Alibi
hinweist.[9]

Aber was ist das Motiv für die Tat? Hier schließt sich die nahelie-
gende Frage an, die bei den gesamten Ermittlungen zum Erlanger
Doppelmord eine viel zu geringe Rolle spielt: Wie kommt Behrendt
auf Lewin und Poeschke? Fällt diese Wahl aus purem Zufall? Allein
wegen der geografischen Nähe? Weil Lewin Jude ist und der Täter

antisemitisch eingestellt? Und welche Rolle spielt Hoffmann dabei, für den Behrendt die Tat begangen haben will? Es handelt sich hierbei ja nicht um einen Anschlag auf eine jüdische Einrichtung, mit dem man unterschiedslos Jüdinnen schaden möchte, die man nicht kennt. Vielmehr ist es eine Tat, die auf zwei konkrete Personen zielt. Der Doppelmord ist durch die Intention gekennzeichnet, einen Juden (und dessen Lebensgefährtin als mögliche Zeugin) zu töten, den der Täter bewusst ausgewählt hat. Entscheidend war aus meiner Sicht ein antisemitisches Motiv, das ich auf verschiedenen Ebenen rekonstruieren möchte. Beginnen werde ich mit Behrendt.

Bei Uwe Behrendt deuten einige Indizien auf eine antisemitische Grundhaltung hin, die ich für seinen »Chef« Hoffmann bereits rekonstruiert habe. So nimmt sein Leben in den Jahren und Monaten vor der Tat eine Entwicklung, die eine rechtsextreme Gesinnung und ein antisemitisches Motiv nahelegt. Geboren 1952 in Thüringen, will Behrendt nach dem Abitur studieren, darf jedoch nicht sein favorisiertes Fach Geologie belegen. Stattdessen beginnt er ein Studium der Elektrotechnik. 1973 unternimmt er einen gescheiterten Fluchtversuch an der tschechisch-österreichischen Grenze. Vom Kreisgericht in Gera wird er daraufhin zu einem Jahr und acht Monaten Gefängnis verurteilt. In den Verfahrensakten ist Behrendts Opposition zum DDR-Regime dokumentiert.[10] Weniger deutlich werden die Gründe für diese Haltung. Einige Quellen lassen das Bild eines überzeugten Christen erkennen, der im DDR-System nicht zurechtkommt.[11] Ein Wehrdienstkamerad erinnert sich jedoch, Behrendt sei schon zum damaligen Zeitpunkt deutschnational eingestellt gewesen und habe deswegen die DDR abgelehnt.[12] Zugleich müssen sich diese Bekenntnisse nicht ausschließen, da beide eindeutig gegen die Staatsideologie der DDR gerichtet sind. In jedem Fall ist Behrendt enttäuscht, weil er nicht sein Wunschfach studieren kann. Aus den Aussagen, welche die DDR-Behörden nach dem Fluchtversuch zusammentragen, um dessen Hintergründe zu erhellen, ergibt sich ein Bild von Behrendt als einem intelligenten, aber renitenten Einzelgänger, eine Sicht, die auch seine späteren WSG-Weggefährten teilen.[13]

Bereits während seiner Haft kündigt Behrendt an, in die Bundesrepublik ausreisen zu wollen. Seine Eltern beklagen sich in einem Brief an die Gefängnisleitung, ihr Sohn wirke zunehmend verbittert und verzweifelt. Im Sommer 1974 kauft die Bundesrepublik Behrendt frei, und er darf direkt aus der Haft ausreisen.[14] In den Briefen an seine Eltern, die die Staatssicherheit abfängt, schwärmt er von der neu gewonnenen Freiheit und den Lebensverhältnissen in der BRD. Er berichtet von einem Stipendium, das er für sein Theologie- und Germanistikstudium an der Universität Tübingen erhält, und von der schlagenden Burschenschaft Arminia, der er dort beitritt. Zu dieser Zeit engagiert er sich für die Tübinger CDU und will das Christentum als Waffe gegen den Kommunismus einsetzen.[15]

Spätestens in dieser Phase rutscht Behrendt immer weiter in die rechte Szene ab. Zunächst führt ihn das zum rechtsextremen Hochschulring Tübinger Studenten (HTS), der von Axel Heinzmann, einem weiteren DDR-Flüchtling, geleitet wird. Behrendt tritt bei den Universitätswahlen auf der Liste des Hochschulrings an.[16] Im Dezember 1976 kommt es im Vorfeld einer HTS-Veranstaltung, zu der Karl-Heinz Hoffmann als Redner eingeladen ist, zu einer Massenschlägerei, bei der über ein Dutzend WSG-Mitglieder gewaltsam gegen demonstrierende Studenten vorgehen.[17] Auch Behrendt mischt mit. Im folgenden »Prinz-Karl-Prozess« – benannt nach der Tübinger Uni-Mensa, in der die HTS-Veranstaltung hätte stattfinden sollen – werden 1977 Hoffmann, Behrendt, Heinzmann und andere wegen Körperverletzung und Landfriedensbruch angeklagt und teilweise auch verurteilt. Hoffmann erhält eine Freiheitsstrafe von zehn Monaten auf Bewährung, Behrendt wird freigesprochen.[18] In der Folgezeit wird er aktives Mitglied in der WSG. 1979 geht er für einige Monate als Söldner nach Südafrika und engagiert sich wohl aufseiten der rassistischen Minderheitsregierung Südrhodesiens.[19] Ob er in dieser Zeit militärisches Training erhält, ist unklar. Nach seiner Rück-

kehr verschreibt er sich ganz der WSG, wohnt nun auf Schloss Ermreuth und setzt sein Studium in Tübingen kaum noch fort.

In der WSG wird Behrendt ab 1977 aufgrund seiner Intelligenz,
seines Durchsetzungswillens und seiner zunehmend gefestigten
rechtsextremen Einstellung schnell zu einem führenden Mitglied.
Es sind die Jahre, in denen die Gruppe national wie international
an Bekanntheit gewinnt und zunehmend die Aufmerksamkeit der Sicherheitsbehörden des Bundes auf sich zieht.[20] In dieser Phase kommt
es außerdem zu den ersten Konfrontationen zwischen Lewin und der
WSG. (Es existieren jedoch keine Hinweise, dass Behrendt, Hoffmann oder andere WSG-Mitglieder Lewin zu irgendeinem Zeitpunkt persönlich kennenlernen.) So erscheint im Februar 1977 besagte
Oggi-Ausgabe, in der Lewin Hoffmann als Gegner gegenübergestellt
wird und von der sich Hoffmann ein Exemplar besorgt. Im Sommer
desselben Jahres wird Hoffmann, so rekonstruiert es später ein Ermittler, im Zusammenhang mit dem Nürnberger »Auschwitz-Kongress« auf Lewins Engagement gegen rechts aufmerksam.[21] Auch von
der Podiumsdiskussion »Neonazistische Umtriebe – Was sollen wir
dagegen tun?«, die Lewin 1978 organisiert, dürfte Hoffmann erfahren
haben, thematisiert sie doch die WSG direkt. Die Demonstration
»Nazi-Hoffmann raus aus Ermreuth« kurze Zeit später lässt er genau
beobachten und dokumentieren. Für die Gegendemonstrantinnen
steht damals fest, »daß er genau weiß, mit wem er es zu tun hat«.[22]

In diesem Zusammenhang dürfte auch Behrendt von Lewin erfahren haben. Zudem ist ihm sicher auch bekannt, was Hoffmann auf
den *Kommando*-Seiten schreibt, wo er ja unter anderem Lewin für
den Verfall der Ermreuther Synagoge verantwortlich macht. Als eines
von ganz wenigen WSG-Mitgliedern darf Behrendt selbst einen Artikel für das Blatt beisteuern, dessen Beiträge sonst fast ausschließlich
aus Hoffmanns Feder stammen. Behrendts kurzer Text stellt ein etwas wirres antiamerikanisches Plädoyer für ein starkes Europa der
rechten Kräfte dar, was gut zu dem Versuch der Zeitschrift passt,
auch jenseits der Grenzen der Bundesrepublik rechtsextreme Freiwillige anzusprechen.[23] Gezeichnet ist der Text mit Behrendts WSG-in-

ternem Spitznamen:»Spok«. Warum Behrendt nach dem 1980 bereits
populären Charakter (eigentlich »Spock«) aus der Fernsehserie
Raumschiff Enterprise benannt wurde, ist unklar; womöglich geschah
dies wegen seiner Intelligenz, Kälte und Emotionslosigkeit.

Behrendt dürfte also spätestens durch die *Oggi*-Ausgabe von Lewin gewusst haben – und damit auch, dass Lewin in der israelischen
Armee gekämpft hat. Wie so viele nach ihnen könnten Behrendt und
Hoffmann die entsprechende Passage falsch gedeutet und daraus geschlossen haben, bei dem erwähnten »1. Krieg gegen Ägypten«, in
dem Lewin als Adjutant Dajans tätig war, habe es sich um den Sechstagekrieg 1967 gehandelt. Das ließ Lewin fatalerweise zusätzlich als
geeignetes Ziel erscheinen.

Die mir zugänglichen Quellen lassen aus meiner Sicht keinen anderen Schluss als den zu, dass Behrendt ein überzeugtes WSG-Mitglied und ein loyaler Weggefährte Hoffmanns war, der – wenn überhaupt – nur wenig ideologische Eigenständigkeit entwickelt.[24] Wie
Hoffmann ist Behrendt spätestens Ende der siebziger Jahre ein über-
zeugter Rechtsextremist. Auch teilt er offenbar den Antisemitismus,
der in der WSG immer öfter zum üblichen Ton gehört. So werden
im Kreis der Kämpfer Juden als »Untermenschen« bezeichnet.[25] Es
werden Pläne für Anschläge auf jüdische Einrichtungen in der Bundesrepublik geschmiedet.[26] Spätere Vernehmungen von WSG-Leu-
ten belegen, dass sie in dieser Hinsicht ähnlich tickten: »Grundsätzlich war die Einstellung gegen Juden negativ«, erklärte beispielsweise
Uwe Mainka im Juli 1981 gegenüber dem bayerischen LKA. »Hoffmann und auch wir anderen Gruppenmitglieder schimpften und
spotteten über die Juden.«[27] Hoffmann wird später vor Gericht immer wieder – und offenkundig mit einigem Erfolg – behaupten, dass
er kein Judenfeind sei.[28] Neben Mainka schreiben ihm jedoch weitere Weggefährten eindeutig antisemitische Haltungen zu.[29] Wie ich
noch erörtern werde, stellt Hoffmann sich und die WSG auch selbst
als Opfer von Juden dar – ein Narrativ, dass gerade bei Behrendt eine
fatale Wirkung entfalten wird. Um dies zu erläutern, ist aber ein in-
haltlicher – und geografischer – Umweg notwendig.

Schon im Vorfeld des WSG-Verbots vom 30. Januar 1980 scheint Hoffmann nach einem alternativen Betätigungsfeld und -ort für seine Truppe zu suchen. Ob er ahnt, dass die Verbotsverfügung bevorsteht, mit der eine legale Weiterarbeit der WSG in Westdeutschland nicht möglich sein wird? Wenn die entsprechenden Zeugenaussagen stimmen, reist Behrendt mit zwei weiteren WSG-Männern und wohl in Hoffmanns Auftrag Ende 1979 nach Wien, um in der iranischen Botschaft »eine Möglichkeit zu suchen«, für die Mitglieder »der WSG einen Unterschlupf« zu finden.[30] In Westdeutschland in den Untergrund zu gehen – für eine überzeugte Gruppe radikaler Rechtsextremisten generell sicher eine Option –, will Hoffmann offenkundig vermeiden. Außerdem ergibt sich hieraus die Möglichkeit, die antisemitischen Ideen der WSG in eine antizionistische Praxis umzuwandeln.[31]

Die Wien-Reisenden zeigen sich jedenfalls überzeugt, dass die folgende Entwicklung durch den Kontakt mit der iranischen Botschaft in Gang gekommen ist.[32] Im Januar 1980 taucht der Rechtsextremist, Antizionist und Antisemit Udo Albrecht in Begleitung eines Komplizen bei Hoffmann auf, um ihn von einer Geschäftsidee zu überzeugen.[33] Der 1940 ebenfalls in Thüringen geborene Albrecht gehört zu den mysteriösesten und zugleich gefährlichsten Rechtsterroristen der Bundesrepublik; er unterhält beste Verbindungen zu diversen Geheimdiensten und agiert stets skrupellos. Schon früh ist er wie sein Mitstreiter Willi Pohl von der rechten Szene in Westdeutschland enttäuscht, weil sie von Spitzeln durchsetzt sei. Daraus ziehen sie die Schlussfolgerung, ihre geplante Guerilla benötige »eine sichere Basis im Ausland«.[34] Schon ab 1970 bauen sie enge Kontakte zur PLO auf. Albrecht kämpft auf ihrer Seite im jordanischen Bürgerkrieg und erarbeitet sich einen legendären Ruf und anhaltenden Rückhalt in der Organisation. Er gerät in Gefangenschaft und geht nach seiner Entlassung in den Libanon, wo er mit Pohl die Vorbereitungen der palästinensischen Attentäter logistisch unterstützt, die schließlich am 5. September 1972 den Anschlag auf die israelische Mannschaft bei den Olympischen Spielen in München verüben werden. Albrecht selbst wird im April 1971 in Wien verhaftet, flieht aber 1974 nach seiner Auslieferung in die Bundesrepublik, wo er immer wieder in Haft gerät, aber genauso oft entkommen kann. Ab Mitte der siebziger Jahre finanziert er sich durch Banküberfälle in Westdeutschland.[35] Für Hoffmann ist Albrecht kein Unbekannter. Er hat Pohls 1979 unter Pseudonym erschienenes Buch *Geblendet* gelesen.[36] Daher dürfte er von den dort beschriebenen Überlegungen wissen, im Ausland eine Basis für Rechtsterroristen aufzubauen. Relativ zu Beginn seines autobiografischen Romans schildert Pohl, wie er und Albrecht einen Vertrag mit dem Sicherheitschef der PLO, Salah Khalaf alias Abu Ijad, schließen:

> Konkret legten wir fest: Errichtung einer deutschen Basis unter dem Schutz der Fatah. Bereitstellung von Unterkünften, Waffen, Fahrzeugen und Geldern, um von arabischen Staaten aus den deutschen Befreiungskampf sicher organisieren zu können. Mittel zur Rekrutierung deutscher Männer und Frauen, Ausbildungsgelegenheiten und Material zur Bildung einer wirksamen Propaganda innerhalb Deutschlands. Dabei war von der ersten Stunde an ein gemeinsames Vorgehen geplant. Unter dem Motto des gemeinsamen Kampfes des palästinensischen und des deutschen Volkes gegen Kapitalismus, Imperialismus und Zionismus sollte ein Organ geschaffen werden, das über die verschiedensten Kanäle der deutschen Bevölkerung zugeleitet werden kann.[37]

Dies liest sich wie eine Art Blaupause für das weitere Vorgehen. Dementsprechend bietet Albrecht Hoffmann und der WSG Anfang 1980 eine kurzfristige Geschäftsidee und einen langfristigen Plan an: Kurzfristig sollen ausgemusterte Fahrzeuge aus Beständen der Bundeswehr, die man relativ unkompliziert über eine Vertriebsgesellschaft erwerben kann, auf dem Landweg in den Nahen Osten geschafft und dort an die PLO verkauft werden. Langfristig will Albrecht mithilfe der WSG sein altes Vorhaben verwirklichen: rechtsradikale Jugendliche aus Deutschland für die PLO anheuern, in deren Lagern militärisch ausbilden und dann für Terrorakte im In- und Ausland einsetzen. Kontakte zur PLO, vor allem zur Fatah, besitzt Albrecht, nach jugendlichen Rekruten hat er freilich schon seit Längerem vergeblich gesucht. Hoffmann kann ihm diese nun bieten, womit sich dem WSG-Chef zugleich die Möglichkeit eröffnet, seine Aktivitäten im Ausland fortzusetzen. Die Idee für eine Wehrsportgruppe-Ausland ist geboren, und mit dem WSG-Verbot in der Bundesrepublik wird daraus schon sehr bald Realität. Seinen Leuten versucht Hoffmann die Reise mit einer Reihe von Argumenten schmackhaft zu machen: Er appelliert an ihre Abenteuerlust, verweist auf die drohende Strafverfolgung in der Bundesrepublik und die Möglichkeit, sich einer Bewegung anzuschließen,»die auch gegen die Juden« sei.[38] Hier verbinden sich somit Aktivitäten, die gegen Israel gerichtet sind, mit antisemitischen Motiven. Zugleich entsteht durch diese Zusammenarbeit mit der PLO eine Konstellation, die den Erlanger Doppelmord wahrscheinlich mit ermöglicht.

Trotz des Verbots der WSG kann Hoffmann ohne Probleme ausgediente Fahrzeuge der Bundeswehr erwerben und in den Nahen Osten überführen.[39] Bisweilen muss Hoffmann sich dafür Geld von seinen Schützlingen leihen, die er zugleich von dem Nahost-Abenteuer überzeugen will: Zwei Mitglieder, Kai-Uwe Bergmann und Odfried Hepp, unterstützen das Geschäft, wohl ohne ihr Geld je wiederzusehen.[40] Ende März 1980 wird ein erster Konvoi von Fahrzeugen auf dem Land- und Seeweg Richtung Libanon geschickt, wobei diese in einem syrischen Hafen steckenbleiben und nicht an die Fatah geliefert werden können. Zur selben Zeit reist Albrecht mit Hoffmann nach Beirut und führt diesen bei der Fatah ein. Erneut spielt der *Oggi*-Artikel eine Rolle: Im Libanon nutzt der WSG-Anführer die Reportage quasi als Werbebroschüre, um gegenüber den Palästinenserinnen seine internationale Bedeutung als Kämpfer und Militaria-Spezialist zu untermauern.[41]

Obwohl es seitens der Palästinenser Zweifel gibt, ob sie sich auf die Zusammenarbeit mit deutschen Rechtsextremisten einlassen sollen, einigen sich die Beteiligten. Hoffmann verspricht die Lieferung weiterer Militärfahrzeuge; die Palästinenser übernehmen das militärische Training der WSG-Leute. Anfang Mai startet ein Transport von Klein-Lkws und Geländewagen, der diesmal alle Grenzen passiert und in Beirut ankommt. Das Geschäftliche läuft also gut an, und die Gruppe bezieht ihre Unterkünfte im palästinensischen Lager Bir Hassan in West-Beirut. Die Zahl der im Libanon stationierten WSG-Kämpfer schwankt in der Folgezeit, da immer einige mit den Fahrzeugkonvois unterwegs sind; andere kehren bereits früh wieder in die Bundesrepublik zurück. In der Regel sind etwa ein Dutzend WSG-Leute in Beirut anwesend.

Abgesehen von seiner Beteiligung an der Wien-Reise ist Uwe Behrendt weder in die ursprünglichen Planungen noch in die bis zum Sommer 1980 folgenden Aktivitäten der WSG-Ausland intensiv eingebunden. Sein Einsatzgebiet ist weiterhin schwerpunktmäßig die Bundesrepublik, von wo aus er erst Mitte August 1980 nach Beirut reist. Dort verbleibt er auch nur bis Oktober. In dieser Zeit ist er allerdings an den Strafaktionen und Folterungen gegen vier WSG-Mitglieder beteiligt, die im September vergeblich zu fliehen versuchen; darauf werde ich später eingehen (Kapitel 10). Hoffmann hingegen reist regelmäßig hin und her, um den Aufbau der Strukturen im Libanon zu koordinieren. Zu seinem dortigen Stellvertreter wird nicht Behrendt, sondern Leroy Paul – und kurzzeitig einmal Hepp – ernannt.

Am 26. September explodiert die Bombe an einem Eingang des Münchner Oktoberfests. Ob Gundolf Köhler bei seinem technisch aufwendigen Attentat Unterstützung aus dem Umfeld der WSG erhalten hat, wird nie vollständig geklärt werden. Der Anschlag hat aber schon bald praktische Folgen: Das BKA stößt schnell auf die Verbindung des Attentäters zur WSG, weil Köhler 1975 und 1976 an Wehrsportübungen teilgenommen hat und danach mit Hoffmann in brieflichem Kontakt stand.[42] Im Zuge einer Hausdurchsuchung in Ermreuth am Tag nach dem Anschlag finden die Ermittler den *Oggi*-Artikel im Schlafzimmer. Franziska Birkmann kann sich, als sie schließlich im Sommer 1981 festgenommen und dazu befragt wird, sofort an das italienische Blatt erinnern. »Bei uns war es nicht üblich, daß die Zeitungen über einen längeren Zeitraum einfach auf dem Bo-

den herumlagen. Es kam jedoch vor, daß man, d. h. ich oder Hoffmann, eine Zeitung vor das Bett legte, nachdem man zuvor darin laß
[sic].«[43] Das deutet darauf hin, dass Hoffmann oder Birkmann wenige Wochen vor dem Erlanger Doppelmord erneut den Artikel unmittelbar vor Augen haben, in dem Lewin von der internationalen Presse
als wichtiger Gegner Hoffmanns präsentiert wird.

Aus dem Oktoberfest-Attentat ergeben sich für Hoffmann, Behrendt und die WSG zwei weitere Konsequenzen. Zum einen entwickelt Hoffmann eine antisemitische Verschwörungstheorie, die das
Geschehen erklären soll und der Behrendt Glauben schenkt (dazu
unten mehr). Zum anderen bringen die intensivierten Ermittlungen
Hoffmanns Geschäfte ins Stocken. Mehrere Mitglieder der WSG
(weder Hoffmann noch Behrendt sind darunter) werden am 1. Oktober 1980 an der deutsch-österreichischen Grenze überprüft, als sie
mit einem Konvoi Richtung Libanon unterwegs sind. Misstrauisch
geworden, verweigern die österreichischen Behörden die Einreise;
die Meldung des deutschen Bundesverfassungsschutzes umfasst eine
Liste der Fahrzeuge, die Hoffmann überführen will: zwei Mercedes-
Unimogs und drei VW-Kübelwagen.[44] Hoffmann muss umdisponie-
ren: Sie werden aufwendig von Deutschland aus über den Seeweg
verschifft.

Hoffmanns Lage wird damit zunehmend prekär. In Deutschland
gerät er immer stärker in den Fokus der Ermittlungsbehörden. Es kursieren Gerüchte, laut denen weitere Mitglieder in die Vorbereitung
der Tat involviert waren. So findet die Polizei in der Wohnung des
WSG-Manns und Libanon-Aktivisten Odfried Hepp den Namen
Köhlers auf einer Adressliste von Rechtsextremisten.[45] Im Herbst 1980
kann sich Hoffmann – selbst wenn er an dem Attentat nicht beteiligt
gewesen sein sollte – nicht sicher sein, ob nicht doch noch entsprechende Verwicklungen seiner Männer ans Tageslicht kommen, die
den Münchner Attentäter möglicherweise bei einer Wehrsportübung
kennengelernt haben. Dass er persönlich durch Aussagen belastet
wird, kann er ebenfalls nicht ausschließen, hat er doch inzwischen
eine Vielzahl illegaler Aktivitäten entwickelt.

In Beirut läuft es für den deutschen Rechtsextremisten ebenfalls schon länger nicht rund, wovon auch der Verfassungsschutz in Köln Kenntnis erhält.[46] Während des Sommers 1980 häufen sich die Meinungsverschiedenheiten zwischen dem WSG-Chef und Albrecht.[47] Albrecht sieht Hoffmann als Konkurrenten und möchte ihn ausbooten. Er bemüht sich, einige WSG-Anhänger auf seine Seite zu ziehen. Schließlich eskaliert der Streit, und es soll sogar beinahe zu einer Schießerei gekommen sein.[48] Mit dem Bruch ist auch Hoffmanns Stellung bei der Fatah in Gefahr, verfügt Albrecht doch weiterhin über großen Einfluss. Sofort verschlechtern sich die Lebensbedingungen der WSG-Kämpfer: Anfang August müssen sie Bir Hassan verlassen und in ein unbefestigtes, wesentlich weniger komfortables Camp in den Bergen Südlibanons umziehen, das noch dazu unweit der Kampfhandlungen an der israelischen Grenze liegt. Für Hoffmann dürfte es daher eine große Erleichterung gewesen sein, als Albrecht Ende August 1980 in Dortmund festgenommen und später unter anderem wegen mehrerer Banküberfälle zu einer Haftstrafe verurteilt wird. (Im Juli 1981 gelingt es ihm jedoch, auf abenteuerliche Weise LKA- und Bundesgrenzschutzbeamten zu entwischen und in der Nähe des schleswig-holsteinischen Ortes Büchen in die DDR zu flüchten.[49])

Allerdings dürften sich für Hoffmann mit der Festnahme Albrechts keineswegs alle Sorgen in Luft aufgelöst haben. Die Palästinenser, die einiges in die WSG-Gruppe investiert haben, müssen sich inzwischen fragen, ob sie eine adäquate Gegenleistung erhalten, zumal der Fahrzeughandel über den Landweg jetzt blockiert ist. Die Wehrsportgruppe erhält Unterkünfte, Waffen – Hepp erinnert sich später, bei ihrer Ankunft in Bir Hassan habe auf jedem Bett eine Kalaschnikow mit Munition gelegen[50] –, Ausweispapiere, teilweise auch Lebensmittel und Kleidung. Hoffmann wohnt währenddessen in einer von der PLO gestellten Stadtwohnung in Beirut, wobei »Wohnung« wohl nicht die richtige Bezeichnung ist: Es soll sich um eine palastähnliche Anlage mit vielen Zimmern und mehreren Bädern gehandelt haben.[51] Dort hält Hoffmann – zeitweise auch mit Birk-

mann – Hof und empfängt Gäste.[52] Der WSG-Anführer kann sich
außerdem in West-Beirut – dem muslimisch-palästinensisch kontrollierten Teil der Stadt – frei bewegen, da er, ebenso wie einige weitere
WSG-Mitglieder, einen Fatah-Ausweis ausgehändigt bekommt.
Zudem zahlen die Palästinenser diverse Geldbeträge, deren genaue Verwendung sich nicht klären lässt. So gehen einige Zeit nach
dem Beginn der Zusammenarbeit monatlich 2500 Dollar an Hoffmann, ferner eine Einzelzahlung von 20000 Mark, angeblich für
das Kraftfahrzeuggeschäft.[53] Auch soll Hoffmann Anfang 1981 eine
Art Quittung mit seinem Decknamen unterschrieben und an den
PLO-Finanzchef gerichtet haben, versehen mit dem Zusatz: »Thank
you for 2500 Dollar for the secret work in Europe«.[54] Daraus kann
man schließen, dass die WSG für die Fatah in Europa tätig war. Dazu
passt auch die Erinnerung eines WSG-Mitglieds: »Die PLO erledigt
einiges in Deutschland für uns, was wir nicht machen können, dafür
erledigen wir einiges für die PLO.«[55] Wie wichtig die Zusammenarbeit mit der WSG den Palästinensern ist, zeigt auch der Umstand,
dass die Deutschen direkten Zugang zu führenden Persönlichkeiten
des PLO-Sicherheitsapparats erhalten: zu Atef Bseiso, Amin al-Hindi, Muhammad Hijazi und sogar zu Salah Khalaf.
Doch was liefert die WSG im Gegenzug? Zunächst einmal nach
meiner Berechnung zwölf Militärfahrzeuge, von denen nur sieben
auf der kostengünstigen Route über Südeuropa transportiert werden
können. Legt man die Preise zugrunde, die die WSG in *Kommando*
verlangt, als sie dort Kübelwagen (3000 D-Mark) und Unimogs
(4000 D-Mark) anbietet, dürften diese damals etwa 40000 D-Mark
wert sein.[56] Gleichwohl muss man hinzufügen, dass die Fahrzeuge
keineswegs in bestem Zustand, wenn wohl auch nicht direkt schrottreif sind, immerhin kann man zumindest mit einigen von ihnen noch
durch halb Europa fahren. Jedoch besteht eine der wesentlichen Tätigkeiten der WSG-Angehörigen im palästinensischen Lager darin,
die Wagen instand zu setzen bzw. zu halten. Weitere Leistungen sind,
abgesehen von einzelnen Chauffeurdiensten und Handlangertätig-
keiten, nicht bekannt. Anders als Udo Albrecht in den frühen Sieb-

zigern eignen sich die WSG-Mitglieder offenkundig auch kaum als Kämpfer, im Gegenteil: Sie verursachen 1980 zunehmend Ärger, weil sie aufgrund des monotonen Lageralltags Streitereien untereinander anfangen, sich immer mehr Disziplinlosigkeiten leisten und arrogant gegenüber ihren arabischen Gastgebern auftreten. Von einer schlagkräftigen Kampftruppe, die sich eventuell gegen militärische Feinde oder gar die Israelis einsetzen ließe, kann nicht die Rede sein. Folglich dürfte sich Hoffmann ab Sommer 1980 zunehmend unter Zugzwang gesehen haben. Er braucht mehr und bessere Rekruten, bessere und billiger zu beschaffende Fahrzeuge und muss seine Truppe straffer führen. Sein Verhalten gegenüber seinen Leuten wird immer erratischer; er nimmt diverse Strafaktionen vor, teilweise für geringe Vergehen. Zugleich sucht er nach neuen Möglichkeiten, sich den Palästinensern als wichtiger Partner anzudienen. So beginnt er etwa im August, vor Ort falsche Dollarnoten zu drucken, die allerdings so schlecht sind, dass die WSG-Mitglieder von libanesischen Straßenhändlern attackiert werden, als sie damit bezahlen wollen.[57] Ende 1980 soll er außerdem mit dem Gedanken gespielt haben, im Libanon eine Waffenfabrik aufzubauen, zumindest wird er das später vor Gericht behaupten. Die PLO scheint von diesen Plänen nichts gewusst zu haben.[58] Zudem entwickeln Mitglieder der WSG laut späterer Zeugenaussagen mehr oder weniger realistische Gewalt- und Terrorszenarien. Man spricht über Anschläge auf jüdische Einrichtungen.[59] Es kursieren Pläne für Attentate auf Staatsanwälte und Richter, die in Deutschland gegen die WSG ermittelt haben.[60] Die Schwierigkeiten, die PLO bei Laune zu halten, tragen am Ende zum Erlanger Doppelmord bei.

Angesichts seiner misslichen Lage versucht Hoffmann offenkundig, gegenüber der PLO Kapital aus dem Oktoberfest-Anschlag vom 26. September zu schlagen. Diesen Eindruck muss man jedenfalls gewinnen, wenn man das Schreiben liest, das Hoffmann Anfang Oktober 1980 dem WSG-Mann Arndt-Heinz Marx in die Schreibmaschine diktiert und das sich in den Akten der DDR-Staatssicherheit

befindet.[61] Darin präsentiert Hoffmann eine Erklärung für das Attentat und stellt die WSG als das eigentliche Opfer dar.

In den ersten Absätzen klingt der Text wie ein polizeilicher Ermittlungsbericht, der die bisherigen Erkenntnisse zu dem Anschlag
zusammenfassen soll. Wenn man genauer hinsieht, wird jedoch klar,
dass diese Angaben lediglich aus Presseberichten zusammengetra-
gen wurden. Hoffmann entwickelt im Folgenden sieben Theorien,
wer das Attentat verübt haben könnte: ein geistesgestörter Einzeltäter, ein Selbstmordattentäter, ein einzelner politischer Fanatiker
oder eine Gruppe von ihnen, wobei die Bombe zu früh und am
falschen Ort explodierte, eine kriminelle Vereinigung, die eine Person loszuwerden suchte, und sechstens eine Organisation, die diesen
Gewaltakt anderen unterschieben wollte. Die siebte und letzte
Variante hält Hoffmann für die wahrscheinlichste: die Operation
eines Geheimdienstes, »um eine bestimmte politische Bewegung
durch Unterschieben des Attentats und die dadurch eingesetzte
Negativpropaganda entscheidend zu schädigen bzw. auszuschalten«.[62]

Auf den folgenden Seiten versteigt sich der Text immer weiter in
Verschwörungsfantasien: Erst soll die SPD-geführte Bundesregierung den Anschlag Rechtsextremisten angehängt haben, um einen
Sieg des Unionskandidaten Franz Josef Strauß bei der Bundestagswahl am 5. Oktober 1980 zu verhindern. Dann folgt eine eindeutig
antisemitische Erklärung: das »Blutbad von München als Aktion des
israelischen Geheimdienstes«.[63] Da dieser von den Aktivitäten der
WSG im Libanon wisse, versuche man, die Hoffmann-Truppe zu dis-
kreditieren, indem man ihr einen Angriff auf die eigene Bevölkerung
in die Schuhe schiebe. Zugleich wolle Israel sich die weitere Unterstützung der eigenen »Angriffskriege« durch die BRD sichern, indem
man die deutsche Regierung »mit ihrer nationalsozialistischen Vergangenheit oder [...] ihrer neonazistischen Gegenwart« konfrontiere
und erpresse.[64] Konkret: Der israelische Geheimdienst soll den Attentäter Köhler ausgewählt und dessen Attentat zeitgleich mit dem
Libanon-Konvoi der Hoffmann-Gruppe lanciert haben, damit diese

in den Fokus der Ermittlungsbehörden gerät. Für Hoffmann steht
das Resultat fest:

Die Hoffmann-Organisation ist von nun an mit dem Kainsmal gekennzeichnet. Weite Teile der Bevölkerung sowie die gesamte Weltöffentlichkeit glaubt an den brutalen Massenmord am eigenen Volk.
Die gefürchteten Symphatien [sic] im deutschen Volke gehen rapide
zurück.[65]

Hoffmann hat sich also eine Verschwörungsfantasie zurechtgelegt,
laut der er und seine Truppe Opfer der Israelis sind – eine Erzählung,
die auf seine palästinensischen Gastgeber zugeschnitten ist und wohl
darauf abzielt, ihnen zu imponieren. Hoffmann deutet dieses antisemitische Narrativ damals auch in der Presse an, legt es seinem »Tatsa-
chenroman« *Verrat und Treue* zugrunde und hält daran bis heute
fest.[66] Außerdem bringt diese Erzählung mit hoher Wahrscheinlich-
keit Behrendt auf die Idee, mit dem Mord an Shlomo Lewin Rache
für das angebliche Unterschieben des Oktoberfest-Anschlags zu nehmen.

Was in der Phase zwischen dem Oktoberfest-Attentat und dem Doppelmord in Erlangen genau geschieht, ist auch in vielen Vernehmungen und Aussagen vor Gericht nie ganz geklärt worden. Einzelne
WSG-Mitglieder haben zu Protokoll gegeben, Hoffmann habe sie
zu einem antisemitischen Mord anstiften wollen. So soll er Alfred
Keeß kurz nach dem Anschlag aufgefordert haben, »in Deutschland
einen Juden umzubringen«:

Hoffmann erklärte mir, daß es sich bei dem Opfer um einen Juden
handeln würde, der ca. 40 Kilometer von Ermreuth entfernt wohnen
soll. Ich sollte mit falschen Papieren nach Deutschland fahren. Dort
wollte mich Hoffmann selbst einweisen, d. h. mir das Objekt zeigen,
indem [sic] das Opfer wohnt, und mir die Waffe für die Tatausfüh-
rung besorgen […]. Er sagte außerdem, wenn bei der Tat die Frau oder
sonstige erwachsene Angehörige dazu kämen, sollte ich auch diese
umlegen, damit keine Zeugen vorhanden wären.
Um nicht erkannt zu werden, sollte ich mich mit Brille, Perücke

oder Bart tarnen und außerdem Handschuhe tragen, damit ich keine
Fingerspuren hinterlaße [sic] und sich an meinen Händen kein Pul-
verschmauch absetzen kann.[67] Während andere WSG-Mitglieder ihre anfänglichen Einlassungen
später abschwächen oder widerrufen, wird Keeß diese Aussage vor
Gericht bestätigen und wiederholen.[68] Im Dezember (aber möglicherweise nach dem Doppelmord) soll Hoffmann ein weiteres
WSG-Mitglied aufgefordert haben, einen Mossad-Agenten in Berlin
auszuschalten.[69] Allerdings muss man hier hinzufügen, dass das Gericht diese Angaben im späteren Hoffmann-Prozess, in dem die entsprechenden Zeugen erneut dazu befragt werden, verwerfen wird.
Insbesondere Alfred Keeß wird vom Gericht »nicht für glaubwürdig
erachtet«, weil er Hoffmann aus nachvollziehbaren Gründen feindlich gesonnen sei: »Seine Aussage lässt [...] erkennen, daß er in
der Motivation, erlittenes Unrecht zu vergelten, nicht bei der Wahr-
heit geblieben ist.«[70]

Gleichwohl ist im Laufe des Jahres 1980 in Beirut ein Klima entstanden, in dem die Ermordung erklärter Feinde der WSG diskutiert
und zum Teil geplant wird; wenn diese dann noch Feinde der palästinensischen Gastgeber zu sein scheinen, umso besser. Bei dem Israeli
Lewin, der überdies im Stab von Mosche Dajan tätig war und gerüch-
teweise Mossad-Agent sein soll, dürfte sich ein entsprechender Eindruck leicht vermitteln lassen. Hoffmann fantasiert jedenfalls mit seiner antisemitischen Interpretation des Oktoberfest-Attentats eine
zusätzliche Rechtfertigung herbei. Dazu würde eine Aussage Albrechts gegenüber dem DDR-Ministerium für Staatssicherheit passen:

Als ich noch mit Hoffmann Kontakt hatte, haben wir uns über solche
grundsätzlichen Aktionen einmal pauschal unterhalten. Von meiner
Seite aus habe ich damals als zionistische Exponenten z. B. den Galen-
ski [sic] und diesen Wiesenthal aufgeführt, zu denen ich ja auch Unterlagen und Fakten gesammelt habe [...]. Hoffmann brachte dann
auch ein Beispiel aus seinem Raum, wobei möglicherweise dieser
Drahtzieher Schlomo [sic] gemeint sein kann. Ich kann mich daran

nicht mehr so genau erinnern, da mir dieser Name damals nichts weiter sagte.[71] Natürlich kann man aus guten Gründen an der Glaubwürdigkeit Albrechts zweifeln, der ja zu diversen, auch sich feindlich gegenüberstehenden Geheimdiensten Kontakt pflegte und sich gekonnt zu inszenieren wusste. Gleichwohl spricht aus dieser Quelle, die erst seit der Öffnung der Bestände der DDR-Staatssicherheit nach der Wiedervereinigung 1990 berücksichtigt werden kann, seine (und Hoffmanns) eindeutig antisemitische Gesinnung, die auch sonst gut belegt ist. Wenn man Albrechts Angaben folgt, stellt sich die Frage: Erwägt Hoffmann womöglich im Sommer 1980 ein Attentat auf einen Juden oder gar auf Lewin persönlich? Und sieht er sich dann durch den Oktoberfest-Anschlag dazu legitimiert?

In den Wochen und Monaten nach dem Münchner Attentat beschäftigen sich Hoffmann und Behrendt in Ermreuth intensiv mit Waffen. Bis zu ihrem Verbot verfügt die WSG – dies ist den Ermittlungsbehörden schon seit Jahren bekannt – über eine ganze Reihe davon, vor allem über mehrere Maschinenpistolen des italienischen Herstellers Beretta. Diese wurden bei den militärischen Übungen benutzt, wozu man sie jedoch durch Verlöten – zumindest zeitweise – unbrauchbar gemacht hatte. Zu dem Zeitpunkt, als Hoffmann und Behrendt damit beschäftigt sind, eine Beretta wieder einsatzfähig zu machen, witzelt Hoffmann im November 1980 in einem *Spiegel*-Interview über genau diesen Vorgang: »Allein schon das Wort ›verlötet‹ – das habe ich oft gehört. Verlötet mußte es wohl heißen, damit gleich jemand sagen konnte, das kann man ja ganz leicht wieder aufmachen.«[72] Gleichzeitig sucht Hoffmann im Umfeld seiner fränkischen Mitstreiter intensiv nach jemandem, der für ihn einen Schalldämpfer bauen kann, der auf die Beretta passt. So erteilt er dem gelernten Metallschlosser Michael R. im November 1980 in Behrendts und Birkmanns Gegenwart einen entsprechenden Auftrag. R. erstellt eine Skizze und nimmt dafür auch Maß an einem Exemplar aus Behrendts Zimmer in Ermreuth.[73] In den folgenden Wochen wird Hoffmann den WSG-Mann Hans Peter Fraas mehrfach auffordern, sich bei R. über den Fortgang des Baus zu erkundigen.[74] Offenbar scheitert dieses Projekt jedoch ebenso wie der Versuch, den Werkzeugmechaniker Manfred W. dafür zu gewinnen. Gegenüber W. kündigt Hoffmann vielsagend an: »Eines Tages mache ich was, da werden dann alle schauen.«[75]

Behrendt und Hoffmann nehmen die Sache schließlich Anfang/ Mitte Dezember selbst in die Hand. Bei einer konspirativen Zusammenkunft, bei der auch Birkmann anwesend ist, basteln sie auf dem Küchentisch in Ermreuth eine entsprechende Apparatur, wofür sie das Gehäuse einer Sprühdose verwenden.[76] Während Birkmann die Abfälle so beseitigt, dass sie nicht gefunden werden können, schrauben Behrendt und Hoffmann die Konstruktion auf eine Beretta und erproben ihre Funktion bei Schießübungen im Keller. Dabei zeigt sich zwar, dass die schalldämpfende Wirkung gewährleistet ist, der Aufsatz erweist sich aber als zu instabil für mehrere Salven. Für einen einmaligen Einsatz mit wenigen Schüssen scheint er jedoch geeignet. Splitter am Tatort in der Erlanger Ebrardstraße beweisen später, dass bei dem Doppelmord eine entsprechende Konstruktion benutzt wurde.[77] Hoffmann wird jedoch vor Gericht behaupten, er habe diesen Schalldämpfer als Produktionsmuster für die geplante Waffenfabrik im Libanon hergestellt, nicht ahnend, dass sich Behrendt davon inspirieren lassen würde. Das erscheint jedoch wenig glaubhaft, weil erstens das instabile Gebilde aus einem Sprühdosengehäuse kaum als Muster für eine Serienfertigung dienen kann. Zweitens hat er gegenüber keiner der Personen, die an seinen oben genannten Bemühungen beteiligt waren, eine Waffenproduktion als Ziel genannt.[78] Schließlich stellt sich die Frage, wozu man gerade im bürgerkriegsgeschüttelten Libanon des Jahres 1980 so dringend Schalldämpfer braucht, dass eine fabrikmäßige Herstellung erfolgversprechend sein könnte. Eine entsprechende Nachfrage des Richters wird Hoffmann jedenfalls im späteren Gerichtsverfahren »ziemlich aus der Fassung« bringen.[79]

Am Abend des 20. Dezember 1980 bricht unter den in Bir Hassan verbliebenen WSG-Kämpfern großer Jubel aus, als die Deutsche Welle von dem Erlanger Doppelmord berichtet. Die Männer mit einer längeren WSG-Erfahrung wie Alfred Keeß und Uwe Mainka wissen offenkundig nicht nur, wer Lewin war und dass er ein entschiedener Gegner der WSG und von Hoffmann gewesen ist. Auch ist für sie sofort klar, dass die WSG für diese Tat verantwortlich sein muss, wozu es in der Sendung – angesichts des Kenntnisstandes der Ermittler und der Presse zu diesem Zeitpunkt logischerweise – keine Spekulationen gibt.[80] Jedenfalls halten sie den Mord für taktisch vorteilhaft, wie einer von ihnen bekundet: »Wenn die Fatah uns die Morde zuschreibt, sind wir gemachte Leute. Wir hätten zwei Mossad-Agenten ausgeschaltet.«[81]

In den Stunden und Tagen nach dem Doppelmord haben Behrendt und Hoffmann genügend Zeit, sich Aussagen zurechtzulegen und Spuren zu beseitigen: Behrendt versteckt die Tatwaffe direkt nach dem Mord so gut, dass sie nie gefunden wird. Hoffmann hilft Behrendt aktiv, so verbrennt er die Kleidung, die Behrendt bei der Tat getragen hat. Hoffmann und Birkmann müssen nun stündlich mit dem Auftauchen der Polizei rechnen, doch die Ermittler sind mit anderen Dingen beschäftigt. Behrendt erhält von Hoffmann Geld für ein Flugticket und kann sich damit außer Landes begeben. Zunächst reist er vor Weihnachten, wohl unerkannt, nach Ost-Berlin und kontaktiert seine Mutter und Schwester, die zu ihm in die DDR-Hauptstadt fahren.[82] Am 25. Dezember fliegt Hoffmann in den Libanon, nur Birkmann bleibt in Ermreuth. Überraschend kehrt Behrendt am Tag darauf noch einmal zurück; Birkmann bringt ihn zum Bahnhof nach Nürnberg, von wo aus er sich ebenfalls in den Libanon absetzt.[83]

Als Hoffmann kurz nach Weihnachten 1980 in das Lager zurückkehrt, behauptet er, die WSG habe mit dem Mord an Lewin – Hoffmann spricht abfällig nur von »dem Shlomo« – nichts zu tun.[84] Dass ihm das jemand glaubt, scheint wenig wahrscheinlich. Jedenfalls lesen die WSG-Mitglieder, wie sie später in ihren Aussagen bekunden, in deutschen Zeitungen eifrig die Berichte über den Doppelmord. Auch Hoffmann hört nicht auf, von der Tat zu sprechen. Vor seinen Leuten legt er sich eine Strategie zurecht, wie er sich verteidigen könnte, wenn er dafür haftbar gemacht werden sollte.[85] Die Gruppe verhöhnt das Opfer »Shlomo«.[86] Alfred Keeß will Behrendt, als dieser ab Silvester wieder in Beirut weilt, schließlich direkt gefragt haben. »Ja, ich habe ihn umgebracht, mit Kopfschuss«, soll Behrendt geantwortet haben.[87] Hoffmann distanziert sich zu keinem Zeitpunkt von Behrendt. Im Gegenteil, er befördert ihn zum Leutnant in der WSG, womit er zum zweiten Stellvertreter Hoffmanns – nach Leroy Paul – aufsteigt.[88] Angeblich kann er nun sogar über zusätzliche Geldsummen verfügen.[89] Behrendt ist bis ca. Anfang Mai 1981 im Lager, verschwindet dann aber für fünf bis sechs Wochen mit unbekanntem Ziel. Hans Peter Fraas erinnert sich später bei einer Vernehmung an das stark veränderte Aussehen Behrendts, der sich vor seiner Abreise Haare und Bart gefärbt und einen völlig anderen Kleidungsstil angeeignet habe. Unter den WSG-Kämpfern kursieren Gerüchte, Behrendt solle einen »Job« für die Palästinenser erledigen und sei dafür nach Paris gereist. Nach seiner Rückkehr im Juni soll er erneut behauptet haben, er habe jemanden getötet.[90] Es gab immer wieder Spekulationen, die WSG sei in den Mord an dem hessischen Wirtschaftsminister jüdischer Abstammung Heinz-Herbert Karry in Frankfurt am Main am 11. Mai 1981 involviert gewesen.[91] Interessanterweise fällt diese Tat in die Phase der ungeklärten Abwesenheit Behrendts; gleichwohl passt zu einem solchen Szenario die bei der Tat verwendete Pistole nicht, die 1970 zusammen mit anderen Schusswaffen, die danach in linksextremistischen Kreisen zirkulierten, aus einer US-Kaserne geraubt worden war.

In den folgenden Wochen wird Behrendt Zeuge des allmählichen Zerfalls der WSG. Unter den verbliebenen Mitgliedern kommt es zu immer heftigeren Auseinandersetzungen. Die anderen WSG-Mitglieder werden später aussagen, dass Uwe Behrendt am 16. September 1981 im Lager Selbstmord begeht.[92] Dafür spricht, dass sich in den

Akten der Staatssicherheit ein auf den 5. September datierter Abschiedsbrief an seine Familie findet. Darin heißt es:»Aber ich habe immer mehr gewollt. Ich habe zu hoch gespielt. Nun habe ich keine Lust mehr. Für mich hat es immer nur Deutschland gegeben. Ich habe nie einen anderen Herren gehabt.«[93] Doch formuliert ein Selbstmörder seinen Abschiedsbrief mehr als zehn Tage vor dem Suizid? Nur einen Tag zuvor, am 4. September, hat Hoffmann in seiner ersten Vernehmung als Beschuldigter Behrendt zum ersten Mal als alleinigen Attentäter des Doppelmords benannt.[94]

Aufgrund von Behrendts Selbstmord ist es schwierig, das Motiv für den Mord endgültig zu klären. Außerdem ist seither die Behauptung Hoffmanns kaum zu widerlegen, Behrendt habe diesen alleine geplant und ausgeführt und er habe lediglich bei der Vertuschung assistiert.

Aufgrund all der geschilderten Entwicklungen und der Masse der Indizien, die ich bis hierher angeführt habe, leuchtet ein antisemitisches Motiv für den Erlanger Doppelmord ein. Gleichwohl bleibt genau dieser Aspekt in den zeitgenössischen Quellen stets merkwürdig unterbelichtet, und wenn er zur Sprache kommt, dann stets mit charakteristischen Einschränkungen. Ein Beispiel: Ende März 1981 verkündet der Oberstaatsanwalt den vorläufigen Ermittlungsabschluss, laut dem aus Beweisnot keine Anklageerhebung möglich sei. Gleichwohl müsse man durch die neuen Erkenntnisse über die Brille jetzt Birkmann, Hoffmann und die WSG verdächtigen; von Behrendt weiß man zu diesem Zeitpunkt noch nichts. In diesem Zusammenhang vermutet der Bericht: Wenn der Täter aus den Reihen der WSG stamme,»*könnten* die stark ausgeprägten antisemitischen Tendenzen innerhalb der Gruppe zur Tat geführt haben«.[95] Hoffmann selbst behauptet im Rahmen seiner Vernehmungen, er habe kein Motiv für den Doppelmord gehabt, da er kein Judenfeind, sondern sogar mit Juden befreundet sei.[96] Das leuchtet jedoch angesichts der geschilderten Fakten kaum ein.

Aus meiner Sicht kann man zur Motivlage zumindest festhalten:

Die WSG entwickelt über Jahre eine starke antisemitische Ausrichtung. Zentral bedingt war dies durch die Vorgaben Hoffmanns: Er nutzt schon im WSG-Manifest antisemitische Anspielungen, bezeichnet sich gegenüber der *Oggi* als Antizionist, leugnet den Holocaust in der WSG-Zeitschrift *Kommando* und wird von seinen WSG-Mitstreitern als antisemitisch eingeschätzt. Diese Ausrichtung überdauert auch das Verbot der WSG, ja sie wird durch das Absetzen in den Libanon und die Aussicht verstärkt, dort »gegen die Juden« kämpfen zu können. In der zunehmend schwierigen Lage im Libanon, aber auch aufgrund der Ermittlungen zum Oktoberfest-Anschlag entwickelt Hoffmann die antisemitische Verschwörungserzählung von der WSG als Opfer von Israelis und Juden, um sich gegenüber der PLO positiv darzustellen. Uwe Behrendt versteht dies als Auftrag, die WSG zu rächen, indem er den in Deutschland und Israel angeblich einflussreichen Juden Lewin und dessen Partnerin erschießt.

Doch handelt Behrendt wirklich allein? Immerhin scheint Hoffmann die Judenfeindschaft so sehr verinnerlicht zu haben, dass er die antisemitische Verschwörungsfantasie oft wiederholt – und auf sie bis heute in Andeutungen anspielt. Außerdem liegt der Verdacht nahe, dass vor allem er das Mordopfer Lewin als seinen entschiedenen Gegner wahrnimmt: Ihn greift er persönlich auf den Seiten von *Kommando* an; ihn kennt er von den Gegendemonstrationen gegen seine WSG; von ihm handelt der *Oggi*-Artikel, den Hoffmann sorgsam aufbewahrt und verwendet. Wie dem auch sei: Im Juni 1986 wird ein Gericht entscheiden, dass Hoffmann keineswegs einen Mord begangen hat, »ohne selbst zu schießen«, dass er also nicht als Mittäter beteiligt war, ohne selbst am Tatort gewesen zu sein, wie es der Leiter der Staatsanwaltschaft noch im September 1981 als Möglichkeit angenommen hat.[97] »Nach der Lebenserfahrung«, so wird sich das Gericht schließlich festlegen, »bleibt eine ausreichende Sicherheit für die Annahme, daß Behrendt als Alleintäter gehandelt hat.«[98]

7. Terrorismus

Ich halte den Erlanger Doppelmord für eine rechtsterroristische Tat, allerdings bemühe ich damit keine selbsterklärende Kategorie. In der sozialwissenschaftlichen Debatte ist bis heute umstritten, was man unter Terrorismus zu verstehen hat und wie sich insbesondere der Terrorismus radikaler Rechter fassen lässt. Solche Bestimmungen sind grundsätzlich nicht einfach, weil wir umgangssprachlich oft recht unterschiedliche Phänomene mit dem Begriff »Terrorismus« belegen und weil mit dessen Verwendung häufig politische Interessen verfolgt werden. Generell definieren Sozialwissenschaftlerinnen Terrorismus als politisch motivierte, strategisch geplante Gewalt nichtstaatlicher Einzelpersonen oder Gruppen gegen symbolisch bedeutsame Personen, Personengruppen oder Einrichtungen, mit der eine Botschaft an ein Publikum gesendet werden soll.[1] Die Opfer sind normalerweise Zivilistinnen, keine Soldaten oder Mitglieder anderer Sicherheitskräfte, da man Angriffe auf diese eher als kriegsähnliche Aktionen oder Guerillataktik beschreiben würde, auch wenn die Übergänge hier fließend sind.[2] Wie Guerillakämpfer agieren Terroristinnen in einem asymmetrischen Konflikt; meist handelt es sich um kleine, relativ schwache Gewaltverbände, die weder die Kampfstärke noch den Rückhalt in der Bevölkerung haben, um die Staatsmacht militärisch oder revolutionär herauszufordern. Die Art der Gewalt lässt sich näher bestimmen als oft punktuell und unvorhersehbar durchgeführte, aber systematisch eingesetzte Aktivität, die an eine politische Strategie gebunden ist. Das im anarchistischen Umfeld entwickelte Konzept der »Propaganda der Tat« bringt das auf den Punkt, wirft aber zugleich die Frage auf, an wen sich die propagandistische Botschaft richtet.

In diesem Zusammenhang hat der Politikwissenschaftler Herfried Münkler die Figur des »als interessiert unterstellten Dritten« eingeführt, in dessen »objektivem Interesse« die Terrorgruppe – das wäre die erste Instanz – ihre Gewaltaktion gegen ein spezifisches Opfer – dies die zweite – durchführt. Bei diesem Dritten kann es sich um einen bestimmten Teil der Bevölkerung (die Arbeiterklasse, die Bauernschaft oder eine ethnische Minderheit) oder aber um imaginierte Großgruppen wie die Nation, das Volk oder die Völker der sogenannten Dritten Welt handeln. Ihnen soll demonstriert werden, dass Widerstand nötig und möglich ist. Die Gewalt erhält so letztlich eine Art vormundschaftlichen Charakter.[3] Außerdem soll dieser Dritte langfristig für die gemeinsame Sache mobilisiert werden. Damit lässt sich auch die Funktion der kommunikativen Botschaft des Terrorismus präzisieren: Die Anhänger der Terroristinnen und möglichst auch weitere Personen dieser dritten Instanz sollen begeistert werden.[4]

Sicherlich schielte auch der westdeutsche Rechtsterrorismus auf einen solchen Dritten: den als ethnisch deutsch imaginierten, rechtskonservativ oder -radikal eingestellten Bevölkerungsteil, von dem man annehmen konnte, dass er die rechtsextremistische Kritik an Demokratie, Staat und Medien zumindest wohlwollend aufnahm. In diesem Zusammenhang sei noch einmal auf die 1982 präsentierte Sinus-Studie zum Rechtsextremismus hingewiesen. Darin wurde nicht nur festgestellt, dass 13 Prozent der bundesrepublikanischen Wahlbevölkerung ein rechtsextremistisches Weltbild besaßen. Sie fragte überdies nach der Akzeptanz von Gewalt und kam hier zu dem Ergebnis, dass rund 6 Prozent der Bevölkerung »rechtsextremistische Gewalttaten im Grunde« billigten.[5]

Wie in den Sozialwissenschaften üblich, sind ihre Definitionsversuche relativ gegenwartsbezogen, ein Gespür für die sich historisch wandelnden Formen von Terrorismus fehlt dieser Literatur meist. Dabei ist die Geschichte des Terrorismus – und hier insbesondere die des rechten Terrorismus – wichtig, um das Phänomen zu verstehen. An dieser Stelle ist es notwendig, noch einmal über die Botschaft und den Adressatenkreis – und damit über die Rolle des Dritten – nach-

zudenken. Zweifellos will Terrorismus vor allem Terror verbreiten:
Schon aus der für das moderne Verständnis grundlegenden Terrorphase der Französischen Revolution (1793-94) leitete sich diese Vorstellung des Schreckens, des »Terreur«, ab. Je nach Ausprägung des
Terrorismus sollen spezifische Gruppen in der Gesellschaft einge-
schüchtert und terrorisiert werden: die Kapitalisten, die Eliten, die
Fremden, die Flüchtlinge usw.

Die Geschichte des Rechtsterrorismus in Westdeutschland

Das Jahr 1980 markierte keineswegs den Anfang rechtsterroristischer
Umtriebe in der Bundesrepublik. In dem beschriebenen Milieu hatten sich bereits zuvor immer wieder gewaltbereite Einzelpersonen und
Gruppen hervorgetan.[6] Schon der 1950 gegründete Bund Deutscher
Jugend (BDJ), der vor allem ehemalige Wehrmachtsoffiziere und Mitglieder der Waffen-SS anzog und dennoch teilweise auf die Unterstützung von Regierungskreisen und US-amerikanischen Dienststellen
zählen konnte, baute paramilitärische und nachrichtendienstliche
Strukturen auf. Der Gründer Paul Lüth, ein stramm antikommunis-
tischer Arzt und Publizist, hatte 1951 in seiner Schrift *Bürger und
Partisan* vor kommunistischer Infiltration gewarnt und so Wider-
standsaktionen gegen die politische und gewerkschaftliche Linke gerechtfertigt.[7] Die BDJ-Unterorganisation Technischer Dienst (TD)
sollte im Falle eines sowjetischen Einmarschs als Partisaneneinheit
hinter der Front aktiv werden. Durch paramilitärisches Training und
das Anlegen umfangreicher Waffenlager bereitete sich der TD auf diesen Moment vor. Unterstützung erhielt er dabei von der CIA, die in
einer ganzen Reihe westeuropäischer Länder solche »Stay-behind-
Organisationen« aufbaute.[8] Zugleich sammelte der TD Informationen über politische Gegner, vor allem aus den Reihen der KPD und
der SPD, die man mit genuin terroristischen Aktionen aus dem Ver-
kehr ziehen wollte. Als diese Pläne aufflogen, wurden BDJ und TD

1953 verboten.[9] Gelegentlich kam es bei diesen frühen Aktivitäten, deren Gefährdungspotenzial noch vergleichsweise gering war, auch schon zu grenzüberschreitenden Kooperationen. So engagierten sich westdeutsche Rechte in den sechziger Jahren unter anderem im Befreiungsausschuss Südtirol (BAS), einer terroristischen Separatistenbewegung, die Südtirol von Italien abtrennen wollte und zahlreiche Anschläge auf italienische Sicherheitskräfte verübte.

Mit dem Scheitern der NPD bei der Bundestagswahl 1969 entstanden innerhalb der Partei und im gesamten rechtsextremen Spektrum verstärkt gewaltbereite Gruppen, die sich zu einem echten Rechtsterrorismus radikalisierten. Die 1969 gegründete Europäische Befreiungsfront (EBF), in der viele unzufriedene, gewaltbereite NPD-Mitglieder aktiv waren, plante 1970 Anschläge anlässlich des Besuchs des DDR-Ministerpräsidenten Willi Stoph in der BRD. Zudem führte sie schwarze Listen mit Politikern und Journalistinnen aus dem linken Spektrum. Ein bis heute wenig bekannter Rechtsterrorist dieser Jahre begann seine Gewaltkarriere in der EBF: der Ende der vierziger Jahre geborene Ekkehard Weil, den man lange Zeit als absonderlich abtat, ohne seine Gefährlichkeit zu erkennen. Am 7. November 1970 schoss er vor dem Ehrenmal der sowjetischen Armee in Berlin-Tiergarten auf den Soldaten Iwan Schtscherbak und verletzte ihn lebensgefährlich. Nachdem Weil vorzeitig aus der Haft entlassen worden war, verübte er im August 1977 einen Brandanschlag auf die Geschäftsstelle der kommunistischen Sozialistischen Einheitspartei Westberlins, dem SED-Pendant auf der anderen Seite der Mauer. Ein Hafturlaub ermöglichte ihm 1979 die Flucht nach Österreich, wo er im Juli 1982 mit österreichischen Neonazis Sprengstoffanschläge auf jüdische Geschäfts- und Wohnhäuser in Wien und Salzburg verübte, darunter auch auf das Haus Simon Wiesenthals. Noch 1995 stellten die Behörden bei ihm Waffen und Sprengstoff sicher.[10] Vermutet wird zudem seine Beteiligung an den zwei Sprengstoffanschlägen auf das Grab von Heinz Galinski in Berlin im September und Dezember 1998, wofür es bislang jedoch keine Beweise gibt.[11] Weils sich über mehrere Jahrzehnte erstreckenden rechtsterroristischen Ak-

tivitäten wird man am ehesten gerecht, wenn man sie als Einzeltäter-
terrorismus beschreibt.

Eine andere Gruppe der frühen siebziger Jahre war die Nationale
Deutsche Befreiungsbewegung (NDBB), die bis 1971 Anschläge auf
Einrichtungen linker Organisationen, der Sowjetunion und der DDR
plante, langfristig jedoch eine neue NSDAP gründen wollte. Die von
dem Elektromonteur Bernd Hengst aus enttäuschten NPD-Kadern
aufgebaute »Gruppe Hengst« hatte bereits 1968 einen Anschlag auf
ein Büro der Deutschen Kommunistischen Partei (DKP) verübt und
wollte in der Folgezeit unter anderem bewaffnet gegen den SPD-Vor-
stand vorgehen. In Nordrhein-Westfalen wurde 1972 die Nationalsozialistische Kampfgruppe Großdeutschland (NSKG) ins Leben gerufen, die zwar einige Waffendepots anlegte, aber keine Gewaltaktionen
durchführen konnte, da sie von den Behörden enttarnt wurde. Ende
1976 tat sich in Braunschweig eine Gruppe um den Altnazi Paul Otte
zusammen, die dann 1977 Sprengstoffattentate auf die Staatsanwaltschaft Flensburg und das Amtsgericht Hannover verübte, obwohl
eines ihrer Mitglieder vom niedersächsischen Verfassungsschutz als
V-Mann geführt wurde. Geplant war auch ein Anschlag auf eine Synagoge in Hannover, doch die Gruppe wurde rechtzeitig von den Behörden zerschlagen. Der Rechtsextremist Friedhelm Busse rief bereits 1971 die Volkssozialistische Bewegung Deutschlands/Partei der
Arbeit (VSBD) ins Leben und unterstützte in den Folgejahren die gewalttätigen Bestrebungen der Mitglieder. Dieser Partei stand der ein-
gangs erwähnte Frank Schubert nahe, der 1980 zwei Schweizer Grenzbeamte ermordete.[12]

Vereinzelt gab es auch in diesen Jahren Organisationen, die grenz-
übergreifenden Terrorismus ausübten. So hatte der Neonazi Peter
Naumann, der 1979 im Vorfeld der Ausstrahlung der Serie *Holocaust*
Anschläge auf Sendemasten verübte, zuvor eine NS-Gedenkstätte in
Italien attackiert. Zumindest bei den Anschlägen auf die Sendemas-
ten soll Naumann Hilfe von Heinz Lembke erhalten haben, einem
Revierförster aus der Lüneburger Heide, der dort über mehrere Jahre
an die dreißig versteckte Waffen- und Sprengstoffdepots angelegt

hatte.[13] Zu den transnationalen Terroristenorganisationen gehörte auch die sogenannte »Gruppe Ludwig« von Wolfgang Abel und Marco Furlan. Zwischen 1977 und 1984 töteten die beiden, anfänglich noch im Teenager-Alter, in Italien und Westdeutschland bei Mordaktionen und Brandanschlägen fünfzehn Menschen, darunter insbesondere Drogenabhängige, Homosexuelle und Besucher von Pornokinos und Diskotheken.[14] Die Gruppe stellte in vielerlei Hinsicht eine Ausnahme dar, nicht zuletzt, weil sie so lange aktiv sein konnte, was sicher auch durch ihren grenzüberschreitenden Charakter ermöglicht wurde.

In den frühen siebziger Jahren waren die Ermittlungsbehörden ansonsten lange Zeit relativ erfolgreich darin, rechtsterroristische Umtriebe bereits im Keim zu ersticken, was nicht zuletzt durch die geringe Professionalität der Akteure bedingt war. Die meisten Gruppen kamen über das Planungsstadium nicht hinaus. Oft wurden bei ihrer Aufdeckung allerdings umfangreiche Waffenverstecke gefunden, was die neue Gefährlichkeit des rechtsextremen Lagers unterstrich. Ab Mitte der Siebziger verloren die Behörden dann jedoch nach und nach den Zugriff auf dieses gewaltbereite Milieu. Dabei dürfte auch eine Rolle gespielt haben, dass man auf der politischen Ebene, bestärkt durch die Analysen der Verfassungsschutzämter, das Gefahrenpotenzial im Vergleich zum Linksterrorismus für gering hielt.

Die Situation Ende der siebziger Jahre

Ende der siebziger Jahre bildeten sich Netzwerke einzelner, teilweise autonom agierender Zellen heraus. Das beste Beispiel ist hier eine der aktivsten und gefährlichsten rechtsterroristischen Gruppierungen dieser Zeit: die 1977 von dem deutschlandweit bekannten Neonazi Michael Kühnen gegründete und von ihm geführte Aktionsfront Nationale Sozialisten (ANS), mit mehreren hundert Anhängern bis zu ihrem Verbot im Dezember 1983 eine der größten Organisationen im rechtsextremen Spektrum. In ihrem Umfeld bildeten sich zudem

Kleinstgruppen, die als sogenannte Werwolf-Unterorganisationen Gewalttaten vorbereiteten und auch ausführten. Die ANS wird für die Überfälle auf eine Bundeswehrkaserne sowie auf eine Hamburger Bank im Jahre 1977 verantwortlich gemacht.[15] 1979 wurde die gesamte Führung der ANS verhaftet und im folgenden Bückeburger Prozess als terroristische Vereinigung eingestuft, wobei zum ersten Mal der eigentlich für Linksterroristen entwickelte § 129a StGB zur Anwendung kam (vgl. für eine eingehendere Diskussion des Paragrafen Kapitel 11). Für mehrere schwere Raubüberfälle wurden einige der Angeklagten zu langen Haftstrafen verurteilt; Kühnen selbst konnte zwar nicht als Rädelsführer der Vereinigung, aber für Volksverhetzung zur Rechenschaft gezogen werden und erhielt eine vierjährige Gefängnisstrafe.[16]

Neben der Aktionsfront und der immer radikaler werdenden, aber nach dem Verbot geschrumpften WSG gab es eine weitere Kleinstgruppe mit einer klaren intellektuellen Führungsfigur: die 1980 von Manfred Roeder ins Leben gerufenen Deutschen Aktionsgruppen, in dieser Phase ebenfalls ein Epizentrum des bundesrepublikanischen Rechtsterrorismus. Die Gruppe verübte noch im Jahr ihrer Gründung sieben Brand- und Sprengstoffanschläge auf verschiedene Einrichtungen, an denen Roeder jedoch nicht persönlich vor Ort beteiligt war. Diese wurden vielmehr von einem Dreiergespann aus seiner Geliebten Sibylle Vorderbrügge, dem Werkmeister Raymund Hörnle und dem Arzt Heinz Colditz ausgeführt.

Ende der siebziger Jahre konnte eigentlich kein Zweifel mehr bestehen, dass sich im rechten Spektrum eine bedrohliche Lage abzeichnete. Bei einer Unterredung des Bundesinnenministers Gerhard Baum mit dem BKA-Präsidenten Horst Herold Ende September 1980 kam eine erschreckend lange Liste von Waffen zur Sprache, die man seit 1977 bei Rechtsextremisten entdeckt hatte: 35 Maschinenpistolen und andere automatische Waffen, 371 Gewehre, Pistolen und Revolver, 14 Kleinkalibergewehre, 79 weitere (nicht näher spezifizierte) Waffen, 42 Schlagwaffen, 6 Stichwaffen, ca. 8000 Stück Munition,

1448 Stück Übungs- und andere Munition, ein Panzerfaustgeschoss, eine Werfergranate, über 16 Kilo Sprengstoff, 26 Brandsätze, 9 Handgranaten, 16 selbstgebastelte Sprengkörper sowie 33 Zündvorrichtungen.[17] Bereits zwölf Monate zuvor hatte das Bundeskriminalamt folgende Ereignisse des Jahres 1979 dem rechten Lager zugeordnet: 3 Attentatsdrohungen, 3 Bedrohungen, 3 Sprengstoffanschläge, 5 Brandanschläge, 8 Sicherstellungen von Sprengstoff und Sprengvorrichtungen, 18 Waffenfunde, 22 Körperverletzungen, 24 Friedhofsschändungen, 447 Schmierereien, 41 Sachbeschädigungen, 3400 Verbreitungen von Druckerzeugnissen, 1580 Beschlagnahmen von Schriften, 111 Feststellungen von Schallplatten und Tonkassetten, 276 Fälle der Verbreitung oder des Tragens nazistischer Abzeichen.[18]

Mindestens so beunruhigend wie diese Aktivitäten muss für die Sicherheitsbehörden ein Fund gewesen sein, den sie bei einigen Rechtsextremistinnen machten: eine Anleitung zum Bombenbau mit dem Titel »Das Märchen vom bösen Wolf«, die aus lose gebundenen, vermutlich privat kopierten Blättern bestand, die an verschiedene Aktivisten verteilt wurden.[19] Die Anleitung zielte vor allem auf rechte Einzelkämpfer, die zu »durchschlagenden Aktionen« befähigt werden sollten: »Sei der Tatsache bewusst«, hieß es darin,

dass Du für den Feind ein unberechenbarer Faktor bist. Darum musst Du Dich auszeichnen durch folgende Eigenschaften:
- hohes Verantwortungsgefühl,
- ruhige und sorgfältige Planung,
- äusserste Verschwiegenheit bei allen angestrebten und ausgeführten Aktionen.[20]

Markant an dem »Märchen« war der antisemitische Grundton, einschließlich widerwärtiger Witze. Zuvor hatten in rechten Kreisen lediglich Handreichungen zum Partisanenkampf zirkuliert (so beispielsweise die immer wieder neu aufgelegte NS-Schrift »Werwolf. Winke für Jagdeinheiten«), die weniger praktische Anleitungen, sondern eher allgemeine taktische Hinweise enthielten.[21] Trotz des vergleichsweise neuartigen Charakters konzentrierten sich die Sicherheitsbehörden bei der Analyse des »Märchens« vor allem auf die Frage, ob die Rechten Teile davon von linken Terroristinnen übernommen hatten.[22] Dass man diese Bombenanleitung als Indikator für die besondere – und vielleicht anders geartete – Dynamik der rechten Gewalt hätte werten können, ja eigentlich müssen, wurde auffallend selten erörtert. So findet sich in den Akten nur eine Randnotiz in einem Schreiben des Bundesamts für Verfassungsschutz aus dem Januar 1981, in der »gewisse Übereinstimmungen« zwischen den Zeichnungen im »Märchen vom bösen Wolf« und einer Skizze erwähnt werden, die Gundolf Köhler von seiner Bombe für den Oktoberfest-Anschlag anfertigte.[23]

Das Terrorismusverständnis in den siebziger Jahren

Es zeigt sich also, dass die Behörden, aber auch die Öffentlichkeit rechter Gewalt mit einem spezifischen Vorverständnis begegneten, das durch den Terrorismus der radikalen Linken, vornehmlich durch die Aktivitäten der RAF, der Bewegung 2. Juni und der Revolutionären Zellen seit Anfang der siebziger Jahre geprägt war. Die Reaktion der Exekutive folgte damals dem Grundsatz »Staat zeigen«.[24] Die umfangreichen Aktivitäten der Behörden – die Anti-Terror-Gesetze, die Art der Durchführung des Gerichtsverfahrens in Stuttgart-Stammheim, für das extra ein bombensicherer Neubau errichtet wurde, die von BKA-Chef Horst Herold eingeführten Fahndungsmethoden, die Staatsbegräbnisse für einige der RAF-Opfer usw. – dienten performativ auch dazu, den Eindruck zu erzeugen, der Staat sei nach wie vor Herr der Lage.[25] Nach den bahnbrechenden Reformen – etwa im Sexualstrafrecht, im Abtreibungs- und im Demonstrationsrecht – seit 1969 bot die terroristische Herausforderung der sozialliberalen Regierung die Möglichkeit, sich als Verteidigerin der inneren Sicherheit zu inszenieren.[26] Angesichts entsprechender Vorwürfe der CDU/CSU-Opposition, aber auch der Debatten über eine drohende Unregierbarkeit der spannungsgeladenen westdeutschen Gesellschaft kam ihr das durchaus gelegen.[27]

Aktivitäten von rechts gerieten in diesem Kontext kaum in den Blick. Dazu trug bei, dass man den rechten Terrorismus auch konzeptionell und theoretisch unterschätzte. Im Rahmen der erwähnten Sachverständigenanhörung der SPD-Bundestagsfraktion im Herbst 1979 wurde dieser im Bericht des Bundesamtes für Verfassungsschutz fast ausschließlich über seine vermeintlichen Defizite charakterisiert, etwa über das Fehlen einer ambitionierten und konsistenten Ideologie:

Eine Ideologie im Sinne eines geschlossenen Gedanken- und Argumentationsgebäudes gibt es bei Rechtsextremisten nicht. An ihre Stelle tritt ein Sammelsurium von heterogenen Ideensplittern, die meist wahllos kombiniert werden und bei genauem Hinsehen jeglicher geistigen Durchdringung und argumentatorischen Untermauerung entbehren. Sie erschöpfen sich regelmäßig in einer Aneinanderreihung von emotionalisierten vordergründigen Thesen, Parolen und Politsprüchen mit rassistischen, antisemitischen, nationalistischen, fremdenfeindlichen, deutschtümelnden, völkisch-kollektivistischen, parteienfeindlichen und totalitären Zielsetzungen.[28]

Weil die Ideologie – oder eher: das Ideensammelsurium – so simpel gestrickt sei, könnten die Anhänger sie ohne größeren intellektuellen Aufwand nachvollziehen. Den Rechten würden die Erfahrung und das Wissen fehlen, um ähnliche Aktivitäten wie beispielsweise die RAF in Angriff zu nehmen. Linke Terroristinnen seien weit brutaler und militanter und würden überdies ein anderes Sozialprofil aufweisen, was übersetzt wohl heißen sollte: sie seien gebildeter und intelligenter. Zudem bestünde die Rechte aus Einzelkämpfern, die anders als die Linksterroristen nicht in einem umfangreicheren Sympathisantinnennetz verankert seien. Zwar mussten die Sachverständigen einräumen, dass es auch in der militanten rechten Szene besorgniserregende Tendenzen gab, der beste Beleg dafür war die große Anzahl gehorteter Waffen; außerdem schienen die Rechten den Linksterroristen nacheifern und von ihnen lernen zu wollen, was der Sachverständige des Bundeskriminalamtes mit dem »Märchen vom bösen Wolf« illustrierte.[29] Insgesamt schien die Anhörung im Herbst 1979 jedoch auf ein beruhigendes Fazit hinauszulaufen: Beim Rechtsextre-

mismus drohe keine vergleichbare Katastrophe, wie sie die Bundesrepublik mit dem Linksterrorismus in der vergangenen Dekade erlebt hatte.

Aus solchen Diskussionen lässt sich das Vorverständnis rekonstruieren, das wesentliche Akteure in dieser Zeit vom Terrorismus hatten.
Dieser benötige eine rationale, sachliche und konsistente Ideologie,
was seitens der Aktivistinnen ein gewisses Maß an Intellektualität vor-
aussetze. Das Ziel der terroristischen Aktivitäten bestehe darin, diese
Ideologie in der Welt zu verbreiten. Rechtsextremisten mussten durch
das Raster dieses Vorverständnisses fast immer durchfallen. In einer
internen Analyse fassten die Experten des Innenministeriums ihre
Sicht auf den Rechtsterrorismus in folgenden Kriterien zusammen:
- Einzeltäterschaft bzw. Kleingruppen,
- besondere Emotionalität und Unberechenbarkeit,
- Gewalt ist von ritueller Bedeutung,
- Faszination von Waffen und militärischem Gerät,
- ausgeprägter Hang zur Selbstdarstellung, um insbes. Resonanz in
  der Öffentlichkeit zu finden,
- möglicherweise recht weit verbreitetes latent rechtsextremistisches
  Meinungspotential [...],
- Bild von einer dumpfen Masse (Volk), das [sic] von einer aktiven
  Elite geführt werden muß [...],
- anstelle von argumentativer Internsteuerung Bevorzugung des
  »Führerprinzips« [...],
- verhältnismäßig kleines aktives Unterstützungsmilieu und Umfeld,
- Mangel an Organisation, Planung und Logistik im Vergleich zur
  linken Szene (dürfte mit Emotionalität des Personenkreises korres-
  pondieren) [...].[30]
An diesen Überlegungen war sicherlich einiges bedenkenswert; zugleich war diese Sicht jedoch von subtilen Verharmlosungen geprägt.
Insbesondere weigerte man sich, Antisemitismus, Rassismus und Nationalismus als Ideologien ernst zu nehmen. Rechte Gewalttäterinnen

schienen von irrationalen Emotionen getrieben, die man seitens der
Politik nur mit Verachtung strafen könne.[31]

Natürlich kann man hier einwenden, dass solche Vorstellungen
am Ende der von linksterroristischer Gewalt geprägten Siebziger
nicht überraschend waren. Allerdings änderte sich diese Sichtweise
auch nach 1980 keineswegs grundlegend: Zwar kam in den Lage-
berichten des Innenministeriums ab dem Oktoberfest-Anschlag
auch die Kategorie »terroristischer Rechtsextremismus« vor, nachdem man den Terrorismusbegriff zuvor ausschließlich für linke Phänomene verwendet hatte. Im Bericht zur inneren Sicherheitslage, den
das Ministerium *nach* dem Terrorjahr 1980 für die Kabinettssitzung
am 7. Januar 1981 vorlegte, hielten die Beamten jedoch an einem fundamentalen Unterschied fest:

> Im Gegensatz zum linksextremistischen Terrorismus haben die neona-
> zistischen Gewalttäter bisher – mit wenigen Einschränkungen (Deut-
> sche Aktionsgruppen des Manfred Roeder) – nicht konspirative Or-
> ganisationen aufbauen können, die Terrorismus als Mittel der Politik
> ideologisch rechtfertigen, systematisch und zielgerichtet anwenden
> und sich dem Zugriff der Exekutive längerfristig entziehen.[32]

In gewisser Hinsicht erwies sich das Terrorismusverständnis der Behörden somit als erfahrungsresistent. Auch hier könnte man einwenden, dass ja immerhin der obige Kriterienkatalog für rechte Gewalttäter erstellt worden war. Doch eine genauere Quellenanalyse
entkräftet diesen Einwand teilweise. Die interne Debatte, bei der
man im Innenministerium im Frühjahr 1981 angesichts neuer Gewaltformen über den Terrorismusbegriff nachdenken wollte, wurde
nämlich interessanterweise nicht durch die rechte Terrorwelle ausgelöst, sondern durch einen Artikel in der *Frankfurter Allgemeinen Zeitung* (FAZ). Unter dem Titel »Freiräume des neuen Terrorismus« be-
fasste sich der Autor Jürgen Busche darin ausschließlich mit linken
Gewaltformen, insbesondere wollte er die Aufmerksamkeit auf die
Hausbesetzerszene lenken.[33] Die Ereignisse des Jahres 1980 boten
den Behörden insofern keinen Anlass für eine neue Reflexion über
Terrorismus.

Diese beschränkte Sichtweise behindert bis heute die Diskussion: Terrorismus von rechts passt nicht in die Kategorien der politischen Akteure. Ganz allgemein erhalten anarchistische und linksradikale sowie religiös-fundamentalistische Strömungen in sozialwissenschaftlichen Debatten über Terrorismus weit mehr Aufmerksamkeit, in Deutschland, partiell aber auch international. Seit dem Zweiten Weltkrieg wurden – und werden – rechte Gewalttaten immer wieder als spontane, unorganisierte und irrationale Taten beschrieben. Rechte Terroristinnen produzieren angeblich keinen ideologischen Überbau, mit dem sie ihre Gewaltaktionen offensiv zu rechtfertigen versuchen. Richtig ist daran, dass rechte Täterinnen viel weniger kommunizieren als Linke, die beispielsweise viel Gewicht auf das Abfassen ihrer Bekennerschreiben legen. Können, muss man vor diesem Hintergrund fragen, Rechte dann überhaupt Terror? Ermittler, Wissenschaftler, ja die ganze Gesellschaft scheinen sich allzu oft damit beruhigen zu wollen, dass man rechte Schläger nicht zu Terroristinnen adeln dürfe. Dabei gerät die Frage aus dem Blick, welche Besonderheiten rechter Terror historisch aufwies und noch immer aufweist.

Der Erlanger Doppelmord und die Besonderheiten des Rechtsterrorismus

Gegenüber dem zeitgenössischen wie dem bis heute verbreiteten Verständnis von Terrorismus scheint es mir essenziell, nach dem spezifischen Charakter von Rechtsterrorismus zu fragen. Wichtig sind dabei vor allem drei Aspekte: sein Verhältnis zu Staat und Bevölkerung, das häufige Vorkommen von Einzelkämpfern und eine spezifische Strategie der (Nicht-)Kommunikation.

Staat und Bevölkerung haben in den einzelnen Spielarten des Terrorismus unterschiedliche Rollen bzw. Funktionen. Linksextremisten und -terroristen lehnten den Staat und dessen Repräsentanten prinzipiell ab und bekämpften ihn im Namen einer herrschaftsfreien Gesellschaft. Diesen Kampf führte man, wie oben bereits beschrie-

ben, sozusagen vormundschaftlich im Namen eines Bevölkerungs-
teils. Dies prägte auch die Reaktion des Staates. Gerade für die siebziger Jahre darf man dabei die besondere psychologische Wirkung
jener Bedrohung nicht vergessen, der sich Ministerinnen, Staatsse-
kretäre, Verfassungsschutzpräsidenten und andere Beamte ausgesetzt
sahen, die mit der Analyse und Bekämpfung des Linksterrorismus
betraut waren – und dabei selbst verstärkt ins Visier gerieten. Die
persönliche Betroffenheit dürfte die Einschätzung des Gefährdungspotenzials durchaus beeinflusst haben. Aus diesem Erbe der Auseinandersetzung mit dem Linksterrorismus ergab sich seitens der bundesrepublikanischen Forschung eine gewisse Fixierung auf die Idee,
Terrorismus richte sich in erster Linie gegen den Staat und dessen
Repräsentanten.

Da man durch diese Linse auch auf die Taten Rechter blickte, wurden diese in ihrer Besonderheit missverstanden und häufig nicht als
echter Terrorismus identifiziert. Rechtsextremisten und -terroristen
negieren den Staat selten so grundlegend – im Gegenteil: Häufig träu-
men sie von einem besonders starken Staat, wie das ja auch in dem
WSG-Manifest (Führerprinzip, der Volksgemeinschaft dienende
Staatsstruktur etc.) zum Ausdruck kam. Das heißt aber nicht automatisch, dass Rechte den real existierenden Staat befürworten; oft
tun sie das nicht, weil sie ihn für falsch organisiert halten oder ihn
in den Händen ihrer Feinde wähnen. Auch Hoffmann polemisierte
deshalb gegen die nichtsouveräne Bundesrepublik.

Es kann daher nicht überraschen, dass über das Verhältnis von
Rechtsextremisten zum Staat in der Terrorismusforschung bis heute
kontrovers diskutiert wird, wie etwa die internationale Debatte über
den Vigilantismus zeigt.[34] Von Vigilantismus sprechen Forscherin-
nen, wenn Menschen die Durchsetzung von Recht und Gesetz selbst
in die Hand nehmen und in einer Art Selbstjustiz Gewalt gegen Dritte ausüben, die gegen eine in ihren Augen gerechte Ordnung verstoßen.
Zuerst beschrieben wurde dies für die frühe Phase der Kolonisierung
des nordamerikanischen Kontinents durch europäische Siedlerinnen,
als an der »Frontier« im Westen kaum staatliche Strukturen existier-

ten und Selbstjustiz durch Bürgerwehren üblich war. In vergleichbarer Absicht kommt es bis in die Gegenwart zur Bildung von Bürgerwehren, wie sie beispielsweise deutsche Rechtsextremisten im Herbst 2021 an der Grenze zu Polen organisiert haben, um Flüchtlinge an der Einreise in die Bundesrepublik zu hindern.

Auch diese sozialwissenschaftlichen Annahmen zum Vigilantismus kranken an einer unzureichenden historischen Perspektive. Eine ganze Reihe rechtsterroristischer Attentate der letzten Jahrzehnte richteten sich schließlich ohne Zweifel gegen den Staat und seine Institutionen. Man denke etwa an den US-amerikanischen Rechtsextremisten Timothy McVeigh, der am 19. April 1995 einen Bombenanschlag auf ein Regierungsgebäude in Oklahoma City verübte, bei dem 168 Menschen starben, oder an die heutigen Aktivitäten rechtsextremistischer Reichsbürger in der Bundesrepublik, die sich mit Waffengewalt gegen staatliche Zwangsmaßnahmen wehren. Während also die Entwicklung des Rechtsterrorismus immer weniger zu den Annahmen der Vigilantismus-Theorie passt und sich der Rechtsextremismus der letzten Jahrzehnte stärker gegen den Staat gewendet zu haben scheint, bleibt die Erklärung, wonach der Terrorismus der Linksextremisten durch eine größere Feindseligkeit gegenüber dem Staat geprägt war, für die siebziger Jahre durchaus plausibel. Rechtsterrorismus ist insofern ambivalent gegenüber dem Staat: Liegt dieser in den Händen der Falschen, bekämpft er ihn, aber nicht mit dem Ziel seiner Abschaffung, sondern seiner Stärkung und Radikalisierung zum Führerstaat.

Doch das Verhältnis zum Staat ist nur eine Dimension des Terrorismus; gerade beim Rechtsterrorismus ist die Rolle der Bevölkerung wesentlich. Hier entfaltet sich die eigentliche Gewaltdynamik. Im Anschluss an Münklers Konzept eines »als interessiert unterstellten Dritten«, das allerdings im Zusammenhang des Linksterrorismus entwickelt wurde, wäre noch einmal darüber nachzudenken, welche Art von Dritten rechte Terroristen im Blick haben.[35]

Der Erlanger Doppelmord lässt sich als ein paradigmatischer Fall

für diesen Charakter des Rechtsterrorismus verstehen. Im Abschiedsbrief an seine Familie schrieb Uwe Behrendt:»Ich habe zu hoch gespielt. Nun habe ich keine Lust mehr. Für mich hat es immer nur
Deutschland gegeben. Ich habe nie einen anderen Herren gehabt.«[36]
Offenkundig wollte Behrendt Deutschland durch seine Gewalttaten
retten. Seine nach der Tat angeblich gegenüber Hoffmann getroffenen
Aussagen laufen darauf hinaus, dass er die WSG nach dem Oktoberfest-Anschlag im Namen einer höheren Gerechtigkeit rächen wollte.
Diese Tat sollte für sich sprechen und die Botschaft aussenden, dass
»die Juden« und »die Israelis« an der Misere des deutschen Volkes
schuld seien und deswegen attackiert werden müssten.

Es lohnt sich in diesem Zusammenhang, eine basale Frage noch
einmal zu stellen: Was ist eigentlich das Ziel des Terrorismus? Geht
es Terroristen um Macht? Wollen sie den Staat so destabilisieren, dass
sie ihn irgendwann übernehmen können? Oder kann das Ziel von
Terrorismus auch darin bestehen, die Gesellschaft durch Terror grundlegend in ihrem Sinne zu verändern? Anders gefragt: Warum sollte
ein Rassist oder ein Antisemit einen als ethnisch deutsch imaginierten Polizisten ermorden? Auch wenn das natürlich passiert – erinnert
sei an die von den NSU-Terroristen getötete Michèle Kiesewetter –,
kommt er seinem politischen Ziel einer »reineren« Gesellschaft im
Sinne einer echten »Volksgemeinschaft« dadurch nicht wirklich näher. Denn darum geht es dem Rechtsterrorismus ja im Kern, Antisemitismus und Rassismus liefern dafür die Grundlage. Hier offenbart
sich die selbstermächtigende Qualität dieser rechtsextremistischen
Ideologien; entsprechende Diskriminierungsformen sollten daher
nicht vorschnell als unpolitische, irrationale Phantasmen banalisiert
werden. Vielmehr muss man darauf beharren, dass Rechtsterroristen
auf der Grundlage solcher fundamentalen Überlegenheitsideologien
handeln, mit denen sie zugleich die entsprechenden als nichtdeutsch
markierten Gruppen abwerten. Aus dieser Perspektive ist der Staat in
der Tat nicht der primäre Gegner der Rechtsterroristen; er kann es
aber werden, nämlich wenn er dem eigentlichen Ziel der »Reinigung«
im Weg steht.

Der Feind der Rechtsterroristinnen sind diejenigen Teile der Gesellschaft, die sie aufgrund ihres Rassismus und Antisemitismus als Opfer auswählen. Prinzipiell kann auch die Gesellschaft insgesamt zum Feind werden, wenn sich das Volk aus ihrer Sicht zu sehr in eine falsche Richtung verändert hat. Rechtsterroristen greifen deshalb seltener staatliche Institutionen an, sondern üblicherweise gesellschaftliche Minderheiten wie Jüdinnen, Ausländer, Asylbewerberinnen oder Flüchtlinge. Terrorismustheoretisch gesprochen, zielen die Aktivitäten von Rechtsterroristen zwar auch auf einen als interessiert unterstellten Dritten, etwa die »weiße«, nichtjüdische, völkisch-deutsche Bevölkerungsgruppe. Mindestens so sehr adressieren sie jedoch *betroffene Dritte*, nämlich jene Gruppen, die sie in ihren rechtsextremistischen Abwertungsideologien aus der Gesellschaft bzw. aus dem Volk entfernen wollen und deren Repräsentanten sie daher attackieren. Entscheidend ist also die terrorisierende Wirkung auf diese betroffenen Dritten. Erst seit Kurzem konnte sich in diesem Zusammenhang zumindest in der Politik ein neues Narrativ etablieren, nach dem ein gewalttätiger Angriff auf einzelne Bevölkerungsgruppen einen Angriff auf die Gesamtgesellschaft und auf den Staat darstellt, der die Gesellschaft und die gesamte Bevölkerung zu schützen hat.[37] Aber so dachte man in den achtziger Jahren nicht.

Ein weiterer Aspekt des gängigen Verständnisses von Terrorismus ist dessen organisierter Charakter. Darunter versteht man die Einbindung der Täterinnen in eine konspirativ agierende, oft hierarchisch strukturierte Organisation mit begrenzten Außenkontakten. Im deutschen Strafgesetzbuch kommt Terrorismus in den Paragrafen 129a und (dem später eingeführten) 129b nur im Zusammenhang mit entsprechenden Vereinigungen vor, worauf ich noch näher eingehen werde (Kapitel 11). Wie passen solche Vorstellungen zu dem Phänomen der Einzeltäterinnen, die im rechtsterroristischen Umfeld offensichtlich eine gewisse Verbreitung hatten und haben? Sollte der Mord an Lewin und Poeschke wirklich von Uwe Behrendt allein geplant und ausgeführt worden sein, wäre diese Tat dann gar nicht terroristisch? Auch in Bezug auf den Oktoberfest-Anschlag, für den aus Mangel an – oder aufgrund der Missachtung von – Beweisen nur Köhler als Einzeltäter verantwortlich gemacht werden konnte, sieht man sich diesem Einordnungsproblem gegenüber. Hier droht aus meiner Sicht die Gefahr, die Terrorismusdefinition über Gebühr einzuschränken und sie blind werden zu lassen gegenüber den besonderen Organisationsformen des rechtsextremen Lagers. An dieser Stelle hilft ein Blick in die internationale und vor allem die US-amerikanische Debatte. Seit dem Attentat von Oklahoma City hat man dort dem Phänomen des »Lone Wolf« verstärkte Aufmerksamkeit geschenkt. Dieser einsame Wolf geht allein vor, gehört keiner Bewegung oder Organisation an, besitzt aber eine gefestigte radikale Einstellung und führt seine Taten aus eigener Überzeugung aus. Neben McVeigh werden hierzu vor allem weitere Rechtsterroristen gezählt. Der norwegische Massenmörder Anders Breivik, der bei den Anschlägen vom 22. Juli 2011 77 Menschen tötete, gilt als das bekannteste Beispiel. Nicht vergessen werden darf aber auch der schwedische »Lasermann« John Ausonius, der 1991/92 in Schweden auf elf Menschen mit ausländischem Aussehen schoss und dabei eine Person tötete; außerdem ermordete er 1992 in Frankfurt am Main die jüdische Holocaust-Überlebende Blanka Zmigrod. Er wurde das große Vorbild der Blood & Honor-Bewegung und tauchte in deren Terroranleitungen auf. Der Bundesverfassungsschutz vermutete, dass sich auch die Täter des NSU an ihm orientierten.[38] Erinnert sei in diesem Kontext noch einmal an die Bombenanleitung, die 1980 in rechtsterroristischen Kreisen zirkulierte, und die nicht ohne Grund »Das Märchen vom bösen Wolf« hieß, da mit ihr, wie es dort wörtlich heißt, »gerade einzelne Kämpfer zu durchschlagenden Aktionen befähigt« werden sollten.

Eine letzte und zentrale Problematik betrifft die kommunikative Dimension des Terrorismus. Der US-amerikanische Spezialist Bruce Hoffman beschreibt Terrorismus als »bewusste Erzeugung und Ausbeutung von Angst durch Gewalt oder die Drohung mit Gewalt zum Zweck der Erreichung politischer Veränderung«.[39] Sogar noch markanter bringt der deutsche Soziologe und Terrorismusexperte Peter Waldmann diesen Aspekt auf den Punkt: Terrorismus sei primär eine Kommunikationsstrategie.[40] Eine solche Betonung der symbolischen oder kommunikativen Dimension des Terrorismus dürfte nach den Anschlägen vom 11. September 2001 vielen einleuchten. Dennoch droht auch hier die Gefahr, dass zu starre sozialwissenschaftliche Theorien und Definitionen den Blick auf die historische Vielfalt dieser Phänomene verstellen.

Dieses Problem ist der deutschen Terrorismusforschung nach der Aufdeckung des NSU im November 2011 schlagartig bewusst geworden. Der NSU hatte sich dem Motto »Taten statt Worte« verschrieben und in der aktiven Phase keinerlei »Öffentlichkeitsarbeit« betrieben. Plötzlich sahen sich die Ermittlungsbehörden und die Wissenschaftlerinnen mit einer Art von Gewalt konfrontiert, deren Einordnung als Terrorismus ihnen schwerfiel. Folglich sprachen Experten schnell von einer besonderen und neuen Dimension des Rechtsterrorismus, den man auch deshalb vorab nicht habe erkennen können.[41] Diese Sichtweise übernahmen die Sicherheitsbehörden, deren Versagen im Umgang mit dem NSU offenkundig geworden war, nur zu gerne: So sprach der Präsident des Bundeskriminalamtes, Jörg Ziercke, auf der BKA-Herbsttagung im November 2012 von einem »atypischen strategischen Vorgehen« des NSU.[42]

Gleichwohl müsste man eigentlich auch die These von der Kommunikationsverweigerung des NSU noch einmal kritisch hinterfragen. Genau genommen ist es ja nicht so, dass das Terrortrio nicht kommunizierte. Nach der Enttarnung des NSU wurde das sehr aufwendig produzierte Bekennervideo der Gruppe bekannt und löste eine umso größere Schockwirkung aus, machte es doch nicht nur die schrecklichen Morde öffentlich, sondern auch die Blamage der staatlichen Organe beim Umgang mit den zuvor unaufgeklärten Taten. Aus einer bestimmten Perspektive hatte der NSU eine Art aufgeschobene Terrorkommunikation betrieben. Wurde die Wirkung dieses Terrors – *terreur* im buchstäblichen Sinn – durch diesen Aufschub nicht wesentlich gesteigert? Ohne den Rechtsterroristen eine besonders teuflische Absicht unterstellen zu wollen, muss man sich eben doch fragen, ob ein Bekennerschreiben am Tatort wirklich die wirksamste Form der Terrorkommunikation ist.

Aus dieser Perspektive sollte man eigentlich untersuchen, welchen kommunikativen Erfolg rechtsterroristische Aktionen jeweils konkret hatten. Schon der Erlanger Doppelmord 1980 war ohne Bekennerschreiben ausgekommen, und die Behörden hatten über Wochen und Monate nicht in Richtung des Rechtsterrorismus ermittelt. Insofern kannte BKA-Präsident Ziercke die Terrorgeschichte der BRD schlicht nicht gut genug, als er beim NSU ein atypisches Verhalten diagnostizierte. Zutreffender stellt der Rechtsextremismus-Forscher Fabian Virchow fest: »Der Terror von rechts war immer schon stiller als der von links.«[43] Doch wie still genau? Das Oktoberfest-Attentat geriet für den Rechtsterrorismus zu einem kommunikativen Fiasko. Ein Anschlag gegen – auch aus Sicht vieler Rechtsextremisten[44] – unbescholtene »Volksgenossen« ließ sich nicht rechtfertigen. Wollte der Erlanger Doppelmörder die Beteiligung der WSG an dieser Tat wiedergutmachen, indem diesmal – aus der zynischen Sicht der Rechtsextremisten – ein »richtiges« Opfer ausgewählt wurde? Oder sollten die WSG und Hoffmann gerächt werden, da sie seiner Ansicht nach fälschlicherweise für diesen fatalen Anschlag verantwortlich gemacht wurden? In jedem Fall steht fest, dass der folgende Akt kein zweiter Fehlschlag der Terrorkommunikation sein durfte. Im Vergleich zum NSU kann man hier nicht von der gleichen Art aufgeschobener Kommunikation sprechen, auch weil die WSG keine Mordserie folgen ließ. Und doch entfaltete der Doppelmord eine eigene Wirkung, die im öffentlichen sowie medialen Umgang mit und dem kompletten Vergessen der Tat begründet lag. Juden wurden durch diesen Gewaltakt zu den betroffenen Dritten des deutschen Rechtsterrorismus. Die Folgen des Doppelmords demonstrierten zugleich, dass dieser Terror – *terreur* aufseiten der Jüdinnen – in der Politik, den Behörden und der Bevölkerung von kaum jemandem ernst genommen wurde.

Dabei kommunizierte der Rechtsterrorismus durchaus, indem der Doppelmord und seine mangelhafte Ausarbeitung Juden zeigte: Ihr gehört nicht dazu![45]

8. Der zweite Tod

Als Shlomo Lewin am 25. Dezember 1980 – sechs Tage nach dem Doppelmord – auf dem Israelitischen Friedhof in Fürth ausgesegnet wird, um anschließend nach Israel überführt und dort beerdigt zu werden, spricht sein aus Brüssel angereister Cousin Arie Frankenthal zu den anwesenden Trauergästen. Frankenthal ist erschüttert: »Eine brutale und mörderische Hand« habe das Blut der Toten vergossen. Er erzählt aus Lewins Leben und von dem Schmerz, den sein Tod verursacht hat. Wie man mit seinem Cousin nach dessen gewaltsamem Tod umgegangen sei, bereite ihm zusätzliche Qualen. »Nach dem schrecklichen körperlichen Tod« habe man »seine geistige Ermordung« betrieben: »durch die negative Darstellung seiner Person in der Presse«. Dadurch werde »auch das Blut seiner Kinder vergossen«. »Ein Mensch«, fragt Frankenthal die Trauergemeinde (und die anwesenden Ermittler, welche erschienen sind, um die Besucher auszuspähen), »der so viele Jahre im Interesse der jüdischen Gemeinschaft stand, verdient er nicht ein gutes Wort?«[1] In der Tat kann ich mich Frankenthals Sicht nur anschließen: Nach ihrer Ermordung sterben Shlomo Lewin und Frida Poeschke einen zweiten Tod.

Die Ermittler entwickeln, wie ich beschrieben habe, eine ganze Reihe von Theorien, die sich im Wesentlichen auf die Person Lewins konzentrieren. Nach dem ermittlungstaktischen Grundsatz, dass die meisten Tötungsdelikte von Personen aus dem privaten Umfeld der Opfer begangen werden, ist das nicht per se unplausibel. Auffällig ist allerdings, dass dabei fast nur das Umfeld Lewins und kaum das von Poeschke in den Blick gerät. Einen Skandal stellt es in jedem Fall dar, dass die Ermittler mit ihren Überlegungen direkt an die Presse gehen. Nicht selten lassen sie sich sogar mit ihrer ausdrücklichen Zustimmung zitieren. Selbst der formelle Leiter der Ermittlungen, der Nürnberger Oberstaatsanwalt Dr. Rudolf B., äußert sich regelmäßig zu wahrscheinlichen Szenarien. Da der Mord an einem Freitagabend begangen wurde, erscheinen in den Samstags- bzw. Wochenendausgaben nur kurze Meldungen über das Verbrechen. Die *Nürnberger Nachrichten* greifen am Samstagmorgen in ihrer Überschrift die Dajan-Verbindung auf:»Ex-Adjutant Mosche Dajans ›hingerichtet‹«. Im Text ist allerdings noch die korrekte Datierung enthalten:»Lewin [...] war nach der Gründung des Staates Israel 1948 Offizier und Adjutant des damaligen Brigadegenerals und späteren Verteidigungs- und Außenministers Mosche Dajan.«[2] Der Artikel erwähnt auch die Tätigkeiten Lewins und das Bundesverdienstkreuz, das er für sein Engagement erhalten hat.

Ab Montag ändert sich der Ton der deutschen Berichterstattung drastisch. Die *Nürnberger Zeitung* veröffentlicht einen Bericht unter der Hauptüberschrift»Spekulationen um das Mordmotiv?«. Darunter prangt die Zusatzfrage:»War der Verleger Shlomo Levin [sic] in Geheimdienst-Machenschaften verstrickt?«[3] Für das Konkurrenzblatt *Nürnberger Nachrichten* schreibt der spätere Chefredakteur Joachim Hauck einen ganz ähnlichen Text. Unter der Überschrift»Viele Fragezeichen im Leben des Shlomo Lewin« werden weitere Gerüchte kolportiert: Angeblich hätten jüdisch-orthodoxe Kreise Lewin seine Beziehung zu der Nichtjüdin Poeschke übelgenommen. Außerdem habe es Konflikte innerhalb der Führung der jüdischen Gemeinde Nürnbergs gegeben. In der Weihnachtsausgabe der *Nürnberger Nachrichten*, also zwei Tage später, erklärt der Oberstaatsanwalt, man könne einen politischen Hintergrund zwar noch nicht ausschließen, gehe aber Hinweisen nach,»die mehr auf ein persönliches Motiv deuten«.[4] Als Zeitungsleserin kann man das nur als Bestätigung der ins Kraut schießenden Gerüchte verstehen.

Nachdem Dajan in Israel erklärt hat, dass er sich an niemanden mit diesem Namen erinnern könne, wird darüber spekuliert, ob Lewin im Nebenberuf Mossad-Agent gewesen sei. Gerade der Mangel an Indizien gerät plötzlich zum Argument:»Zu dieser Theorie paß-

ten«, fasst Hauck dieses Raunen zusammen, »die Ungereimtheiten
seines Lebenslaufes ebenso wie die Tatsache, daß Dajan nichts von
einem Adjutanten Lewin wissen wollte. Eine solche ›Ableugnung‹
von Agenten sei eben bei Nachrichtendiensten üblich.«[5] Ein anderer
Presseartikel glaubt zu wissen, dass die oder der Täter »aus ›Killer‹-
Kreisen« stamme oder zumindest »sehr erfahren im Umgang mit
Waffen« sein müsse. Bei Lichte besehen ist das angesichts der vielen
Schüsse, die auf die Opfer abgegeben wurden, zwar Unsinn, aber der
Eindruck, hier seien dunkle Machenschaften im Spiel, wird so
bestärkt.[6] Der *Fränkische Tag* spinnt das Gerücht weiter: »Lewin
könnte ein von Palästinensern erkannter Agent des israelischen Ge-
heimdiensts ›Mossad‹ gewesen sein.« Obwohl der Text einräumt,
dass man in Israel die Mossad-Variante für unwahrscheinlich hält,
lautet die Überschrift: »Lewin mit Geheimdienst in Verbindung gebracht«.[7] Diesem Gerücht schenken die Behörden nur kurzzeitig
Glauben: Direkt nach der Tat ergibt eine Anfrage beim BND,[8] dass
die Agententhese bei einem fast 70-jährigen Pensionär eher absurd ist.
Doch die Verdächtigungen verschwinden nicht mehr. Am 23. Dezember steuert die *Nürnberger Zeitung* eine neue Vermutung bei: Lewin
habe ein ganzes »Archiv voll mit Dokumenten über deutsche Juden
und nicht nur Juden« angelegt, mit dem er »verschiedene Leute hätte
unter Druck setzen können«. Der Oberstaatsanwalt verspricht Klärung.[9]

So ist die Richtung vorgegeben. Lewin und sein angebliches Umfeld gelten als suspekt. »An Gerüchten herrschte am Wochenende
wahrhaftig kein Mangel«, konstatiert Hauck.[10] Doch woher haben
die Zeitungen ihre Informationen? Natürlich gehört es zum Wesen
von Gerüchten, dass ihre Ursprünge schwer zu rekonstruieren sind,
zumal Jahrzehnte später. Zwei Quellen lassen sich jedoch identifizieren. Die wichtigsten sind die Behörden selbst: Die Dajan-Geschichte
macht die Runde, weil Erlanger Polizeibeamte sich an einen Vortrags-
abend mit Lewin erinnern, bei dem dieser sich als ehemaliger Adjutant des israelischen Generals vorgestellt hat. Auch wenn einige Presseberichte die wahrheitsgemäße Angabe enthalten, dass diese Aussage

sich auf den Unabhängigkeitskrieg 1948 bezieht, befeuert dies die Ge-
rüchteküche. Die französische Zeitung *Le Monde* meldet, allerdings
erst am 23. Dezember, ebenfalls unter Berufung auf die Polizei, Lewin sei während des Jom-Kippur-Kriegs 1973 für Dajan tätig gewesen.[11] Dazu passt ein Bericht der dpa, die aus einer »zuverlässigen
Quelle« erfahren haben will, dass Lewin doch noch in den sechziger
Jahren im Umkreis Dajans tätig gewesen sei. Das Dementi der Israelis entspräche schlicht »der üblichen Praxis von Nachrichtendiensten«.[12]

Tragischerweise – das ist die zweite Quelle – tragen auch zwei Juden dazu bei, Lewin in ein düsteres Licht zu rücken. Einige westdeutsche Presseartikel berufen sich auf Gespräche mit dem Vorsitzenden
der Nürnberger jüdischen Gemeinde, Arno Hamburger, und dem
Bonner Korrespondenten der israelischen Tageszeitung *Jedi'ot Ahronoth*, Shlomo Shamgar. Letzterer halte Lewin, heißt es in der fränkischen Presse, für einen Hochstapler: »Seine schillernde Vergangenheit brachte ihm einen Schatz an Erfahrungen und Wissen ein, den
er zu nutzen verstand.«[13] Während in deutschen Zeitungen sonst
eher nebulös von »zuverlässigen Quellen« die Rede ist, werden die
jüdischen Gewährsleute durch Funktion, Herkunft und sogar mit
Namen gekennzeichnet.[14] Daraus spricht die Erleichterung, sich
bei den wilden Gerüchten über den toten Juden auf dessen Glaubens-
genossen berufen und so absichern zu können.

Beide jüdischen Quellen lassen jedoch verschiedene Schlussfolgerungen zu, so dass es sinnvoll ist, sie etwas genauer zu betrachten.

Shamgar reist sofort nach Nürnberg, als die ersten Meldungen von
dem Doppelmord eintreffen; er bleibt über Tage vor Ort und spricht
offensichtlich mit vielen Menschen und Kollegen. So finden die Angaben aus seinen hebräischen Artikeln, die damals kaum ein deutscher Journalist lesen kann, überhaupt erst Verbreitung. Den ersten
ausführlichen Bericht über den Doppelmord verfasst Shamgar am
Sonntag für die *Jedi'ot*, seinerzeit die auflagenstärkste Zeitung des
Landes. Schon in der Überschrift legt er sich auf eine Deutung fest:
»Es scheint sicher, dass der Mord an dem nach Deutschland Abge-

wanderten einen persönlichen Hintergrund hat.«[15] Als Kronzeuge präsentiert der israelische Journalist Hamburger, der sich mit Lewin wegen der Führung der jüdischen Gemeinde in Nürnberg überworfen hatte. Für Hamburger sei Lewin keine herausragende jüdische Persönlichkeit, so dass er sich nicht für einen öffentlichkeitswirksamen Mord eigne. Lewins Verhalten sei wenig moralisch gewesen, er habe zu Angebereien und Intrigen geneigt und sich so viele Feinde gemacht. Auch Verleumdungen, welche die Ermittler bald als Unsinn identifizieren werden, kann Shamgar nicht unerwähnt lassen, etwa die Behauptung, Lewin habe belastendes Material über deutsche Juden und Nichtjuden gesammelt.[16] Seine Darstellung Lewins kulminiert in einer literarischen Anspielung: »Hinter dem Dr. Jekyll versteckte sich ein Mr. Hyde ...«[17]

Die bundesrepublikanischen Journalistinnen beziehen sich sofort auf Shamgar, was diesen nicht davon abhält, sich über seine nichtjüdischen Kollegen lustig zu machen.[18] Im Wesentlichen sind seine Berichte aber ohnehin für ein israelisches Publikum verfasst. Dies erklärt einige klischeehafte Übertreibungen, die bei seiner Leserschaft gut angekommen sein dürften. So behauptet er, der Großteil der 300 Nürnberger Juden lebe in einem »Greisenhaus«. In Wirklichkeit wohnen lediglich 18 Juden in dem jüdischen Seniorenheim Nürnbergs, aber Shamgar spielt damit auf das in Israel populäre Bild einer aussterbenden Diasporagemeinde an. Außerdem insinuiert er, Lewin habe sich mit Frida Poeschke eine reiche Witwe geangelt, auf deren Kosten er gelebt habe – und deren christlicher Glaube Shamgar sehr erwähnenswert erscheint. In einer anderen Passage spekuliert er über Frauengeschichten Lewins.

Shamgars Artikel enthalten aber ein weiteres interessantes Deutungsmuster. Er nennt Lewin einen aus Israel Abgewanderten und verwendet dafür das hebräische Wort *jored*. Das damit verwandte Wort *jerida – jored* und *jerida* teilen dieselbe hebräische Sprachwurzel j-r-d – ist das in den achtziger Jahren noch sehr gebräuchliche Gegenwort zu *alija*, das bis heute die Einwanderung von Juden nach Israel bezeichnet. Beide Begriffe sind mit historisch-religiöser Bedeutung aufgeladen, da bei *alija* die Vorstellung eines Aufstiegs des zum Jerusalemer Tempelberg reisenden Pilgers mitschwingt – *jerida* enthält dementsprechend die Konnotation des Abstiegs. Beide Begriffe werden ausschließlich für die Wanderung von Jüdinnen nach und aus Israel benutzt; für Migrationen von beispielsweise nichtjüdischen Arbeitskräften existieren andere hebräische Ausdrücke. Heute gilt das Wort *jerida* als veraltet und wird kaum noch verwendet. 1980 dürften die entsprechenden Konnotationen Shamgars Leserschaft jedoch sehr wohl präsent gewesen sein. Zeitgleich zum Erlanger Doppelmord wird in Israel das Ergebnis einer Untersuchung bekannt, laut der 300 000 bis 500 000 *jordim* in die USA abgewandert seien.[19] Am 21. Dezember, an diesem Tag erscheint auch Shamgars erster Bericht aus Nürnberg, ist in der *Jedi'ot* von einem »nationalen Notfall« die Rede, weil die Abwanderung die nationale Sicherheit, die Bevölkerungszusammensetzung und die Wirtschaft bedrohe.[20] In diesem Deutungsmuster erscheint Lewin als Verräter, der freiwillig in die feindliche antisemitische Diaspora, ja sogar ins Land der deutschen Täter ging (und damit seine Ermordung fast zwangsläufig erleiden musste).

Dass es israelischen Medien durchaus möglich ist, objektiv und abwägend über diesen Mordfall zu berichten, beweist die Berichterstattung anderer Zeitungen, vor allem die nüchternen Artikel des Bonner Korrespondenten von *Haaretz*, Daniel Dagan.[21] Auch Dagan greift auf eine Aussage Hamburgers, des Vorsitzenden der Nürnberger jüdischen Gemeinde, zurück, die allerdings ganz anders klingt als bei Shamgar: »Es gibt Unruhe unter uns und wir haben große Angst. Im Moment kann man nichts über die Motive der Tat und über die Täter sagen.«[22]

Dennoch lässt sich Hamburger gegenüber einigen anderen Journalisten wohl zu deutlich negativeren Bemerkungen über die angeblich problematischen Eigenschaften von Lewin hinreißen. Seine Äußerungen muss man jedoch anders interpretieren als Shamgar mit seiner sehr Israel-zentrierten Sicht. Hamburger und Lewin waren wegen des Streits um die Leitung der jüdischen Gemeinde erklärte Gegner.

Daraus dürfte sich einiges der üblen Nachrede erklären.[23] Zugleich gewinnt man bei der Lektüre der Zitate den Eindruck, dass die Äußerungen Hamburgers durch ein spezifisches Reaktionsmuster auf den Antisemitismus geprägt sind, dem ich in Quellen von in Westdeutschland lebenden Juden immer wieder begegnet bin: eine mehr als verständliche Mischung aus Beunruhigung und Beschwichtigung. Direkt nach dem Doppelmord wird auch Hamburger massiv terrorisiert, Anrufer drohen ihm: »Wir haben das Judenschwein Lewin aus dem Weg geräumt. Du bist als Nächster dran.«[24] Das lässt ihn nicht unbeeindruckt, gegenüber einem Nürnberger Journalisten gibt er zu, seinen Smith & Wesson-Revolver »stets griffbereit« zu haben.[25] Fast im selben Atemzug zeigt sich Hamburger trotzdem überzeugt, Lewin sei nicht von Rechtsextremisten ermordet worden und die Tat habe keinen politischen Hintergrund.[26] Er widerspricht damit der offiziellen Haltung des Zentralrats der Juden in Deutschland, der am 20. Dezember »eine klare und eindeutige Antwort aller Demokraten« auf diesen »grausamen Mordanschlag« fordert und die Tat damit eher politisch einordnet.[27]

Subjektiv erscheint mir die Haltung Hamburgers nachvollziehbar, weil er mit dieser Festlegung auf eine unpolitische Tat die Gefahr ausblenden kann, die von antisemitischen Mördern ausgeht und der er offenkundig selbst ausgesetzt ist. Er dürfte dabei auch an seine Gemeinde gedacht haben, schließlich zeigt er sich, wie man an dem obigen Zitat sehen kann, überaus bemüht, panische Reaktionen unter den zutiefst verunsicherten Mitgliedern zu vermeiden.[28] Unabhängig von seiner Fehde mit Lewin ist es aus psychologischer Sicht verständlich, dass Hamburger den Doppelmord mit angeblichen Charakterfehlern des Opfers in Verbindung bringt, um sich nicht so klar vor Augen führen zu müssen, wie bedroht durch Antisemiten jüdisches Leben 1980 in Westdeutschland ist. Es geht mir nicht darum festzustellen, dass die massive Umkehr, mit der Lewin in der Berichterstattung insgesamt weniger als Opfer denn als Täter erscheint, auf die Aussagen von Hamburger zurückzuführen ist. Das Problem liegt vielmehr darin, dass sich die deutschen Medien nur allzu bereitwillig auf diese Spekulationen stürzen, weil sie – wie offenkundig auch die Ermittlungsbehörden – quasi automatisch davon ausgehen, dass mit dem jüdischen Opfer etwas nicht stimmen könne. Hamburgers Ansichten passen insofern zu den Bedürfnissen der nichtjüdischen deutschen Öffentlichkeit.

Sogar die westdeutsche Staatsführung greift die Artikel Shamgars auf: Darin werde, berichtet das Innenministerium dem Bundeskabinett, Lewin als »eine unwichtige Person mit nicht einwandfreiem Charakter« dargestellt, »die als Opfer eines Fememordes durch Neonazis oder Palästinenser wenig geeignet sei«.[29] Gleichwohl gibt es auch andere Reaktionen: Die Stadt Erlangen erklärt, die Bürger seien tief erschüttert. »Nur blindwütiger Haß« könne zu diesem abscheulichen Verbrechen geführt haben. »Wie es zu einer so abgrundtiefen Feindschaft kommen konnte, ist um so unbegreiflicher, als Herr Lewin sich seit vielen Jahren mit großer Hingabe für eine Verständigung zwischen Andersdenkenden und so auch zwischen Juden und Christen einsetzte.«[30]

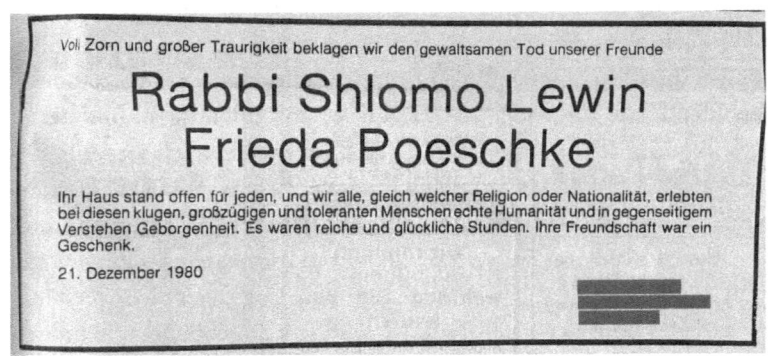

Abb. 10: Traueranzeige einer mit Lewin und Poeschke befreundeten Familie.[31]

Eine Familie schaltet eine Traueranzeige, um von ihren Freunden Abschied zu nehmen und an das Engagement der beiden Opfer zu erinnern (siehe Abbildung 10):

> Ihr Haus stand offen für jeden, und wir alle, gleich welcher Religion oder Nationalität, erlebten bei diesen klugen, großzügigen und toleranten Menschen echte Humanität und in gegenseitigem Verstehen Geborgenheit. Es waren reiche und glückliche Stunden. Ihre Freundschaft war ein Geschenk.[32]

Freunde und regelmäßige Besucherinnen ihres Hauses nehmen Lewin angesichts der negativen Berichterstattung in Schutz. Ein Juwelier wird in den *Nürnberger Nachrichten* mit den Sätzen zitiert: »So schlecht [sic] wie das nun aussieht, war er nicht. Ich kannte seine Vergangenheit; er war ein sehr gelehrter Mann, der auch nichts mit Geheimdiensten oder ähnlichem zu tun hatte.«[33]

Die Behörden schätzen die Gefährdungslage nach dem Mord als gering ein. Dabei erhält auch der Erlanger Oberbürgermeister Drohbriefe, in einem davon heißt es: »Betreff: gekillter Israeli, samt Hure«: »Die gehen und kommen, wie sie belieben! 1 Dutzend Reisepässe in der Tasche! Wenn der Oberstinker im Kriegsstab bei Dajan war, hat der doch bei uns gar nichts mehr zu suchen und muß seine Exekution dort bei den Arabern erwarten.«[34] Auch die Drohanrufe bei Hamburger sind den Behörden bekannt. Die Staatsanwaltschaft schenkt ihnen jedoch kaum Aufmerksamkeit. Derartige Drohungen kämen nach solchen Taten häufiger vor: »Wie ernst sie zu nehmen sind, hängt letztlich davon ab, ob der Ermordung Lewins nun politische oder persönliche Motive zugrunde liegen.« Ein naiver Zirkelschluss: Weil sich die Ermittler – auch auf der Grundlage spekulativer Presseberichte – darauf kaprizieren, dass der Täter im Umfeld Lewins zu finden ist, nehmen sie folgerichtig auch die antisemitischen Drohungen nicht ernst.

Das mediale Bild nach der Tat, das, davon muss man wohl ausgehen, wesentlichen Einfluss auf die Meinungsbildung über den Erlanger Doppelmord in der Bevölkerung hat, konzentriert sich wie die Ermittlungen auf die jüdische Identität des einen Opfers. Zwar kommen Lewins Leistungen und die Bemühungen um Verständigung, die Poeschke und ihm am Herzen lag, gelegentlich zur Sprache, aber das Gesamtbild ist verheerend. Nicht nur spekuliert man wild über diverse vermeintliche Verfehlungen »des Juden«, die seine Ermordung erklären, rechtfertigen oder bagatellisieren sollen. Zudem schwankt das Bild zwischen zwei Gegensätzen: Auf der einen Seite erscheint Lewin als gefährlich, weil er Mossad-Agent sei, in der israelischen Armee in leitender Position gekämpft und Materialien zur Verleumdung seiner Gegner gesammelt haben soll. Der Mord wäre demnach politisch motiviert. Auf der anderen Seite wird behauptet, Lewin sei ein kleines Licht, so dass es sich nur um eine unpolitische Tat handeln könne. Aus der ersten Sichtweise wird der Leserinnenschaft suggeriert, dass der Mord quasi gerechtfertigt sei, handele es sich bei Lewin doch nicht um einen unbeteiligten Zivilisten, sondern um einen Kombattanten auf der Seite des israelischen Staates. Im zweiten Fall ist gar kein Antisemitismus involviert, weil es ein privates Motiv für den Mord gegeben haben muss. Die Analyse der Berichterstattung zum Erlanger Doppelmord läuft auf eine problematische Schlussfolgerung hinaus: Antisemitismus als hasserfüllte Ablehnung von Juden und des Zusammenlebens mit ihnen kommt als Option gar nicht in den Blick, und sei es, weil er nicht hasserfüllt, sondern begründet ist. Ich bin geneigt, hieraus eine grundlegendere Erkenntnis über die damalige bundesrepublikanische Sicht abzuleiten, nämlich dass es nicht gab, was es nicht geben durfte: virulenten Antisemitismus in der damaligen bundesrepublikanischen Gesellschaft.

Die *Allgemeine jüdische Wochenzeitung* durchschaut den »polit-sensations-antisemitischen Krimi«:

> Nicht irgendeiner wurde umgebracht, ein Erlanger Bürger, ein mehr oder minder erfolgreicher Verleger, sondern ein Jude. Und schon war es, noch ehe die Polizei von Tatmotiv und Täter etwas weiß, kein normaler Mordfall mehr [...]. Statt dessen ließ man das Privatleben schillern [...]. Wohlgemerkt das Privatleben des Ermordeten und nicht des Mörders. Und hinter allem steht, kaum unterdrückt: Es war ein Jude.[35]

9. PLO

Nicht zuletzt weil die Aufklärung des Erlanger Doppelmords dadurch zunächst in eine Sackgasse geriet, stellt sich die Frage: Wie konnte die Wehrsportgruppe Hoffmann eigentlich im Libanon »Zuflucht« finden? Und was hatte der Mord möglicherweise mit der PLO zu tun? In der Geschichte der Palästinensischen Befreiungsorganisation (PLO) spielte politische Gewalt lange Zeit eine zentrale Rolle. Ihr Guerillakampf und ihre terroristischen Aktivitäten richteten sich primär gegen Israel und seine Verbündeten (gelegentlich auch gegen arabische Gruppen oder Länder) und sollten der Befreiung ganz Palästinas bzw. – je nach Gruppe und Zeitpunkt – der besetzten Gebiete dienen. Widerstand in gewaltfreier Form, wenn man von den diversen diplomatischen Initiativen absieht, existierte hingegen im 20. Jahrhundert nicht in nennenswertem Umfang. Terroristische Gewalt – zunehmend auch gegen zivile und internationale Ziele – hatte in der Frühzeit der PLO-Geschichte hingegen stets weitere Funktionen. Vor allem sollte der bewaffnete Kampf den Zusammenhalt des palästinensischen Volkes stärken, indem dieser den im Nahen Osten und darüber hinaus verstreut lebenden Palästinenserinnen einen neuen Fokus und eine neue Einheit geben sollte.[1]

Man kann diese Formen der Gewalt ablehnen und doch ihre Funktionen und Effekte präzise beschreiben wollen. In diesem Buch ist eine solche Analyse wichtig, um die spezielle Situation zu verstehen, in der ein wichtiger Teil der PLO – genauer der Sicherheitsapparat der Fatah – 1980 eine Kooperation mit der Wehrsportgruppe Hoffmann einging.[2] Dies soll in der Geschichte der PLO institutionell und politisch lokalisiert werden.

Die Anfänge der PLO

Die PLO wurde 1964 auf Initiative des palästinensischen Vertreters in der Arabischen Liga, Ahmad al-Shukeiri, und mit Unterstützung des ägyptischen Präsidenten Gamal Abdel Nasser gegründet. Shukeiri entstammte der alten palästinensischen Führungsschicht, deren Legitimation durch die Nakba – also die Vertreibung und Flucht von ca. 700 000 Palästinenserinnen aus dem früheren britischen Mandatsgebiet Palästina im Jahr 1948 – und die Gründung des Staates Israel fundamental erschüttert worden war.[3] Auch aufgrund dieser Entwicklungen hatten sich viele jüngere Palästinenser in panarabischen Bewegungen engagiert, was sich erst nach einer weiteren Enttäuschung, der Niederlage der arabischen Staaten im Sechstagekrieg 1967, änderte.[4] Die Gründung der PLO signalisiert demgegenüber, dass der Panarabismus nasserscher Prägung schon vor diesem einschneidenden Ereignis in eine Sackgasse geführt hatte. Diese Ideologie der Gemeinschaft aller Araberinnen hatte die Palästinenser daran gehindert, eine eigenständige politische Stimme in der arabischen Welt und auch international zu entwickeln. So drängte sich ihnen das – durchaus berechtigte – Gefühl auf, die arabischen Nachbarnationen würden ihr Anliegen zwar rhetorisch lautstark unterstützen, realpolitisch aber wenig für sie tun.

Nach 1967 gewannen radikalere junge Aktivisten innerhalb der PLO an Einfluss. Von Beginn an lassen sich hier zwei Lager unterscheiden: linke Kräfte – gerade die Führungskader waren oft christlicher Herkunft –, die den traditionellen Eliten fernstanden, die beim Studium im arabischen Ausland zusammengefunden hatten und die bis 1967 noch in der Arabischen Nationalistischen Bewegung – also panarabisch – engagiert gewesen waren. Sie bildeten die palästinensische Linke innerhalb der PLO, die wie eine Art Dachorganisation verschiedene Gruppen zusammenhielt, die sich oft sehr uneins über die politische Ausrichtung waren. 1967 wurde die marxistisch-leninistisch orientierte Volksfront zur Befreiung Palästinas (PFLP) gegründet, ein Jahr später folgte die maoistisch-trotzkistisch ausgerichtete Demokratische Front zur Befreiung Palästinas (DFLP). Diese Linke war innerhalb der PLO lange sehr wichtig, verlor aber gegen Ende des 20. Jahrhunderts immer stärker an Einfluss, auch weil ihre politisch radikaleren Positionen von den islamistischen Gruppen Hisbollah und Hamas übernommen wurden.[5]

Die lange Zeit größte und mächtigste Fraktion innerhalb der PLO bildete die Fatah, die Jassir Arafat und seine Mitstreiter 1959 in Kuwait gegründet hatten. Sie wies eine ganze Reihe von Gemeinsamkeiten mit und zudem Verbindungen zu den Linken auf: Auch ihre Aktivisten gehörten nicht den traditionellen Eliten an und waren ähnlich sozialisiert, entstammten aber häufiger muslimischen Familien. Eine politische Einordnung der Fatah fällt allerdings wesentlich schwerer. Sie ist bis heute von einem starken palästinensischen Nationalismus geprägt und lässt sich nicht so einfach einer linken Ideologie zurechnen, wie dies in der Außenwahrnehmung häufig geschah. Zweifelsohne ging die Fatah immer wieder Kompromisse mit dem linksradikalen Zeitgeist und den Befreiungsbewegungen der sechziger und siebziger Jahre ein; gleichzeitig war stets offensichtlich, dass sie dem Befreiungskampf der palästinensischen Nation gegenüber linken Befreiungsideologien Priorität einräumte. In jedem Fall gelang es der Fatah, sich zur wichtigsten Gruppe innerhalb der palästinensischen Nationalbewegung aufzuschwingen und dann Anfang 1969 auch die Führung zu übernehmen: Ihr Chef Arafat wurde zum Vorsitzenden der gesamten PLO.

Der Sechstagekrieg hatte den israelisch-palästinensischen Konflikt insofern wieder in den Vordergrund treten lassen, als die Vermengung mit anderen Fragen, etwa der inneren Lage in den umliegenden arabischen Ländern, nun nicht mehr so wichtig erschien. Viele Panarabisten – unter ihnen auch viele Palästinenserinnen – hatten zuvor geglaubt, ein Sieg gegen Israel hänge von politischen Reformen in den arabischen Nachbarstaaten ab, da man die Massen gegen die korrumpierten Eliten mobilisieren müsse, um eine ausreichende Kampfkraft gegen Israel sicherzustellen. Die Desillusionierung über diese arabischen Staaten war nach 1967 fundamental und wirkte lange nach.

Dass die Fatah zum wichtigsten Faktor in der PLO wurde, hatte auch mit ihrer Gewaltkonzeption zu tun. Sie erarbeitete sich einen strategischen Vorteil, weil sie bereit war, politische Gewalt zur Mobilisierung einzusetzen. Bereits wenige Tage nach dem Kriegsende 1967 lancierte sie unter Arafats Führung Guerillaaktionen in den von Israel besetzten Gebieten. Dass man der israelischen Armee damit keine wirkungsvollen Schläge versetzen konnte, war offenkundig sekundär. Im Kern ging es vielmehr darum, die palästinensische Sache sichtbar zu vertreten, Aktivismus zu demonstrieren und die Moral der Bevölkerung zu heben.[6]

1967 führten die Freischärler ca. 100 Attacken gegen militärische Einrichtungen der Israelis durch; bis 1970 stieg die Zahl auf 2000.[7] Gerade die Schlacht um das Flüchtlingslager Karame auf der jordanischen Ostseite des Jordans, bei der die israelische Armee im März 1968 nur teilweise erfolgreich gegen die PLO-Kämpfer vorging, wurde nachträglich von der Fatah als Triumph gefeiert: Zwar kam es auch in ihren Reihen zu großen Verlusten, und das Flüchtlingslager wurde vollständig zerstört, aber nach unterschiedlichen Angaben starben bis zu drei Dutzend israelische Soldaten. Der Eindruck, erstmals seit 1948 sei eine israelische Militäraktion gescheitert und der Nimbus der israelischen Unbesiegbarkeit infrage gestellt, wog in der palästinensischen Öffentlichkeit schwer. Die Freischärler, genannt »Fedajin«, gewannen erheblich an Aufmerksamkeit und Zuspruch.[8] Die Guerillaarmee der PLO wuchs schon 1968 auf 600 bis 1000 Mann an, die mehrheitlich zur Fatah gehörten. Mit der Schlacht von Karame etablierte sich der durchaus international ausstrahlende Mythos des palästinensischen Fedajin, der sich der übermächtigen israelischen Armee entgegenstellte und in der Lage war, dieser empfindliche Verluste beizubringen. Die Fatah verkörperte diesen Mythos und verbreitete ihn auf vielfältigen Wegen in den besetzten Gebieten sowie in den Flüchtlingslagern in den umliegenden arabischen Staaten.[9] Auf ihr Betreiben hin wurde die bei der Gründung der PLO verabschiedete paläs-

tinensische Nationalcharta 1968 um den Artikel 9 ergänzt, in dem
der »bewaffnete Kampf« als »der einzige Weg zur Befreiung Palästinas« festgeschrieben wurde.[10]
Wie dieser bewaffnete Kampf im Einzelnen aussehen sollte, war
zwischen den verschiedenen Fraktionen der PLO umstritten. Während die Fatah eher den nationalistischen Charakter eines populären
Befreiungskampfes betonte – Pate stand hier der Kampf der Algerie-
rinnen gegen die französische Kolonialmacht –, propagierte die linksextremistische PFLP einen Volkskampf, der sich an den Vorbildern
des maoistischen China und des Vietkong orientieren sollte. Die nationale Befreiung umfasste in dieser Konzeption notwendigerweise
eine soziale und ökonomische Revolution, was die Fatah weniger interessierte. Zudem stritt man über die Rolle der anderen arabischen
Staaten: Der Fatah war deren politische Struktur tendenziell egal, sie
war bereit, mit unterschiedlichen Regimen zusammenzuarbeiten, solange es der palästinensischen Sache diente. Zugleich zweifelten die
Parteigänger Arafats ohnehin daran, dass von den arabischen Staaten
entscheidende Beiträge zu ihrem Befreiungskampf kommen würden.
Linke Gruppen wie die PFLP hielten hingegen länger am panarabischen Erbe fest und vertraten auch weiterhin die Ansicht, eine Befreiung Palästinas könne nur gemeinsam mit den arabischen Nachbarn
gelingen. Diese könnten sich allerdings nur dann erfolgreich engagieren, wenn sie zuvor eine revolutionäre Transformation durchlebt hätten.
Die Frage der internationalen Kooperation war auch insofern relevant, als sichere Rückzugsgebiete in den Nachbarstaaten für die
palästinensischen Freischärler im Zuge der sich verschärfenden militärischen Konfrontation mit den israelischen Streitkräften immer
wichtiger wurden. Dafür eignete sich insbesondere Jordanien, da
es eine durchlässige Grenze zu den besetzten Gebieten westlich des
Jordans besaß, die bis 1967 unter der Kontrolle des haschemitischen
Königreichs gestanden hatten. Zugleich gelang die Etablierung der
PLO in den Anrainerstaaten, wo sie stets zu einem nur schwer inte-
grierbaren politischen Faktor wurde, nie auf Dauer, wie ihre Vertrei-

bung aus Jordanien während des Jordanischen Bürgerkriegs 1970/71 und ihre Flucht aus dem Libanon nach dem Einmarsch israelischer Truppen 1982 zeigten.

Die Entstehung des palästinensischen Terrorismus

Mit dem Ausbruch des Bürgerkrieges in Jordanien 1970 verlor die PLO ihre wichtigste Basis für Guerillaattacken in den israelisch besetzten Gebieten. Nun stellte sich die Frage, ob vermehrt terroristisch gegen das israelische Kernland oder gar gegen internationale Ziele vorgegangen werden sollte. Ihre ungebrochene Popularität in der palästinensischen Bevölkerung hatte aus Sicht der Freischärler die Angriffe auf die israelische Armee und ihre Einrichtungen in den besetzten Gebieten legitimiert. Ob weitergehende oder gar internationale Operationen die gleiche Unterstützung erhalten würden, war nicht automatisch klar. Dabei war die Zahl der verletzten und getöteten israelischen Zivilisten bereits 1968 deutlich gestiegen; die PLO rechtfertigte das damit, dass zivile Ziele einfacher und mit geringeren Verlusten attackiert werden konnten. Zudem wiesen die palästinensischen Kämpfer darauf hin, dass auch die israelische Armee bei ihren Vergeltungsmaßnahmen 1968 zivile Ziele in Jordanien angriff. Insgesamt wurden so aus den Guerilla- immer häufiger terroristische Aktionen.[11]

Zugleich knüpfte die PLO ein internationales Netzwerk zu anderen Organisationen, die einen revolutionären Linksterrorismus vertraten, etwa zu den italienischen Roten Brigaden oder zur westdeutschen RAF. Von Beginn an gab es aber auch Partner, bei denen eine solche Zuordnung schwieriger war, beispielsweise nationalistisch-separatistische Bewegungen wie die IRA. Dass die Fatah 1980 mit westdeutschen Rechtsextremisten kooperieren sollte, ist also gar nicht so überraschend.

Die internationalen Partnerorganisationen schickten schon relativ früh Mitglieder zur Ausbildung in PLO-Lager: Nachdem die späteren Tupamaros-Terroristen Dieter Kunzelmann und Georg von Rauch schon 1969 ein Training in Jordanien absolviert hatten, reisten im Folgejahr RAF-Mitglieder, darunter Andreas Baader, Gudrun Ensslin und Ulrike Meinhof, in ein Fatah-Camp.[12] Derartige Kooperationen bedeuteten eine bis dato unbekannte Dimension des sich internationalisierenden Terrorismus, was nicht zuletzt die nationalen Sicherheitsbehörden vor neue Herausforderungen stellte. Die PLO sollte sich die strategischen Optionen, die sich durch dieses Netzwerk – realpolitisch betrachtet – ergaben, über einen langen Zeitraum offenhalten.

Die PFLP und die DFLP hatten schon früher und entschiedener für terroristische Kommandoaktionen in und außerhalb Israels optiert. Während die Fatah noch auf den Guerilakampf im Westjordanland setzte, startete die PFLP im Juli 1968 eine Serie von Flugzeugentführungen – eine Taktik, die später auch die Fatah übernahm.[13] Als die Fatah ihren Aktionsradius auf die internationale Ebene ausdehnte, lautete die Begründung, dass man Israels internationale Einbindung attackieren sowie Einwanderinnen oder Touristen von der Einreise nach Israel abschrecken wolle. Außerdem glaubte man, die Weltöffentlichkeit durch spektakuläre Aktionen auf das Schicksal des palästinensischen Volkes aufmerksam machen zu müssen. Wie oft bei der Wahl terroristischer Mittel spielte schließlich eine Rolle, dass sich die Protagonisten in einer militärisch schwierigen Lage wähnten: Die Überlegenheit der Israelis hatte sich wiederholt erwiesen, weshalb die PLO zu der Schlussfolgerung gelangte, diese asymmetrische Kampfform wählen zu müssen. Bedingt durch ihre theoretische Militanz und minoritäre Position innerhalb der PLO erwiesen sich die linken Gruppen dabei freilich als aggressiver und skrupelloser: Nach einer ihrer Terrorkampagnen, zu der auch ein Angriff auf eine El-Al-Maschine auf dem Flughafen Zürich zählte, erklärte die PFLP 1969, es gebe nicht länger unschuldige oder neutrale Parteien, womit die ideologisch umfassendste und brutalste Rechtfertigungsstufe für Terrorismus erreicht war.[14]

Anfang der siebziger Jahre entschied sich die Fatah dann, selbst internationale Terroraktionen durchzuführen. Dabei spielte ein interner Machtkampf zwischen der Führungsgruppe um Arafat und Aktivisten um Salah Khalaf eine Rolle, der schon einige Jahre geschwelt hatte und Ende 1971 eskalierte. Khalaf, der Arafat seit 1951 kannte, gehörte zu den Gründungsmitgliedern der Fatah und kontrollierte den Sicherheitsapparat (später sollte er die Zusammenarbeit mit der WSG aufbauen). Im Konflikt mit Arafat lancierte er die Organisation Schwarzer September (der Name bezog sich auf den jordanischen Bürgerkrieg, der am 1. September 1970 begann), die wie keine andere Fraktion innerhalb der Fatah – und der gesamten PLO – auf die Terroroption setzte. Sofort radikalisierte die Neugründung die Fatah-Politik: Im November 1971 wurde der jordanische Außenminister erschossen, im Dezember der jordanische Botschafter in London schwer verletzt, im Februar 1972 folgten Bombenanschläge auf eine niederländische Öl- und eine westdeutsche Elektronikfirma, die angeblich mit Israel kooperiert hatten.

Im Mai 1972 entführten Terroristen des Schwarzen September eine Maschine der belgischen Fluglinie Sabena, im September folgte der berüchtigte Anschlag auf die israelische Mannschaft bei den Olympischen Spielen in München, bei dem elf Israelis und ein deutscher Polizist ermordet wurden.[15] Ob Arafat persönlich involviert war, ist bis heute umstritten. Khalaf war es in jedem Fall – und Arafat rechtfertigte diese und andere Taten öffentlich. Schon damals wurde spekuliert, deutsche Rechtsextremisten könnten in das Attentat verwickelt gewesen sein, eine Vermutung, die erst Jahrzehnte später belegt werden konnte. Insbesondere der Albrecht-Vertraute Willi Pohl hatte bei der Planung mitgewirkt.[16] Eine solche Kooperation war in dieser Phase kein Einzelfall: Anfang 1973 schlug ein Anschlag auf ein Transitlager für jüdische Emigrantinnen aus Osteuropa im niederösterreichischen Schloss Schönau fehl, den eine Zelle des Schwarzen September mithilfe österreichischer Rechtsextremisten geplant hatte.[17]

Fatah-intern wurden freilich bald Zweifel an der Terrorstrategie laut, weil die internationale Reputation litt und die Israelis stets hart zurückschlugen. Vor allem der Anschlag von München markierte innerhalb der Arafat-Bewegung eine Art Wendepunkt, so dass man in der Folgezeit versuchte, Khalaf von seiner Strategie wieder abzubringen. Zwar führte der Schwarze September im März 1973 noch eine blutig endende Geiselnahme in der saudi-arabischen Botschaft im sudanesischen Khartum durch, doch die Fatah bemühte sich, die heiße Terrorphase zu beenden. Khalaf wurde wieder in die PLO-Führung integriert und schuf sich dort eine neue Machtbasis, den Vereinigten Sicherheitsapparat. Letztendlich konnte Arafat die volle Kontrolle über die Fatah zurückgewinnen (wenn er sie denn je verloren hatte). Die Fatah setzte nun auf eine pragmatischere Politik und diplomatische Initiativen. Vor allem träumte man von einer maßgeblichen Rolle im sich abzeichnenden Friedensprozess. Selbst Khalaf warb nach dem Jom-Kippur-Krieg vom Oktober 1973 für die Verhandlungsoption. Je realistischer eine Annäherung Ägyptens an Israel wurde und je aktiver die US-Administration nach der Amtsübernahme durch den neuen Präsidenten Jimmy Carter 1977 vermittelte, desto stärker bemühte sich die Fatah, bei den Verhandlungen mit am Tisch zu sitzen. Intern war diese Strategie nicht ohne Risiko, vor allem die linken Fraktionen lehnten die diplomatische Option ab und warnten Arafat vor einem Ausverkauf palästinensischer Interessen. Weder die PFLP noch die DFLP wollten dem Pragmatismus der Fatah folgen und optierten stattdessen für eine Fortsetzung des bewaffneten Kampfes. Das Unbehagen der linken Kader drohte in offene Gegnerschaft umzuschlagen.

Eine Schlussfolgerung erscheint mir hier nicht zuletzt für die spätere Zusammenarbeit mit der WSG relevant: Terrorismus blieb auch für die Fatah – und sei es als Drohgebärde – weiterhin eine Option. Dadurch konnten die Arafat-Anhänger interne Kritikerinnen besänftigen und zugleich während des Friedensprozesses den Druck auf die anderen Parteien aufrechterhalten. Gleichwohl blieb es nicht bei einer Drohgebärde: Im März 1978 lancierte man beispielsweise einen Kommandoangriff an der israelischen Küste zwischen Haifa und Tel-Aviv. Bei dem sogenannten »Küstenstraßen-Anschlag«, bis dato das

schwerste Attentat auf israelischem Boden, kamen 37 Menschen ums
Leben, darunter 10 Kinder. Als Reaktion darauf eroberte die israelische Armee im Zuge der Operation Litani Teile des Südlibanon.
Unmittelbar nach Carters Verhandlungserfolg von Camp David
im September 1978 kam es zu einer weiteren Fatah-Attacke: Ein mit
Sprengstoff beladener Frachter steuerte auf den Hafen von Eilat am
Roten Meer zu, konnte von der israelischen Marine aber rechtzeitig
aufgehalten werden. Spätestens als im März 1979 das Friedensabkom-
men zwischen Israel und Ägypten im Weißen Haus unterzeichnet
wurde, war endgültig klar, dass der PLO kein Platz am Verhandlungs-
tisch eingeräumt werden würde. Ägypten und Israel – mit Unterstützung der USA – setzten auf eine Autonomielösung für die besetzten
Gebiete und verweigerten der PLO die Anerkennung als Vertretung
des palästinensischen Volkes. Khalaf reagierte sofort mit der Drohung, den Schwarzen September zu reaktivieren. Gleichzeitig brachte der Abschluss des Friedensprozesses der PLO auch einige Vorteile:
In der arabischen Welt bildete sich die sogenannte »Front der Stand-
haftigkeit« gegen das israelisch-ägyptische Abkommen, in der die
PLO eine wichtige Rolle übernehmen und von der sie vor allem finan-
ziell profitieren sollte.
     In Bezug auf die Terrorpolitik der siebziger Jahre muss man das
Problem diskutieren, ob bzw. an welcher Stelle und durch welche
Maßnahme die Fatah-Politik antisemitisch wurde.[18] Es wird unter
meinen Leserinnen Einzelne geben, die nicht nachvollziehen können,
dass ich diese Frage überhaupt aufwerfe, vertreten doch viele die Ansicht, dass Terrorismus gegen Israelis und Juden nur antisemitisch genannt werden kann. Leser, die mit den gegenwärtigen Debatten über
Antisemitismus vertraut sind, werden mir womöglich entgegenhal-
ten, der gängige 3-D-Test zur Abgrenzung des Antisemitismus
von – noch legitimer, nicht antisemitischer – Israelkritik führe in Bezug auf die Aktionen der Palästinenser zu einem eindeutigen Ergebnis, schließlich seien die drei Kriterien (Delegitimierung und Dämo-
nisierung des Staates Israel sowie Beurteilung Israels mit doppelten
Standards) eindeutig erfüllt.[19]

Das bestreite ich nicht, nur ist aus meiner Sicht hier gar nicht das Verhältnis zur Israelkritik das Problem. Natürlich ist die beschriebene Politik der Fatah (und noch eindeutiger der PFLP) durch einen hasserfüllten Antizionismus, ja eindeutig durch Israelfeindschaft motiviert. Vielleicht haben wir es in einigen Gegenden Europas schon vergessen (obwohl es uns in den neunziger Jahren auf dem Balkan deutlich vor Augen geführt wurde und derzeit in der Ukraine wird): Eine kriegerische Auseinandersetzung wird mit Hass und Feindseligkeit geführt, und sie produziert mehr davon. Es kann niemanden überraschen, dass die jahrelangen Konfrontationen zwischen Israelinnen und Palästinenserinnen – gerade in Anbetracht all der Toten und all des Leids auf beiden Seiten – von massiven negativen Emotionen begleitet und diese stets aufs Neue befeuert werden. Damit will ich nichts entschuldigen. Als Antisemitismusforscher, der in diesem Buch zudem von einem eindeutig antisemitischen Mord berichtet, kommt es mir aber darauf an, die Zuschreibung »antisemitisch« so exakt wie möglich zu benutzen.

In diesem Zusammenhang ist es zentral, daran festzuhalten, dass die Auseinandersetzungen zwischen Israelis und Palästinensern sich im Kern um einen genuin politischen Konflikt drehen: den Kampf um ein Stück Land (wie immer man dieses genau abgrenzen und was immer man daraus für Schlussfolgerungen ziehen mag). Antisemitismus besitzt jedoch grundsätzlich keinen Kernkonflikt. Was die Antisemitinnen historisch als »Judenfrage« oder »Judenproblem« darstellten und bis heute darstellen, existiert nur in ihrer Fantasiewelt. Das, worum Israelis und Palästinenser so verbissen kämpfen, gibt es aber wirklich: das Selbstbestimmungsrecht ihrer Völker und den Wunsch, (zumindest partiell) dasselbe Land zu bewohnen sowie dort die gleichen Rechte als Staatsbürgerinnen zu besitzen. Zweifelsohne lässt sich vermuten (und oft zeigen), dass einige, ja viele Protagonisten auf der palästinensischen Seite von antisemitischen Vorstellungen und Einstellungen getrieben sind. Zweifelsohne lässt sich vermuten (und oft zeigen), dass einige, ja viele der Hauptvertreter der verschiedenen PLO-Gruppierungen in ihren Reden und Manifesten antisemitische

Stereotype und Klischees verwendet haben. Zweifelsohne lässt sich vermuten (und oft zeigen), dass einige, ja viele Gewalthandlungen, die Palästinenser ausgeführt haben, als antisemitisch eingeordnet werden müssen. Dennoch sollte man sich jeweils konkret die Mühe machen, nach dem antisemitischen Gehalt zu fragen. Letztlich ist das in diesem Buch auch deshalb wichtig, weil nur so die Zusammenarbeit mit der WSG genau beurteilt werden kann. Wie bei der geplanten Terrorattacke auf das Transitlager in Schönau war die Fatah durchaus bereit, auf Israelis wie Juden zu zielen. Eine solche antisemitische Gleichsetzung lag bei der Zusammenarbeit mit deutschen Rechtsextremisten vor, und das Handeln der Fatah ist daher in diesen Fällen eindeutig als antisemitisch zu bezeichnen.

Die libanesischen Machtstrukturen der PLO

Nach dem Desaster des jordanischen Bürgerkrieges baute die PLO ihre Position im Libanon systematisch aus, bis sie dort spätestens Ende der siebziger Jahre einen Staat-im-Staate bildete. Vor allem in zwei Zonen waren Aufmarsch- und Rückzugsregionen für die PLO entstanden (in denen sich später auch die WSG bewegen sollte): im südlichen Libanon, einem bergigen Gebiet, in dem sich auch palästinensische Flüchtlingslager befanden; und in Teilen West-Beiruts, wo sich die PLO-Führung ansiedelte und eine palästinensische Infrastruktur aufbaute (diverse Büros, die internationalen Abteilungen, das Nationalarchiv, einen Verlag etc.). Ab 1975 zerfiel Beirut durch die zunehmenden Konflikte und den beginnenden Bürgerkrieg in den muslimisch geprägten westlichen Teil, in dem unter anderem die PLO und die Libanesische Nationalbewegung aktiv waren, und einen christlich dominierten Ostteil, in dem die Libanesische Front und die Phalangisten die Führung innehatten. Zur Sicherung der Strukturen in ihrem Stadtteil gewannen für die PLO zwei Faktoren zusätzlich an Gewicht: die militärische Organisation sowie die internationale Vernetzung.

Gerade der Einmarsch israelischer Truppen im Zuge der Operation Litani hatte der PLO-Führung 1978 unmissverständlich gezeigt, dass ihre Kräfte für eine militärische Konfrontation unzureichend ausgestattet und qualifiziert waren. Mit der zunehmenden Isolierung Ägyptens, das nach dem Friedensvertrag mit Israel im März 1979 aus der Arabischen Liga ausgeschlossen wurde, bot sich der PLO die Möglichkeit, militärisch aufzurüsten. Einige wohlhabende arabische Staaten lehnten den Friedensprozess ab und erhöhten die finanzielle Unterstützung für die Palästinenserinnen. Doch trotz des größeren Spielraums blieb die strategische Herausforderung für den Ausbau des Militärs bestehen. Eine Lösung boten mobile Strukturen: Geschütze und anderes Gerät sollten nur dann angeschafft werden, wenn sie sich vor oder während der Kampfhandlungen versetzen, verteilen und verstecken ließen. So wollte man durch ein plötzliches Zusammenziehen der Kräfte effektiver und weniger verwundbar werden.[20] In diesem Kontext muss wohl auch das Angebot verstanden werden, das Albrecht und Hoffmann der Fatah Anfang 1980 unterbreiteten: Bundeswehrfahrzeuge zu vermitteln, mit denen man die mobile Schlagkraft der PLO erhöhen konnte.

Gleichzeitig gelang es der PLO und besonders der Fatah, das internationale Netzwerk der militärischen Kooperation erheblich zu erweitern und zu professionalisieren. Wie bereits erwähnt, hatte die PLO in den frühen siebziger Jahren die Zusammenarbeit mit radikalen Befreiungsbewegungen weltweit gesucht und gefunden. Auch dank der neuen finanziellen Mittel konnte man am Ende des Jahrzehntes ein Ausbildungsnetzwerk schaffen. Nachwuchskräfte der Palästinenser wurden in zahlreiche Länder geschickt und dort trainiert. 1980 verfügte die PLO über feste Kontingente in Aus- und Fortbildungskursen für militärisches Führungspersonal, die von verschiedenen arabischen Staaten, der UdSSR, diversen osteuropäischen Ländern, Kuba, Jugoslawien, China, Nordkorea, Vietnam, Indien oder Pakistan angeboten wurden. Auch mit der DDR wurde eine solche Zusammenarbeit zumindest anvisiert.[21]

Zugleich bewarb die PLO ihre eigenen Ausbildungsstrukturen verstärkt international, um Kader unterschiedlicher Befreiungsbewegungen in ihre Camps zu locken. So sandten zum Beispiel die Frente Farabundo Martí para la Liberación Nacional (FMLN) aus El Salvador, die Tamilischen Tiger aus Sri Lanka und der südafrikanische African National Congress (ANC) Rekruten. Das gerade unabhängig gewordene Simbabwe (das vormalige Südrhodesien) schickte 1980 einhundert Kadetten an die Fatah-Militärschule. Die Sandinistische Nationale Befreiungsfront (FSLN) aus Nicaragua wurde ebenfalls auf diese Weise unterstützt. Gerade durch diese Kooperation glaubte man, Druck auf die USA ausüben zu können, die PLO doch noch an Verhandlungen über eine Beilegung des Nahostkonfliktes zu beteiligen.[22] Dieses internationale Netzwerk, das noch viel stärker als die Vorläufer linke und linksextremistische Befreiungsbewegungen einband, wurde innerhalb der PLO vom militärischen Flügel kontrolliert, vor allem von Militärkoordinator Chalil al-Wazir. Zu diesem Zweck gründete Wazir innerhalb der Fatah sogar ein eigenes Büro für Befreiungsbewegungen. Dabei ist denkbar, dass in Bezug auf die deutschen Rechten ähnliche strategische Überlegungen im Spiel waren wie bei den Sandinisten: Möglicherweise wollte man durch die Unterstützung der Wehrsportgruppe die Bundesrepublik zwingen, die Unterstützung für Israel zu reduzieren. Zugleich konnte so die Terroroption als Drohgebärde aufrechterhalten werden, was nicht zuletzt intern wichtig war.

Die Fatah und die WSG

Nach dem für die PLO negativen Ausgang des Camp-David-Friedensprozesses intensivierte Arafat die Versuche, auf diplomatischem Terrain Boden gutzumachen und die diplomatische Anerkennung der PLO zu erreichen. So bemühte er sich gleichzeitig um bessere Beziehungen zur Bundesrepublik und zur DDR, wobei er sich von einer Partnerschaft mit Westdeutschland größere Vorteile erhoffte, während die Verbindungen zur DDR leichter aufzubauen waren.[23] Die

Verhandlungen mit den deutschen Partnern wurden stets von den gleichen Personen geführt: den Mitgliedern des Vereinigten Sicherheitsapparats unter Khalaf. Wichtig war dabei vor allem eine Reihe von Männern, die in der BRD studiert hatten, darunter Atef Bseiso, Muhammad Hijazi und Amin al-Hindi. Durch sie und vermittelt über Udo Albrecht erhielt die WSG schließlich Zugang zur PLO und zur Fatah.

Bei der Zusammenarbeit war beiden Seiten durchaus klar, mit wem sie da kooperierten. Hoffmann wusste, dass Albrechts PLO-Kontakte früher dem Schwarzen September angehört hatten und als internationale Top-Terroristen tätig gewesen waren.[24] Hoffmann wiederum gab bereits beim ersten Treffen mit seinem Verbindungsmann Muhammad Hijazi im März 1980 »bereitwillig« Auskunft über seine politischen Ansichten. Als deutscher Nationalist setze er sich für die Befreiung der Bundesrepublik ein und kämpfe daher gegen Israel, die USA und die Nato.[25] Solche Bekenntnisse lösten bei einigen Fatah-Kadern Unbehagen aus: So stand der Albrecht-Vertraute Amin al-Hindi der WSG eher skeptisch bis ablehnend gegenüber.[26] Hierbei spielte der offen rechtsextremistische Charakter der WSG eine wichtige Rolle, da man nicht wusste, wie man eine solche Kooperation verteidigen sollte, wenn sie einmal publik würde – und zwar nicht nur gegenüber der Weltöffentlichkeit, sondern auch gegenüber den eigenen Leuten, insbesondere den linksrevolutionären Gruppierungen innerhalb der PLO.[27] Hinzu kam, dass das DDR-Ministerium für Staatssicherheit, das die radikale Rechte Westdeutschlands mit inoffiziellen Mitarbeitern durchsetzt hatte und über sehr gute Kenntnisse der Szene verfügte, die Fatah eindringlich vor einer Kooperation mit der WSG warnte.[28]

Zugleich gab es verschiedene Gründe, die für eine Zusammenarbeit mit der WSG sprachen. Ein wesentlicher Aspekt bestand in dem allgemein geteilten Wunsch, Albrecht zu unterstützen.[29] Auch der erwähnte Erpressungsversuch gegenüber der Bundesrepublik dürfte eine Rolle gespielt haben. Schließlich scheint es noch weitere, eher innenpolitische Überlegungen bei einzelnen Fatah-Kadern gegeben zu ha-

ben. Jedenfalls taucht in den Quellen immer wieder die Überzeugung auf, die Kooperation mit der WSG sei vor allem von Atef Bseiso
befürwortet worden, der bereits die Zusammenarbeit mit dem Rechtsextremisten Pohl im Vorfeld des Olympia-Attentats eingefädelt hatte.[30] Es ist also zumindest denkbar, dass einzelne Vertreter sich mithilfe der WSG eine eigene Hausmacht in der Fatah aufbauen wollten.
Ähnliches hatte Khalaf ja schon einige Jahre zuvor mit der Gründung
des Schwarzen September bezweckt. Dazu passt, dass Atef Bseiso die
WSG-Männer nutzte, um geheime Waffentransporte zu organisieren,
von denen weder alle Palästinenser noch arabische Partner wissen durf-
ten.[31] Jedenfalls kümmerte sich Bseiso neben Khalaf besonders intensiv um die WSG-Leute.[32] Möglicherweise hatte er für die WSG eine
spezielle politische und strategische Funktion im Sinn: Sie sollte wie
eine »Feuerwehr an bestimmten Frontstellen« eingesetzt werden können, an denen die eigenen Kräfte angesichts von Querelen und Auf-
ständen überfordert waren und eine externe Eingreiftruppe gut brau-
chen konnten. Hier fiel auch der Begriff einer »Verfügungsgruppe des
Atef«.[33]

Aus den Quellen wird nicht ersichtlich, ob die Fatah je plante, die
deutschen Rechtsextremisten an der Front gegen die Israelis einzusetzen – auch wenn viele WSG-Leute dies glaubten, ja wahrscheinlich
erhofften, zumal Hoffmann ihnen das suggeriert hatte. Auch der
BND hielt dies für wahrscheinlich: »Hoffmann gibt sich bei der Fatah als Kämpfer gegen Zionismus und Judentum aus und hat erreicht,
dass seine Gruppe bewaffnet und zur ›Bewährung im Kampf‹ in den
Süd-Libanon verlegt wird.«[34] Freilich dürfte relativ schnell klar gewesen sein, dass die untrainierten, zumeist lustlosen und völlig undiszi-
plinierten Rechtsextremisten nicht wirklich für einen Fronteinsatz
taugten. Und doch trifft insgesamt wahrscheinlich zu, was einige
deutsche Presseorgane vermuteten: »Es ist aber kaum anzunehmen,
daß die Deutschen ihrerseits sich nicht durch anderes als nur die Lieferung von Autos erkenntlich gezeigt haben.«[35] Worin könnte die Gegenleistung bestanden haben?

Hat die Fatah den Erlanger Doppelmord in Auftrag gegeben? War das mit der »secret work in Europe« gemeint, wofür anscheinend 2500 Dollar an Hoffmann gezahlt wurden?[36] Völlig ausschließen kann ich eine Fatah-Beteiligung nicht; immerhin gibt es vergleichbare Vermutungen auch für den versuchten Bombenanschlag auf das Jüdische Gemeindehaus in Berlin am 9. November 1969, den die linksterroristischen Tupamaros West-Berlin unter Kunzelmann ausführten.[37] Zudem ist möglich, dass die Fatah unter Arafat den Druck auf die Bundesrepublik erhöhen wollte, da die Kontakte zur BRD zwar Anfang 1979 zu einer kurzfristigen Kooperation mit dem Bundeskriminalamt geführt hatten, sich aber offenkundig nicht weiterentwickeln ließen.[38] Sollte die Fatah also mithilfe der WSG und des Erlanger Doppelmords ernst mit der zweiten Seite ihrer Doppelstrategie – der Terroroption – gemacht haben?

Letztendlich kann ich die Frage nicht abschließend beantworten. Es ist denkbar, dass die PLO involviert war, zumal man Lewin den PLO-Leuten als »enge[n] Mitarbeiter Mosche Dayans« vorgestellt hatte und sie dies auch glaubten, wie in ihrem Bericht gegenüber dem MfS klar wird.[39] Zudem hatte Hoffmann ihnen die *Oggi*-Ausgabe mit dem Foto von Lewin gezeigt. Udo Albrecht sah in Lewin, wie er später gegenüber dem MfS angab, jedenfalls einen »undurchsichtige[n] jüdisch-zionistische[n] Dunkelmanndrahtzieher« und damit ein lohnenswertes Ziel.[40] Mit Albrecht soll Hoffmann, wie bereits erwähnt, vergleichsweise konkret über eine terroristische Tat gesprochen haben, bei dieser Gelegenheit war möglicherweise sogar Lewins Name gefallen.[41] Bemerkenswert ist in diesem Zusammenhang, dass selbst einige Fatah-Mitglieder eine Beteiligung ihrer Organisation an dem Doppelmord zumindest für möglich hielten: Ende September 1981 wurden die letzten in Beirut verbliebenen WSG-Mitglieder von einem wichtigen Verbindungsmann namens Bengasi gefragt, ob Behrendt einmal von einem Auftrag der PLO für den Doppelmord gesprochen habe.[42]

Allerdings gibt es auch Argumente für eine andere Sichtweise: Gegenüber dem DDR-Ministerium für Staatssicherheit behaupteten die PLO-Vertreter, man habe versucht, Hoffmann »von jeglichen Aktionen gegen amerikanische und zionistische Einrichtungen in der BRD« abzuhalten. Zudem gaben sie bei dieser Gelegenheit zu Protokoll, die WSG habe nichts mit dem Doppelmord zu tun.[43] Da sie vom MfS zuvor eindringlich vor einer Zusammenarbeit mit der WSG gewarnt worden waren, können solche Behauptungen aber auch als Beschwichtigungen verstanden werden. Diese Vermutung verstärkt sich noch, wenn die PLO-Repräsentanten in derselben Quelle bestätigen, dass die WSG »an einer weiteren Unterstützung der PLO in deren antizionistische[m] Kampf« interessiert sei.[44]

Die Fatah – und insbesondere die konkreten Vertreter des Sicherheitsapparats, die mit der WSG zu tun hatten und die zuvor den Schwarzen September aufgebaut und angeführt hatten – kannte keine Skrupel, gegen vermeintliche Exponenten des Zionismus gewalttätig vorzugehen. Bei ihren Taten hatte sie außerdem zeitweise jede Unterscheidung zwischen Israelis, jüdischen Bürgerinnen anderer Staaten und nichtjüdischen Sympathisanten Israels aufgegeben, wie es die linken PLO-Gruppen, vor allem die PFLP, ohnehin propagierten. Der Terrorismus der Fatah war somit in solchen Fällen antisemitisch und nicht »nur« israelfeindlich motiviert.[45] Auch im Fall des Erlanger Doppelmords muss sich die Fatah diesen Vorwurf gefallen lassen, selbst wenn sie den Terrorakt nicht in Auftrag gegeben haben sollte. Die Zusammenarbeit mit der WSG lässt sich per se als antisemitische Handlung kennzeichnen. Schließlich ging es hierbei um eine Kooperation mit Rechtsextremisten und Antisemiten, die im Libanon gegen »Juden« kämpfen wollten. Die WSG konnte also aus der Perspektive der Fatah nicht als »bloßes« Instrument im Kampf gegen Israel gerechtfertigt werden. Wer mit Hoffmann und Konsorten zusammenarbeitete, nahm automatisch in Kauf, dass auch Juden – und nicht »nur« Israelis – ins Visier gerieten. Die Kooperation mit der WSG zeigt also, dass die Fatah an diesem Punkt bereit war, den israelfeindlichen in einen antisemitischen Kampf zu überführen.

10. Die Folter

Ende März 1981 befinden sich die Ermittlungen zum Erlanger Doppelmord in der erwähnten Sackgasse. Zwar stoßen die Kriminalbeamten durch die Sonnenbrille am Tatort schließlich auf die Verbindung zu Hoffmann und zur WSG, wenn auch mehr durch eine späte Zeugenaussage als durch eigene Fahndungserfolge. Als sie Hoffmann Ende April 1981 endlich befragen können, streitet dieser jedoch jede Beteiligung schlicht ab, und die Ermittler sind nicht in der Lage, ihm etwas nachzuweisen. Es ist der fatalen Dynamik im fernen Libanon zu verdanken, dass sie den Fall im Sommer 1981 neu aufrollen können, auch wenn sie ihn letztlich nie wirklich aufklären werden.

Mitte 1981 kulminiert in Beirut eine Entwicklung, die sich seit Monaten angebahnt hat. Die WSG-Ausland zerfällt, ja zerfleischt sich buchstäblich selbst. Die kleine Gemeinschaft im Libanon ist von Anfang an eine heterogene Truppe. Nicht alle Mitglieder haben bereits davor länger mit Hoffmann zusammengearbeitet, einige sind erst für das nahöstliche Abenteuer dazugestoßen. Gerade die Gruppe um Odfried Hepp besteht aus fanatischen jungen Männern, die auf eine lange Sozialisation in rechtsradikalen Organisationen wie dem Bund Heimattreuer Jugend oder der Wiking-Jugend zurückblicken können. Hepp selbst hatte 1978 die nach Albert Leo Schlageter, einem Freikorpsmitglied der Weimarer Republik, benannte Wehrsportgruppe Schlageter gegründet, die sich auf die Hoffmann-Truppe als Vorbild berief. Dort waren bereits Steffen Dupper und Kai-Uwe Bergmann dabei, die Hepp im Juli 1980 in den Libanon folgen. Daneben gibt es in der WSG-Ausland Typen wie Uwe Mainka, die weniger rechtsextremistisch als vielmehr abenteuerlustig sind, mit Tendenzen zum kriminellen Söldnertum. Mit Joachim Boyarsky

ist auch der Typ unpolitischer Frauenheld vertreten.[1] Eine dritte
Gruppe besteht aus Hoffmann-hörigen Aktivisten wie Leroy Paul,
Klaus Hubel oder Alfred Keeß, die schon länger bei der WSG sind.
Gemeinsam ist den meisten ihr vergleichsweise junges Alter. Viele
sind Anfang bis Mitte zwanzig, so dass Behrendt mit seinen 29 Jahren
schon zu den Ältesten gehört. Hoffmann sticht mit seinen 43 Jahren
auch altersmäßig heraus. Die Kämpfer hat der WSG-Chef mit großen, auf ihre jeweiligen Bedürfnisse und Interessen zugeschnittenen
Versprechungen angeworben: So schwärmt er gegenüber Hepp, gegen den neben Dupper und Bergmann in der Bundesrepublik ein Ermittlungsverfahren läuft, nicht nur von einem exotischen Paradies vol-
ler möglicher Abenteuer. Er entwirft auch »den Traum von einer für
Verfolgung unzugänglichen Enklave des nationalen Widerstands«.[2]
    Der Alltag in Beirut stellt sich allerdings bald als deutlich profaner
heraus: Das Leben in Bir Hassan – und dann später in dem Lager in
den südlibanesischen Bergen, in das die Gruppe zeitweise abgescho-
ben wird – ist alles andere als glamourös. Hoffmann erlaubt seinen
Leuten nur selten, das Camp zu verlassen, so dass sie dort isoliert her-
umsitzen. Die gelegentlichen Handlanger- oder Chauffeurdienste
tragen nicht zu einer Hebung der Moral bei, eher im Gegenteil. Als
sich die WSG-Kämpfer angesichts drohender Luftangriffe der Israelis selbst einen Bunker ausheben müssen, sorgt die schwere körper-
liche Arbeit in der Hitze nicht gerade für Begeisterung. Die militärische Ausbildung verdient höchstens phasenweise diesen Namen und
wird ab Herbst 1980 mehr oder weniger eingestellt. Zunehmend wird
allen klar, dass sie in einem unübersichtlichen Krisengebiet gestran-
det sind, in dem sich die verschiedenen Parteien des libanesischen
Bürgerkriegs bekämpfen und wo außerdem jederzeit mit israelischen
Angriffen zu rechnen ist. Auch aus dem ersehnten Fronteinsatz wird
nichts, wahrscheinlich weil die PLO-Leute die WSGler für unfähig
halten.[3]
    Während die einfachen Mitglieder der WSG-Ausland also zuneh-
mend frustriert in den Bergen oder am Rande Beiruts festsitzen, ge-
nießt Hoffmann das Leben eines Jetset-Terroristen: Er residiert in

der noblen PLO-Villa und kann sich frei in den Straßen der bürgerkriegsgeschüttelten libanesischen Hauptstadt bewegen. Dabei er-
regen seine Auftritte sogar die Aufmerksamkeit der Phalangisten, also
der christlichen Milizionäre und Todfeinde der PLO.[4]
Gerade die markant rechtsextremistisch eingestellten Mitglieder –
allen voran die Gruppe um Hepp – sind von Hoffmann mehr und
mehr enttäuscht. Als dieser Ende August 1980 in die Bundesrepublik
reist, übernimmt Hepp kurzzeitig das Kommando und versucht sofort, mehr Struktur in die Truppe zu bringen. Dabei bemüht er sich,
politische Inhalte zu vermitteln, wie er es von Schulungen der Wiking-Jugend kennt. Das führt freilich nur zu einer weiteren Ver-
schlechterung der Stimmung, dieses Mal vor allem bei denjenigen,
die sich wenig für Politik interessieren und eher als Söldner agieren.[5]
Dass die Truppe im Libanon überhaupt derart heterogen ist, deutet
darauf hin, dass Hoffmann bei seinen Rekrutierungsbemühungen
die politische Zuverlässigkeit der Kandidaten nur noch oberflächlich
geprüft hat.

Hepp erkennt dieses Problem und entschließt sich wenige Wochen nach Hoffmanns Abreise zu handeln. Als die WSGler auf Ge-
heiß der Palästinenser einen Waffentransport in Beirut durchführen
sollen, will er diese Gelegenheit zur Flucht nutzen.[6] Da er zu diesem
Zeitpunkt als Stellvertreter Hoffmanns agiert, kann er entscheiden,
wer den Auftrag mit ihm übernehmen soll. Er wählt seine Kumpels
Bergmann und Dupper sowie Peter Hamberger aus. Am 21. September versuchen die vier, sich in die syrische Hauptstadt Damaskus
durchzuschlagen, doch ihr altersschwaches Bundeswehrfahrzeug bricht
in den Bergen zusammen. Trotzdem schaffen sie es bis an die Grenze,
wo sie allerdings von syrischen Beamten an der Einreise gehindert
werden, da sie keine Pässe vorweisen können. Diese hat Hoffmann
eingesammelt und im Fatah-Büro deponiert. So bleibt ihnen nichts
anderes übrig, als zur deutschen Botschaft im muslimischen Teil Beiruts zurückzufahren. Als sie dort ankommen, hat diese bereits ihre
Tore geschlossen. In der Hoffnung, dass dort nicht nach ihnen gesucht wird, mieten sie sich in ein teures Hotel ein. Allerdings spricht

sich schnell herum, wer hier eingecheckt hat. Die Nachricht dringt
bis nach Bir Hassan, von wo aus Hoffmann benachrichtigt wird. Die
im Lager verbliebenen WSG-Leute, unter ihnen auch Behrendt, haben die Abwesenheit ihrer Kampfgefährten bereits bemerkt, aber in
einer Mischung aus Selbstüberschätzung und antiisraelischem Res-
sentiment zunächst angenommen, sie seien von den Israelis entführt
worden.

Die Flüchtenden kehren am nächsten Tag zur Botschaft zurück
und geben sich als ausgeraubte deutsche Touristen aus. Als die Bot-
schaftsmitarbeiter herausfinden, dass es sich hier teilweise um in
Deutschland per Haftbefehl gesuchte Personen handelt, werden sie
aktiv und beschaffen ihnen Flugtickets, allerdings nicht ohne die
bundesrepublikanischen Behörden zu informieren. Der Abflug ist jedoch erst am nächsten Tag möglich. Die vier müssen die Botschaft
wieder verlassen und werden dabei von PLO-Kräften erkannt. Sie
entkommen diesen mit Glück, müssen sich aber über die grüne Grenze in den christlichen Teil der Stadt retten. Dort sind sie in großer
Gefahr, weil hier die Phalangisten das Sagen haben. Allerdings haben
sie erneut Glück und bleiben unerkannt. Am nächsten Tag gelingt es
ihnen sogar, unbemerkt in die Botschaft im Westteil der Stadt zu-
rückzukehren. Sie erhalten endlich ihre Flugtickets und machen sich
mit einem Taxi auf den Weg zum Flughafen. Doch nun haben sie
einen Schatten: Ein Auto mit Fatah-Sicherheitsleuten verfolgt sie.
Nur wenige hundert Meter vor dem Flughafen – den Tower können
sie schon sehen – zerrt eine PLO-Streife die abtrünnigen WSG-Kämpfer mit vorgehaltenen Kalaschnikows aus dem Taxi. Sie werden in das
Fatah-Büro gebracht und dort befragt.

Die Folgen des Fluchtversuchs sind drastisch: Über die Botschaft
erhalten die deutschen Behörden nun Kenntnis von der (Weiter-)
Existenz der WSG in Beirut, darunter auch die Strafverfolgungsbehörden, die prüfen müssen, ob die WSG im Ausland kriminelle, ja
terroristische Aktivitäten entwickelt hat. Im Libanon beschuldigen
sich derweil die Fatah und die Phalangisten gegenseitig, mit deutschen Neonazis zusammenzuarbeiten.[7] Viel schlimmer jedoch: Die

vier Fahnenflüchtigen kommen in das Lagergefängnis der PLO und werden dort von den übrigen WSG-Mitgliedern verhört und gefoltert. Bis zu Hoffmanns kurzzeitiger Rückkehr aus Deutschland ab dem 10. Oktober 1980 scheint Behrendt bei den Gewaltexzessen die treibende Kraft gewesen zu sein. Er plädiert – keine drei Monate vor dem Erlanger Doppelmord – für das sofortige Erschießen der Verräter. Im Fall Hepps soll er das sogar versucht haben, woran ihn die anwesenden Palästinenser gerade noch hätten hindern können.[8] Um den 21. Oktober verlassen Hoffmann und Behrendt den Libanon. Die vier Abtrünnigen werden allerdings erst Wochen später rehabilitiert, als Hoffmann nach Weihnachten 1980 ins Lager zurückkehrt.

Aber die Probleme sind mit der Wiedereingliederung keineswegs bereinigt, im Gegenteil: Zunehmend wenden sich die isolierten Deutschen gegeneinander. Angestachelt durch erratische und herrische Kommandos Hoffmanns beginnt Anfang 1981 die interne Suche nach einem Sündenbock für die aussichtslose Lage. Die WSG-Mitglieder können sich dabei schnell auf Kai-Uwe Bergmann einigen, der im September mit Hepp den Fluchtversuch unternommen hat und noch immer auf Bewährung ist. Bergmann wird seine größte Schwäche – er ist starker Raucher – zum Verhängnis, da der militante Nichtraucher Hoffmann dies strengstens verboten hat. Die Stimmung ist inzwischen so gereizt, dass jeder Regelverstoß gnadenlos geahndet wird. Erst wird Bergmann deshalb malträtiert, dann geht das Piesacken in offene Quälerei über, und schließlich kommt es zu harten Folterungen, unter anderem mit einer dem Waterboarding ähnelnden Methode.[9] In den späteren Vernehmungsprotokollen werden stets dieselben drei bis vier WSG-Aktivisten als Folterknechte auftauchen. Zu ihnen gehört auch Behrendt, der dabei oft die Führung übernimmt. Doch auch der »Chef« selbst greift ein: Mehrfach schlägt Hoffmann Bergmann so brutal, dass dessen Gesicht zeitweise kaum mehr zu erkennen gewesen sein soll.[10]

Anfang Februar wird Bergmann wohl zu Tode gefoltert, woran – mehreren Zeugenaussagen zufolge – Behrendt entscheidenden Anteil hat.[11] Hoffmann, der zu dieser Zeit in Beirut weilt und daher auch das Kommando über seine Truppe innehat, beteiligt sich an den körperlichen Misshandlungen.[12] Später behauptet er zwar gegenüber den Behörden, Bergmann sei in ein palästinensisches Gefängnis eingeliefert worden und seitdem verschwunden, was er auch vor Gericht wiederholen wird.[13] Einige WSG-Kämpfer erinnern sich jedoch daran, Behrendt beobachtet zu haben, wie er mit einer Schaufel einen großen Gegenstand in den Dünen hinter dem Lager Bir Hassan vergraben habe.[14] Im Urteil im Prozess gegen Hoffmann und Birkmann wird es dazu nur lapidar heißen: »Bergmanns weiteres Geschick ist in der Gruppe ungewiß. Kein Mitglied hat ihn mehr gesehen.«[15]

Spätestens jetzt herrscht in der WSG-Ausland ein Regime der Angst. Einerseits gelingt es Hoffmann durch die Brutalität, die Zügel noch eine Weile in den Händen zu behalten. Andererseits beginnen nun selbst seine engsten Vertrauten – mit Ausnahme Behrendts –, trotz des hohen Risikos über eine mögliche Flucht nachzudenken. Kurz nach Bergmanns »Verschwinden« kommt eine Ladung von Bundeswehrfahrzeugen per Schiff in Tripoli an (der lukrativere Landweg ist der WSG durch die internationalen Zollbehörden inzwischen völlig versperrt). Als die WSG-Leute in der nördlich von Beirut gelegenen Hafenstadt eintreffen, um die Fahrzeuge in Empfang zu nehmen, stellen diese sich als nahezu schrottreif heraus. Sie müssen sie aufwendig instand setzen, damit sie die Rückfahrt über die Küstenstraße überstehen. Währenddessen haben die in Beirut verbliebenen und eigentlich als Hoffmann-hörig geltenden Mitglieder genug Zeit, in aller Ruhe ihre Flucht vorzubereiten. Trotzdem fliegt auch dieses Vorhaben im Planungsstadium auf, weil das Misstrauen in der Gruppe so groß ist, dass man lieber die eigenen Kameraden verpfeift, denn als Mitwisser zu Schaden zu kommen. Nach der Aufdeckung werden nun diese WSG-Leute gefoltert.[16] Dabei wird einem der Abtrünnigen sogar eine Nummer mit dem Kürzel »KZ« auf den Unterarm tätowiert.[17]

Auch wenn sich Hoffmanns Regime noch eine Weile hält – es kommt überraschenderweise zu keiner offenen Meuterei –, hat die fortgesetzte Härte keine disziplinierende Wirkung mehr; der Erosionsprozess ist nicht mehr aufzuhalten. Schließlich zerbricht die WSG-Ausland: Am 14. Juni 1981 nutzen Walter Ulrich Behle und Uwe Mainka einen weiteren Deutschland-Aufenthalt von Hoffmann und fliehen in den christlich beherrschten Teil Beiruts. In Abwesenheit des »Chefs« und durch monatelange Folterungen sowie Perspektivlosigkeit desillusioniert, reagieren die verbliebenen WSG-Leute falsch: Drei offenkundig demoralisierte Mitglieder, unter ihnen Hepp, werden abgestellt, um nach den beiden Flüchtigen zu suchen. Behle und Mainka sind inzwischen von den Phalangisten aufgegriffen worden, die sie auf einer Pressekonferenz am 25. Juni präsentieren werden, um die PLO als Verbündeten deutscher Neonazis anzuprangern. Anstatt den Auftrag auszuführen, fährt der Suchtrupp am 15. Juni direkt zur deutschen Botschaft. Von dort wird sofort das BKA verständigt, weil die Botschaftsangehörigen und die deutschen Behörden hellhörig geworden sind. In Westdeutschland interessieren sich seit dem ersten gescheiterten Fluchtversuch die Strafverfolgungsbehörden für die Vorgänge rund um die WSG im Libanon. Eingeflogene BKA-Beamte eskortieren die drei Überläufer nach Westdeutschland. Von den wenigen verbliebenen WSG-Mitgliedern alarmiert, bricht Hoffmann auf in Richtung Beirut. Zur gleichen Zeit belasten ihn die WSG-Abtrünnigen schwer, als sie gegenüber dem BKA von den Vorkommnissen im Libanon berichten. Am 16. Juni kann Hoffmann zwar den Sicherheitscheck am Frankfurter Flughafen noch passieren, wird aber im allerletzten Moment auf dem Rollfeld vom BKA festgenommen.

Dass die Ermittler nun Ernst machen, hängt nicht mit neuen Erkenntnissen zum Erlanger Doppelmord zusammen, sondern mit den kriminellen Handlungen der WSG im Libanon, also mit dem Verschwinden Bergmanns, den Folterungen, der Freiheitsberaubung etc. Am 19. Juni 1981 erklärt Generalbundesanwalt Kurt Rebmann, dass er gegen die Organisation Hoffmanns ein Verfahren wegen des Verdachts der Bildung einer terroristischen Vereinigung nach § 129a StGB eröffnen wird.[18] Am 21. Juni erlässt der Ermittlungsrichter des Bundesgerichtshofs Haftbefehle gegen Hoffmann und – die ebenfalls inzwischen festgenommene – Franziska Birkmann, die sich auf diesen Paragrafen beziehen. Wenige Tage später wird der WSG-Chef dann von diesem Ermittlungsrichter, kurz darauf vom Generalbundesanwalt befragt. Es ist also ein neues Verfahren eröffnet worden, das die WSG im Ausland als mögliche terroristische Vereinigung bewertet. Entsprechend spielt der Erlanger Doppelmord erst einmal keine Rolle, die Fragen bei Vernehmungen drehen sich vor allem um den Aufenthalt der WSG im Libanon, das Verhältnis zu Albrecht und die Gewaltexzesse. Hoffmann wird zwischen Juni und November 1981 mehrfach verhört, dabei muss er kaum eine Frage zu den Ereignissen von Erlangen beantworten.[19] Auch in den Verhören der anderen WSG-Mitglieder interessiert sich die Bundesanwaltschaft kaum für den Doppelmord.

Allerdings erhält die Staatsanwaltschaft Nürnberg ebenfalls Kenntnis von diesen Entwicklungen und wird nun ihrerseits wieder aktiv. Am 19. August 1981 stellt das Amtsgericht Erlangen neue Haftbefehle gegen Hoffmann und Birkmann aus, Gegenstand des Ermittlungsverfahrens ist der Doppelmord. Hier fehlt ein direkter Bezug auf § 129a StGB, doch die Vorwürfe klingen durchaus kompatibel mit dem Verfahren des Generalbundesanwalts. Hoffmann habe, heißt es in dem gegen ihn gerichteten Haftbefehl, das Ziel verfolgt, »u. a. durch terroristische Gewaltaktionen in der Bundesrepublik Deutschland eine Veränderung der derzeitigen Staatsform herbeizuführen und einen Staat ähnlich dem des ›Dritten Reiches‹ zu schaffen«.[20] Die Tatvorwürfe lauten, Hoffmann habe »in bewußtem und gewolltem Zusammenwirken mit einem anderen aus niederen Beweggründen und heimtückisch zwei Menschen getötet«, Birkmann habe dabei Hilfestellung geleistet, und Behrendt habe Hoffmann »als ausführendes Werkzeug für die gedachte Tat« gedient.[21]

Bei der ersten Vernehmung als Beschuldigter wegen des Erlanger Doppelmords bezichtigt Hoffmann am 4. September 1981 schließlich Behrendt, die Tat begangen zu haben. Dass Behrendt diesen Vorwurf nicht mehr abstreiten kann, da er – nach allem, was bekannt ist – am 16. September Selbstmord begeht, spielt den beiden Beschuldigten auf kaum glaubliche Weise in die Karten. Zwar machen sich die Behörden die Geschichte vom Einzeltäter Behrendt zunächst nicht vollständig zu eigen, schließlich werfen sie Hoffmann im Haftbefehl vor, Behrendt als Mordwerkzeug genutzt zu haben. Doch es wird sich erweisen, dass Hoffmann (und damit auch Birkmann) in der Lage ist, den Kopf aus der Schlinge zu ziehen, indem er alle Verantwortung Behrendt zuschreibt.

11. Recht

Seit der Gründung der Bundesrepublik stellte Rechtsextremismus eine kontinuierliche Herausforderung für die Rechtsprechung wie für den Gesetzgeber dar, der die demokratische Ordnung absichern und radikale Bestrebungen mit (zumindest teilweise) neuen Gesetzen einhegen sollte. Auch der Umgang mit der WSG und mit Hoffmann war hierbei keine Ausnahme. Die Grundlage für diese Auseinandersetzung bildete das Konzept der »wehrhaften Demokratie«, wie es der Staatsrechtler und Politologe Karl Loewenstein 1937 im US-amerikanischen Exil entwickelt hatte.[1] Darin verdichteten sich viele Erfahrungen mit der zunehmenden Aushöhlung des Rechtsstaates am Ende der Weimarer Republik, die im demokratischen Gewand – durch die Präsidialkabinette Brüning, Papen und Schleicher – bereits 1930 eingesetzt hatte und von den Nationalsozialisten 1933 vollendet wurde. Die Idee der wehrhaften Demokratie inspirierte wichtige Reformen, die das Rechtssystem der Bundesrepublik über die Jahre erfuhr. Daraus resultiert bis heute eine Spannung: Die pluralistische Demokratie soll gegen ihre Feinde geschützt werden, was dem Staat jedoch teilweise drastische Eingriffsmöglichkeiten in Grundrechte eröffnet und ihm neue Instrumente der Strafverfolgung an die Hand gibt. Dadurch kann wiederum das Funktionieren der pluralistischen Demokratie gefährdet sein.

Nachdem der Alliierte Kontrollrat eine Reihe von NS-Gesetzen (etwa das »Heimtückegesetz« von 1934, mit dem missliebige Meinungsäußerungen strafrechtlich verfolgt worden waren) außer Kraft gesetzt hatte, suchte der verfassunggebende Parlamentarische Rat nach neuen Lösungen. Dabei wurden unter anderem Stimmen laut, die eine Vorschrift gegen Volks- und »Rassen«-Hetze forderten. Im

Grundgesetz wurde in Artikel 3 lediglich die Gleichheit im Hinblick auf »Rasse«, Herkunft, Religion und Geschlecht festgeschrieben. Zugleich entstanden einige rechtliche und administrative Instrumente, um gegen antisemitische und rassistische Hetze einschreiten zu können. So ermöglicht es das Grundgesetz beispielsweise, verfassungsfeindliche Vereine (Art. 9) oder Parteien (Art. 21) zu verbieten. Bei entsprechenden Parteien sollte dem noch zu gründenden Bundesverfassungsgericht die Entscheidung obliegen. Zudem wurden bis in die sechziger Jahre Einrichtungen wie das Bundesamt sowie die Landesämter für Verfassungsschutz, die Bundeszentrale für Heimatdienst (ab 1962 für politische Bildung) oder die Freiwillige Selbstkontrolle der Filmwirtschaft etabliert.[2] Offen war jedoch, ob diese rechtlichen, administrativen und pädagogischen Instrumente ausreichen würden.

Die Entwicklung des neuen § 130 StGB

Ein spezieller Schutz gegen antisemitische oder rassistische Verunglimpfungen existierte, ungeachtet der Forderungen im Parlamentarischen Rat, zunächst nicht. Der § 130 StGB wurde erst 1960 zum Volksverhetzungsparagrafen umformuliert, nachdem zuvor immer wieder die Debatte aufgeflammt war, ob und wie man wirksam gegen antisemitische Hetze vorgehen könne. Bereits 1950 hatte die SPD-Bundestagsfraktion im Nachgang des Hedler-Skandals einen Entwurf für ein Gesetz gegen die Feinde der Demokratie präsentiert. Die CDU brachte im Gegenzug eine Umformulierung des seit 1871 existierenden § 130 StGB ins Spiel, der ursprünglich Aufruhr gegen eine »Klasse der Bevölkerung« unter Strafe gestellt hatte (im Kaiserreich hatte man an Klassenkampf und vor allem an die Aufhetzung gegen die »Kapitalisten« durch die Arbeiterbewegung gedacht). Nun wollte man allgemeine Hetze gegen Teile der Bevölkerung strafrechtlich verfolgen – ein letztlich wegweisender Vorschlag, der zunächst dennoch, wie viele solcher Initiativen, schnell versandete.
Als man 1957 über eine Strafrechtsreform beriet, wurde ein neuer

CDU-Vorschlag erwogen, der Volksverhetzung unter Strafe stellen sollte und eine Gefährdung des Rechtsguts »Innerer Frieden« in den Mittelpunkt rückte. Der Zentralrat der Juden begrüßte solche Bemühungen, weil für die Anwendung eines solchen Paragrafen, der das Aufstacheln zum Hass gegen ganze Bevölkerungsgruppen inkriminieren würde, nicht länger der Nachweis einer individuellen Beleidigung nach § 185 StGB erforderlich wäre. Ganz generell bestand gerade aufseiten betroffener Jüdinnen ein großes, nicht nur aus juristischer Sicht verständliches Interesse, von der Logik von Beleidigungstatbeständen wegzukommen. Ihnen war zu Recht ein Dorn im Auge, dass eine Beleidigung in der liberalen Strafrechtstradition des 19. Jahrhunderts im Grundsatz individuell verstanden wurde, eine antisemitische Beleidigung also in der Regel eine konkrete Person direkt (zumindest mit-) betreffen musste. Wer also in Gegenwart einer jüdischen Person die Juden allgemein beschimpfte – nehmen wir als Beispiel den berüchtigten Ausspruch Heinrich von Treitschkes: »Die Juden sind unser Unglück« –, dem war mit dem Beleidigungsparagrafen de facto schwer beizukommen.[3] Rassistische und antisemitische Äußerungen sind in der Praxis selten individuell an eine konkrete Person gerichtet, zumal wenn der Beschimpfende das Strafrecht kennt und berücksichtigt, was auch unter Rechtsextremisten immer häufiger der Fall war (und ist). Gleichzeitig war der CDU-Entwurf nicht unproblematisch: Gegen den Passus des »Inneren Friedens« meldete der SPD-Rechtspolitiker und Bundestagsabgeordnete Adolf Arndt grundlegende Bedenken an, da dieser sehr vage gehalten sei und eine Kriminalisierung des öffentlichen Lebens drohe.

Der Fall des Hamburger Antisemiten Friedrich Nieland setzte ein Jahr später die Reform des § 130 StGB erneut auf die Tagesordnung. Doch eine Vorlage des Bundeskabinetts zum Volksverhetzungsparagrafen wurde im parlamentarischen Prozess wenig enthusiastisch bearbeitet.[4] Als dann die antisemitische Schmierwelle ab Weihnachten 1959 die Bundesrepublik erschütterte, nahm der Gesetzgebungsprozess schlagartig an Fahrt auf. In einer berühmten Bundestagsrede plädierte der SPD-Politiker Carlo Schmid am 18. Februar 1960 kraftvoll für die Gesetzesnovelle als unverzichtbaren Schritt, um mit der Demokratie in Deutschland Ernst zu machen. Angesichts des wiedererstarkenden Antisemitismus müsse man aufhören, nur vor einem möglichen Image-Schaden im Ausland zu warnen. Man müsse vielmehr im Namen der Demokratie gegen Antisemitismus vorgehen: »Demokrat ist man dann, wenn man gerade dem, der als ›anderer‹ empfunden wird, den Raum mit schaffen will, in dem er nach seinen Vorstellungen von sich selber sich frei entfalten kann.« Die Verwirklichung der Demokratie mit dem Kampf gegen Antisemitismus und für die Rechte von Juden zu verbinden, stellte in der deutschen Politik eine neue Tonlage dar: Wer glaube, »einen Juden […] verächtlich behandeln zu können«, den dürfe man nicht wegen Beleidigung, sondern den müsse man wegen eines Staatsverbrechens bestrafen, »weil er die moralischen Grundlagen mit Füßen getreten hat, auf denen wir unseren Staat errichtet haben und deren Postulate wir durch diesen Staat verwirklichen wollen«.[5]

Gleichwohl verstummten die Einwände nicht. Diskutiert wurde vor allem, ob man eine allgemein gefasste Formulierung für die adressierten Gruppen oder Bevölkerungsteile verwenden oder einen Passus mit Merkmalen wie Abstammung, »Rasse«, Religion oder Herkunft aufnehmen sollte, wobei man dabei 1960 relativ eindeutig und ausschließlich Juden im Sinn hatte. Gegen letztere Option wandte sich der Generalsekretär des Zentralrats der Juden, Hendrik van Dam, als er nur einen Tag nach der Rede Schmids in einem *Zeit*-Artikel vor einem »Naturschutzpark für Juden« warnte; man stehe mit der geplanten Novelle im Begriff, ein Sondergesetz zum Schutz von Juden einzuführen.[6] Dieses Argument nahm man ernst und entfernte den genannten Passus; so war nur noch unspezifisch von einem Bevölkerungsteil die Rede, gegen den sich die Hetze richten müsse. Damit verschwand einstweilen jeder Hinweis auf die jüdische Identität der Opfer von Antisemitismus aus dem Gesetz. Der neue § 130 StGB lautete unter dem Titel »Volksverhetzung«:

Wer in einer Weise, die geeignet ist, den öffentlichen Frieden zu stören, die Menschenwürde anderer dadurch angreift, daß er

1. zum Haß gegen Teile der Bevölkerung aufstachelt,
2. zu Gewalt- oder Willkürmaßnahmen gegen sie auffordert oder
3. sie beschimpft, böswillig verächtlich macht oder verleumdet, wird mit Gefängnis nicht unter drei Monaten bestraft. Daneben kann auf Geldstrafen erkannt werden.[7]

Reformpläne für ein strafrechtliches Vorgehen gegen Holocaust-Leugnung

Die Einführung des Volksverhetzungstatbestandes beendete die De-batte keineswegs: Zunehmend konzentrierte man sich in der Folge auf das Problem der Holocaust-Leugnung – schon länger ein wichti-ger Bestandteil des bundesrepublikanischen Antisemitismus, wie das bereits diskutierte Beispiel Nieland zeigte. Doch in den siebziger Jah-ren verschärfte sich die Situation alarmierend. »Pseudowissenschaft-liche Machwerke«, »in denen die Ermordung von Millionen Juden im Rahmen der sogenannten ›Endlösung der Judenfrage‹ geleugnet und als ein von den Juden zur ›Erpressung von Wiedergutmachungs-leistungen lancierter Betrug‹ dargestellt« werde, stießen, so das Resü-mee der SPD-Anhörung im Bundestag im November 1979, auf eine steigende Nachfrage.[8] Rechtlich mussten entsprechende Äuße-rungen eher als Beleidigung denn als Volksverhetzung verfolgt wer-den, weil man darin eine Kollektivbeleidigung von Holocaust-Op-fern und Überlebenden sah, womit man erneut bei dem Problem der individuellen Logik von Beleidigungstatbeständen angelangt war.[9] Theoretisch wäre es zwar denkbar gewesen, Holocaust-Leugnung mit dem neuen Volksverhetzungsparagrafen zu verfolgen, jedoch wurde dies in der konkreten Rechtsprechung selten so praktiziert. Dort ging man in der Regel davon aus, bei den Leugnerinnen müsse das Bestreiten der historischen Tatsachen mit einer NS-verherrlichen-den Grundeinstellung zusammentreffen.[10] Wer in pseudowissenschaft-licher Sachlichkeit historische Fakten leugne, ohne sich politisch auf-reizend im Sinne einer nationalsozialistischen Ideologie zu äußern, könne nicht, das war unter Juristinnen die herrschende Meinung, nach § 130 StGB angeklagt werden.

Das Bundesjustizministerium erläuterte 1979 anhand eines Falles von »pseudowissenschaftlicher Holocaust-Leugnung«: Sollte darin die Behauptung enthalten sein, dass die Juden den Holocaust etwa »zum Zwecke der betrügerischen Erlangung von Wiedergutmachungsleistungen« einsetzen würden, sei dies klar als Volksverhetzung zu verfolgen. »Fehlt dieser Zusatz aber, so ist das Verhalten straflos.«[11] Kurz zuvor hatte der Bundesgerichtshof jedoch einen Weg über existierende Beleidigungstatbestände nach § 185 StGB aufgezeigt, als er im Grundsatz urteilte, Juden könnten sich generell in ihren Persönlichkeitsrechten verletzt sehen, wenn ihre Verfolgung während der NS-Herrschaft geleugnet werde.[12] Trotzdem resultierte daraus noch keine strafrechtliche Sicherheit, zumal Beleidigung damals noch in jedem einzelnen Fall ein absolutes Antragsdelikt darstellte, so dass die Behörden nicht auf eigene Faust aktiv werden konnten. Jüdinnen mussten die Holocaust-Leugnung also selbst zur Anzeige bringen. Bereits 1979 bestand folglich gesetzgeberischer Regelungsbedarf.

1980 bereitete das SPD-geführte Bundesjustizministerium einen Gesetzentwurf vor.[13] Dieser sollte der »Leugnung und Verharmlosung schwerer nationalsozialistischer Gewaltmaßnahmen« entgegenwirken; ein weiteres Ziel bestand darin, die Verbreitung und Verwendung von NS-Symbolen leichter verfolgen zu können.[14] Als er im Herbst 1982 mit der Unterstützung der SPD-Fraktion im Bundestag eingebracht wurde, hatte die Regierung Schmidt bereits ihre Mehrheit eingebüßt. Der neue Justizminister in der ersten Regierung Kohl, Hans A. Engelhard (FDP), verfolgte den Entwurf jedoch weiter. So kam es 1985 zu einer ersten Neuregelung – wobei die CSU durchsetzte, dass auch die Verunglimpfung Deutscher aus den ehemaligen Ostgebieten durch eine angeblich existierende »Vertreibungslüge« unter Strafe gestellt wurde.[15] Eine wirkliche Reform erfolgte schließlich erst 1994, als der Volksverhetzungsparagraf 130 StGB um einen Absatz ergänzt wurde, der die Leugnung bestimmter unter der Herrschaft des Nationalsozialismus begangener Verbrechen unter Strafe stellte.[16]

Die Anti-Terror-Gesetzgebung

Antisemitische und rassistische Hetze ließen sich also zunehmend besser strafrechtlich verfolgen. In den siebziger Jahren waren jedoch auf einem weiteren Feld politische und juristische Debatten ausgebrochen. Als der Reformeifer der sozialliberalen Koalitionen erlahmte und der linke Terrorismus der RAF das Sicherheitsbedürfnis der Bevölkerung steigerte, gewann das Thema innere Sicherheit immer größere Bedeutung.[17] In diesem Zusammenhang trat 1976 der Paragraf 129a StGB (Bildung terroristischer Vereinigungen) in Kraft, der die Gründung, die Mitgliedschaft oder die Unterstützung einer Vereinigung unter Strafe stellte, wenn diese darauf zielte, schwerste Straftaten wie Mord, Totschlag oder Völkermord zu begehen.[18] Ironischerweise wurde der nach dem Beginn des Stammheim-Prozesses 1975 eingeführte Paragraf dann erstmals gegen Rechtsterroristen angewandt, nämlich 1979 im bereits erwähnten Bückeburger Prozess gegen die Gruppe um den Neonazi Michael Kühnen.[19] Mit dem neuen Paragrafen ließen sich Rädelsführer oder Hintermänner selbst dann zur Rechenschaft ziehen, wenn man ihnen keine Beteiligung an konkreten Verbrechen nachweisen konnte.

Dabei erwies sich der Begriff der Vereinigung als entscheidend: Den vorstehenden Paragrafen 129 (Bildung krimineller Vereinigungen) hatte die Rechtsprechung dahingehend präzisiert, dass als Vereinigung ein »auf eine gewisse Dauer« angelegter Verbund von Personen zu gelten habe, wobei sich der Einzelne dem »Willen der Gesamtheit« unterordnet, »gemeinsame Zwecke« verfolgt werden und sich »alle untereinander als einheitlicher Verband fühlen«.[20] Mit dieser Definition entschied der Bundesgerichtshof 1975, Hausbesetzer seien als kriminelle Vereinigung anzusehen, da sie »den gemeinsamen Zweck« verfolgten, ein »Haus in ihre Gewalt zu bringen«.[21] Zugleich wurde so der Begriff der Mitgliedschaft geklärt, da man in einem kriminellen oder terroristischen Umfeld nicht davon ausgehen konnte, dass eine solche immer erklärt oder gar dokumentiert wird. Es muss daher laut Rechtsprechung lediglich erkennbar sein, dass der Einzelne seinen Willen dem der Gesamtheit unterordnet. In der juristischen Literatur sind die Anti-Terror-Gesetze bis heute umstritten, auch wenn die Praktiker schnell von deren Wirksamkeit überzeugt waren.[22] Die rechtssystematischen Zweifel bezogen sich auf viele mit dem § 129a StGB verbundene Änderungen im Strafprozessrecht (z. B. die Einschränkung von Rechten der Verteidigung), aber auch auf die Frage, ob die Dimension »Terrorismus« im Strafrecht überhaupt notwendig sei. Zum Zeitpunkt der Einführung des Paragrafen im Jahr 1976 waren alle damit verbundenen Taten wie Völkermord, Mord, Totschlag, erpresserischer Menschenraub oder Geiselnahme im Strafgesetzbuch bereits als schwerste Delikte enthalten. Terroristinnen, die solche Taten begingen, traf also die volle Härte des Gesetzes. Auch die Vorbereitung solcher »terroristischer« Verbrechen ließ sich in vielen Fällen als Verbrechensverabredung werten und entsprechend bestrafen. In letzter Konsequenz erscheint die Einführung des § 129a StGB aus dieser Perspektive beinahe als eine Art »Symbolpolitik«, zumal sie nicht zufällig unmittelbar vor einer Bundestagswahl beschlossen wurde.[23]

Terroristische Taten schlicht als schwere Kriminalität zu verurteilen, mit einem weitgehend ähnlichen – bei Mord sogar höherem – Strafmaß und vergleichbaren Konsequenzen, hätte vielleicht sogar Vorteile mit sich gebracht: Man hätte den Anspruch von Terroristen, politische Taten zu begehen, unterlaufen und sie als einfache Kriminelle behandeln können. So hätte man Terrorismus außerhalb des Politischen situiert, wofür durchaus einige zeitgenössische Stimmen plädierten, welche die irrationalen Gewaltexzesse der Terroristinnen vom rationalen Politikgeschäft trennen wollten.[24] Aber damals wie heute stellt sich die grundsätzliche Frage: Trifft ein solches Verständnis von Terrorismus das Phänomen? Es scheint zweifelhaft, den Bereich des Politischen so zu begrenzen, dass man die politischen Veränderungsansprüche von Terroristinnen – so absurd und moralisch verwerflich sie uns erscheinen mögen – einfach ins Kriminelle auslagert.

So überraschend es zunächst klingen mag, Fakt ist: Das Strafgesetzbuch definiert »Terrorismus« bis zum heutigen Tag an keiner Stelle inhaltlich.[25] Die Nutzung des § 129a hat vor allem die Funktion, zusätzliche Eingriffsmöglichkeiten in den Ablauf eines Strafprozesses zu erhalten. Zudem wirkt eine entsprechende Bezeichnung insofern, als Ermittler, Richterinnen und Politiker so bestimmte Straftaten besonders schwer brandmarken und hart verfolgen können. Schließlich kann es keinen Zweifel geben, dass es in der politischen Öffentlichkeit – damals wie heute – einen enormen Unterschied darstellt, ob man etwas schlicht »kriminell« oder aber »terroristisch« nennt. Letztlich bleibt die Frage offen, ob einer Anwendung des § 129a, der das Vorhandensein einer Vereinigung voraussetzt, auf Fälle von Rechtsterrorismus nicht zu enge Grenzen gesetzt sind, weil dieser eben spezifische Organisationsstrukturen (im Besonderen das häufige Vorkommen von Einzeltätern) aufweist. Um es zugespitzt zu formulieren: Haben Einzeltäter nur deshalb nicht als Terroristen, sondern als einfache Mörder zu gelten, weil das deutsche Strafrecht Terrorismus nur in Verbindung mit dem § 129a StGB kennt und somit an das Vorhandensein einer Vereinigung knüpft? Sind rechtsextremistische Terroristen, juristisch betrachtet, meist gar keine?

Das anfängliche strafrechtliche Vorgehen gegen die Wehrsportgruppe Hoffmann

Schon bald nach ihrer Gründung im Jahr 1973 war die Frequenz der Strafverfahren gegen die WSG Hoffmann relativ hoch. Allein 1976 wurden fünf Verfahren gegen die Wehrsportgruppe und ihre Mitglieder eröffnet.[26] Allerdings zeigte sich dabei eine gewisse Hilflosigkeit der Justiz: Wer in den siebziger Jahren in den fränkischen Wäldern Wehrsport mit Jugendlichen trieb, um sie an eine rechtsextremistische Grundeinstellung heranzuführen, machte sich keineswegs automatisch strafbar. Gleichzeitig standen die Behörden seitens der Bevölkerung unter Druck. Schon auf die Ausstrahlung des ersten *Panorama-*

Berichts über die WSG im März 1974 hatte eine erstaunliche Anzahl von Bürgern reagiert und an die Bundesregierung bzw. einzelne Ministerien geschrieben, um ihrer Sorge über eine mögliche »Auferstehung des Faschismus« Ausdruck zu verleihen.[27] In dieser Situation mussten die Staatsanwaltschaften, zugespitzt ausgedrückt, geradezu nach Straftatbeständen suchen, um gegen die WSG ermitteln und die Bevölkerung beschwichtigen zu können. So wurde das erste aufwendigere Verfahren gegen Hoffmann 1976 wegen eines Verstoßes gegen das Verbot, unerlaubt eine Uniform zu tragen, angestrengt und durchgeführt.[28]

Mit der zunehmenden Radikalisierung der WSG eröffneten sich den Gerichten weitere strafrechtliche Möglichkeiten. Als WSG-Leute 1976 bei der erwähnten Veranstaltung des Hochschulrings Tübinger Studenten gewalttätig auf Gegendemonstranten losgingen, ermöglichte dies die Verurteilung Hoffmanns und einiger Mitglieder wegen Landfriedensbruchs.[29] Weil der WSG nun Aktivitäten in einem anderen Bundesland nachgewiesen werden konnten, bot dies überdies dem Bundesinnenministerium die Gelegenheit, das Verbotsverfahren der Zuständigkeit der bayerischen Landesbehörden zu entziehen, die sich bislang – insbesondere das dortige Innenministerium – unwillig gezeigt hatten, etwas gegen die WSG und Rechtsextremismus insgesamt zu unternehmen. Zusätzlich erhielt man spätestens nach der Anwendung des § 129a StGB auf die rechtsterroristische Gruppe um Kühnen 1979 ein weiteres strafrechtliches Instrument an die Hand, um gegen etwaige Aktivitäten der WSG Hoffmann und ihrer Mitglieder mit größerer Vehemenz vorgehen zu können.

Den Anfang machte Bundesinnenminister Werner Maihofer, als er zu Beginn des Jahres 1977 mitteilte, man prüfe nun vereinsrechtliche Maßnahmen gegen die WSG.[30] Um die Gruppe zu verbieten, reichte eine einfache Häufung rechtsextremistischer Straftaten allerdings nicht aus; vielmehr musste man nachweisen, dass diese Vereinigung speziell für das Begehen solcher Straftaten gegründet worden war und dies insofern den Gesamtcharakter des Zusammenschlusses ausmachte.[31] Im Bundesinnenministerium wurde außerdem immer

wieder diskutiert, ob ein Verbot der WSG angesichts der »weitaus
gefährlichere[n] und militantere[n] Organisationen im Bereich des
Linksextremismus« in der Bevölkerung vermittelbar sei.[32] Letztlich
wurden diese Einwände hausintern verworfen: Die Verfassungsfeindlichkeit der WSG ergebe sich, stellte man fest, »aus der Zusammen-
schau vieler, im Einzelnen nicht ausreichend erscheinender Tatsachen«.[33] Am 16. Januar 1980 wurde das Verbot dann verkündet. In
der Begründung hieß es bündig: »Die Wehrsportgruppe richtet sich
gegen die verfassungsmäßige Ordnung.«[34] Dass mit dem Verbot die
Gefahr entstand, die WSG könne ihre Aktivitäten ins Ausland verla-
gern, war für die Behörden nicht vorhersehbar. Es wurde jedoch immer wieder spekuliert, ob es einigen Bundesbehörden, insbesondere
den Geheimdiensten, nicht sogar ganz recht war, dass sich Hoffmann
mit seinen Leuten in den Libanon absetzte. So baute er – könnte hier
die Hoffnung gewesen sein – immerhin keine Untergrundorganisa-
tion in Deutschland auf. Außerdem gab man sich in Kreisen des Bun-
desnachrichtendienstes möglicherweise der vagen Hoffnung hin, durch
seine Beobachtung mehr über die PLO-Führung herausfinden zu
können, um so eventuell an neue Erkenntnisse über unbekannte oder
flüchtige RAF-Mitglieder zu gelangen, die man ebenfalls im Libanon
vermutete.[35]

12. Der Prozess

Nach den fehlerbehafteten und schleppenden Ermittlungen im Fall des Erlanger Doppelmords bietet die gerichtliche Aufarbeitung der Aktivitäten von Karl-Heinz Hoffmann, seiner Lebensgefährtin Franziska Birkmann und gegebenenfalls weiterer Mitglieder der Wehrsportgruppe den westdeutschen Behörden prinzipiell noch einmal die Gelegenheit, »Staat zu zeigen«, das heißt, gegen die terroristische Bedrohung von rechts ähnlich entschlossen vorzugehen wie gegen die RAF.[1] Nach den Verhaftungen im Sommer 1981 laufen zwei Ermittlungsverfahren: das des Generalbundesanwalts wegen der Bildung einer terroristischen Vereinigung und das wegen Mordes der Staatsanwaltschaft Nürnberg-Fürth. In Bezug auf die Erlanger Tat formuliert das kleine, aber rührige Nürnberger Stadtmagazin *Plärrer* im Oktober die Alternative, über die entschieden werden müsse: »Doppelmord als Tat der ›terroristischen Vereinigung WSG Hoffmann‹ oder persönlicher Mord ohne politischen Hintergrund und ohne Bezug zur WSG.«[2]

Eine Hauptverhandlung gegen Hoffmann und Birkmann kann allerdings erst am 12. September 1984, also gut drei Jahre später eröffnet werden. In Bezug auf die Tötung Lewins und Poeschkes wird Hoffmann angeklagt, gemeinschaftlich mit Behrendt zwei heimtückische Morde ausgeführt zu haben, und Birkmann, dabei Beihilfe geleistet zu haben. Es geht um eine Mittäterschaft Hoffmanns, nicht nur um Anstiftung.[3] Eine Anklage nach § 129a StGB erfolgt nicht. Doch warum hat sich die Prozesseröffnung um knapp drei Jahre verzögert und warum spielt Terrorismus nun keine Rolle mehr?

Natürlich gibt es immer juristische Vorgaben, die den Spielraum von Ermittlerinnen und Richtern bei ihrer Entscheidungsfindung begrenzen. Dieser Spielraum wird aber auch – ob man das im Fall der Strafverfolgung von Gewaltverbrechen gut findet oder nicht – durch politische Erwägungen beeinflusst. So bleibt hier insgesamt wesentlich, dass die westdeutsche Politik der Aufarbeitung des Terrorjahres 1980 keine sonderlich hohe Dringlichkeit beimisst, ja mehr noch: dass auch die breitere Gesellschaft diese kaum zu verspüren scheint, während sie die innere Sicherheit bei anderen Terrorformen relativ schnell bedroht sieht. Eine speziellere Frage ist schließlich die nach der Bedeutung des Antisemitismus: Wie berücksichtigt man diesen vor Gericht? Und warum spielt dieser in dem Prozess gegen Hoffmann und Birkmann eine so untergeordnete Rolle?

Nach der Verhaftung der ersten WSG-Rückkehrer aus dem Libanon sowie von Hoffmann und Birkmann eröffnet zunächst der Generalbundesanwalt ein Verfahren gegen Hoffmann, dann auch gegen Birkmann sowie gegen andere WSG-Mitglieder.[4] Als Begründung für diesen Schritt beruft sich Kurt Rebmann auf § 129a StGB: Hoffmann habe ab Januar 1980 eine Art »Gegenstück zur RAF-Bewegung« aufgebaut und vom Ausland aus Angriffe auf die »staatliche Ordnung in der Bundesrepublik« geplant.[5] Dafür habe er mehrere WSG-Mitglieder im Libanon militärisch schulen lassen; außerdem habe er eine ganze Reihe von Straftaten geplant. Genannt werden unter anderem Angriffe auf US-amerikanische Einrichtungen und die Ermordung eines israelischen Agenten in Berlin sowie von Nürnberger Staatsanwälten und Richtern, die in der Vergangenheit mit Verfahren gegen Hoffmann und die WSG betraut waren.[6] Der Generalbundesanwalt hält dabei explizit fest, dass sich das Hauptquartier der WSG in Ermreuth und damit in der BRD befinde.[7] Der Terrorverdacht ist auch keineswegs neu, bereits beim Verbot der Wehrsportgruppe war dies ein Thema: Anfang 1980 wollte der Bundesinnenminister die WSG zwar noch nicht als terroristische Vereinigung nach § 129a StGB werten, er wies jedoch explizit auf ihren konspirativen Charakter hin.[8]

Letztlich kommt gegen Hoffmann und Birkmann kein Hauptverfahren wegen der Bildung einer terroristischen Vereinigung zustande.

Verhindert wird dies durch eine Beschwerde Birkmanns beim Bundesgerichtshof gegen den Haftbefehl, den der GBA gegen sie erlassen hat. Diese Beschwerde bezieht sich jedoch nicht auf die Frage, ob die WSG-Ausland als terroristisch eingestuft werden kann oder muss, sondern darauf, ob sie als Vereinigung im Sinne des § 129a StGB gelten kann. Am 5. Januar 1982 entscheidet der BGH, dass dies nicht der Fall und dass der für einen Haftbefehl erforderliche dringende Tatverdacht damit nicht mehr gegeben ist. Die Anordnung gegen Birkmann wird aufgehoben. Damit entfällt auch die Grundlage für den ersten Haftbefehl gegen Hoffmann; er bleibt jedoch wegen des zweiten des Amtsgerichts Erlangen in Haft, der sich auf den Doppelmord bezieht.

Der BGH begründet seine Entscheidung damit, dass der Paragraf, der eine Ausnahme von der verfassungsrechtlich garantierten Vereinsfreiheit darstellt, nur dann Anwendung finden könne, wenn die entsprechende Vereinigung auf dem Boden der Bundesrepublik operiere. Zumindest müsse nachweisbar sein, dass eine »Teilorganisation der ausländischen Mutterorganisation« auch nach dem offiziellen Verbot der Wehrsportgruppe im Januar 1980 in der Bundesrepublik aktiv gewesen sei.[9] Nach Auffassung des Gerichts trifft dies – »nach dem bisherigen Stand der Ermittlungen« – bei der WSG-Ausland nicht zu: »Daß einige Mitglieder einer im Ausland gelegenen Vereinigung ihren Wohnsitz im Bundesgebiet haben und von dort für die Vereinigung, etwa durch Mitgliederwerbung, tätig sind, ändert daran nichts«.[10]

Die Entscheidung des BGH hat weitreichende Konsequenzen: Der Generalbundesanwalt muss sich zurückziehen; von nun an gibt es nur noch das Verfahren wegen des Erlanger Doppelmords, für das die Staatsanwaltschaft Nürnberg-Fürth und das dortige Landgericht zuständig sind. Ohne den Einspruch des BGH wäre im Prinzip auch eine Verknüpfung der Mordanklage mit einem Verfahren nach § 129a StGB denkbar gewesen, etwa unter Führung des Generalbundesanwalts. Schließlich lässt sich durchaus ein Zusammenhang herstellen zwischen dem Doppelmord und den ursprünglichen Terrorvorwürfen des GBA. So aber verzögert sich die Anklageerhebung, und das entsprechende Schriftstück liegt erst ein Jahr später, im Januar 1983, vor. Darin wird Hoffmann zweifache Tötung gemeinschaftlich mit Behrendt vorgeworfen und Birkmann Beihilfe. Hoffmann habe, so heißt es weiter und allgemeiner, »die freiheitlich-demokratische Ordnung in unserem Staat« zerstören und an deren Stelle »ein faschistisches, nach dem Führerprinzip organisiertes Regime« installieren wollen. Zu diesem Zweck habe der Angeklagte »Terroranschläge in der Bundesrepublik« geplant, die gleichzeitig einer Profilierung gegenüber der PLO dienen sollten. Daher habe Hoffmann dann Behrendt dazu auserwählt, Lewin zu ermorden: als »Repräsentanten der jüdischen Mitbürger im Raum Nürnberg/ Erlangen« und Gegner Hoffmanns.[11]

Diese Anklageschrift der Staatsanwaltschaft ist dem Landgericht Nürnberg-Fürth jedoch nicht stichhaltig genug, weil es keine Verbindung zwischen Hoffmann und Lewin erkennen kann, die eine Anklage wegen gemeinschaftlichen Mordes plausibel erscheinen lässt.[12] Es lehnt Anfang September 1983 die Eröffnung eines Hauptverfahrens auf dieser Grundlage ab, woraufhin wiederum die Staatsanwaltschaft Beschwerde einlegt.[13] So verzögert sich das Verfahren erneut, während Hoffmann noch immer in U-Haft sitzt (aus der Birkmann mittlerweile entlassen wurde). Erst im Februar 1984 weist das Oberlandesgericht in Nürnberg das nachgeordnete Landgericht an, den Prozess gegen Hoffmann und Birkmann zu eröffnen. Die Staatsanwaltschaft ist sich allerdings ihrerseits nicht sicher, ob das Hauptverfahren in dieser Form Erfolg haben wird. Also reicht sie eine zweite Anklage nach, in der Hoffmann Geldfälschung, Bedrohung und Freiheitsberaubung – dies bezieht sich auf die fluchtwilligen WSG-Mitglieder in Beirut – vorgeworfen werden. Zugleich wird keine Mordanklage im Fall Bergmann erhoben; vielmehr glauben die Richter der Erzählung Hoffmanns, der WSG-Mann sei einfach verschwunden. Obwohl das BKA 1984 sterbliche Überreste in der Nähe des Lagers Bir Hassan sucht und findet, die man Behrendt zuordnet, behauptet man gleichzeitig, angesichts des Bürgerkriegs im Libanon sei eine solche Suche im Fall Bergmann unmöglich.[14] Gegenüber dem *Spiegel* sollen sich LKA-Fahnder mit den Worten gerechtfertigt haben: »Im Libanon hätten wir wahrscheinlich mehr Leichen gefunden, als wir überhaupt suchten.«[15]

Der folgende Prozess gegen Hoffmann und Birkmann endet am 30. Juni 1986, er dauert 186 Verhandlungstage und damit nur sechs Tage kürzer als der viel berühmtere Stammheim-Prozess gegen die RAF. Der Aufwand ist hoch: Insgesamt werden 116 Zeugen vorgeladen und teilweise viele Stunden befragt. Schon zu Beginn ist klar, dass das Gericht hier keinen leichten Gegner vor sich hat. Roswin Finkenzeller, der Berichterstatter der FAZ, schreibt:

Vor allem aber gibt Hoffmann zu erkennen, daß er, Chef einer Wehrsportgruppe, die Situation im Gerichtssaal als Gelegenheit zu einer Art geistigem Wehrsport begreift. Nein, das ist, obwohl er mit seinem langen Bart wie Rübezahl aussieht, kein harmloser Spinner, kein Träumer, der das Spiel mit verrosteten Kanonen liebt. Das ist ein harter Bursche, der die fünf Richter, den Ersatzrichter, den Ersatzschöffen und das Publikum mit flinken, aber scharfen Blicken wie ein militärisches Gelände mißt.[16]

In der Länge des Prozesses schlägt sich nicht zuletzt der unendliche Redebedarf des Angeklagten nieder. Bereits zwei Tage nach Verfahrenseröffnung kündigt Hoffmann den verblüfften, aber machtlosen Richtern an, seine Einlassungen zur Tat würden 30 bis 40 Stunden dauern.[17] Am Ende des Prozesses schätzt die Presse, Hoffmann habe insgesamt 55 Stunden geredet.[18] Es scheint dabei durchaus kurzweilig zugegangen zu sein, jedenfalls ist vom Staatsanwalt der Ausspruch überliefert: »Sie erzählen so schön, man hört wirklich gerne zu.«[19] Während Hoffmann in seinen ausufernden Erörterungen durchaus einige Anklagepunkte zugesteht, widerrufen mehrere WSG-Kämpfer, eigentlich die zentralen Belastungszeugen, ihre früheren Angaben, vor allem in Bezug auf Hoffmanns Verhalten im Libanon.[20] Im Gerichtssaal beharrt nur Alfred Keeß auf seiner Aussage, insbesondere darauf, von Hoffmann aufgefordert worden zu sein, einen Mord an einem Juden zu begehen. Das Gericht wird seine Darstellung später als im Wesentlichen unglaubwürdig verwerfen, weil der frühere Gefolgsmann Hoffmanns diesem mittlerweile feindlich gesinnt sei.[21] Außerdem präsentiert Keeß dem verblüfften Gericht Beweise für die Einflussnahme Hoffmanns auf die Zeugen aus der ehemaligen WSG, deren plötzliches Schweigen die Aufklärung sehr erschwert. In einem Kassiber aus der Haft hat Hoffmann seine Getreuen aufgefordert, ihre früheren Angaben zurückzuziehen, und sie juristisch belehrt: Aussagen in der polizeilichen Vernehmung, die vor Gericht nicht bestätigt oder erneut getätigt werden, könnten nicht in das Urteil einfließen. Außerdem legt Keeß einen handschriftlichen Brief eines Mithäftlings vor, laut dem Hoffmann Keeß im Gefängnis gedrängt habe, seine früheren Aussagen als erfunden zurückzuziehen.[22] Man muss sich an dieser Stelle vor Augen führen, dass Hoffmann ein Druckmittel gegen die meisten Kämpfer der WSG-Libanon hat: Viele von ihnen waren aktiv an den dortigen Gewaltexzessen und Folterungen beteiligt und müssen sich in einem separaten Gerichtsverfahren dafür verantworten. Dabei könnte eine Aussage Hoffmanns gegen sie noch eine wichtige Rolle spielen.

Die Geschehnisse im Gefängnis haben ein Nachspiel: Die bayerische SPD-Landtagsfraktion richtet im März 1985 eine schriftliche Anfrage an das CSU-geführte Justizministerium.[23] Im Sommer des gleichen Jahres muss der zuständige Minister August Lang einräumen, dass Hoffmann trotz seiner Unterbringung in einer Einzelzelle versucht haben könnte, Zeugen unter Druck zu setzen.[24] Diese Vorgänge haben jedoch keinen Einfluss auf das Urteil der Nürnberger Strafkammer.

So bleibt Hoffmanns Version der Abläufe im Kern unwidersprochen:

Ich habe den mittlerweile verstorbenen Mörder Behrendt zwar nach der Tat gedeckt, doch zu dieser nicht angestiftet. Wohl hat Behrendt bei mir gewohnt, doch hörig war er mir nicht. Ich bin nicht, wie der Staatsanwalt meint, Mittäter, sondern nur, und das auch nachträglich, Mitwisser.[26]

Abb. 11: Fotografie von Hoffmann und Birkmann im Gerichtssaal.[25]

Letztendlich wird Hoffmann im Juni 1986 wegen Geldfälschung, Freiheitsberaubung, Nötigung und gefährlicher Körperverletzung in mehreren Fällen (hier geht es um die Folterungen im Libanon) sowie wegen Strafvereitelung, unerlaubtem Umgang mit Sprengstoff und wegen Verstößen gegen das Waffengesetz verurteilt. Insgesamt erhält er eine Freiheitsstrafe von neun Jahren und sechs Monaten. Birkmann wird für die Nichtanzeige einer geplanten Straftat – dies bezieht sich aber auf die Herstellung und Verbreitung gefälschter Geldscheine – zu sechs Monaten verurteilt. Von allen anderen Vorwürfen werden die beiden freigesprochen. Für den Erlanger Doppelmord werden sie nicht belangt. Das Gericht begründet den Teilfreispruch Hoffmanns damit, dass bei der »Einzelabwägung der Indiztatsachen« keine die Kammer überzeugt habe. Auch die Gesamtwürdigung aller Indizien habe der Kammer »das zur Verurteilung

ausreichende Maß an Sicherheit an der Täterschaft des Angeklagten«
nicht vermitteln können.[27]

Ein vom Ministerium für Staatssicherheit der DDR – natürlich
inoffiziell – nach Nürnberg geschickter Prozessbeobachter hat diesen
Ausgang schon im Januar 1985 vorhergesagt, als er nach Ost-Berlin
meldet, dass »die BRD-Justizorgane ebenso wie die Verteidigung
Hoffmanns davon ausgehen, daß eine Verurteilung im Mordfall Le-
win/Poeschke nicht erfolgen wird«. Die genannten Organe wollten
verhindern, dass der Prozess zu einem »Forum gegen den Neonazismus in der BRD« werde.[28]

Roswin Finkenzeller, einer der Journalisten, die während des gesamten Verfahrens aus dem Gerichtssaal berichtet haben, kommt zu
dem Schluss:

> Denkbar ist, daß manches andere Gericht, sich stützend auf dieselben
> Beweise, anders entschieden hätte als die Nürnberger Strafkammer.
> Die Indizien waren in der Tat mehrdeutig, und so gab, ohne daß es
> ausgesprochen wurde, die subjektive Überzeugung eines jeden Rich-
> ters den Ausschlag.[29]

Die Nürnberger Strafkammer führt einige Unstimmigkeiten an, die
Hoffmann entlasten: Wenn er an der Tat beteiligt war, warum hat er
in Kauf genommen, dass es so viele Mitwisser gab, beispielsweise
durch seine Aufforderung an verschiedene Personen, einen Schalldämpfer zu produzieren? Warum hat er einen so instabilen Schalldämpfer hergestellt und verwendet (oder in Kauf genommen, dass
dieser verwendet wird), wenn doch die Gefahr bestand, dass dieser
am Tatort Spuren hinterlässt? Wieso wurde eine Beretta eingesetzt,
für deren Nutzung die WSG ja polizeibekannt war? Wenn er direkt
involviert war, warum hat er die Abreise in den Libanon nicht besser
vorbereitet, die dann de facto improvisiert werden musste?[30] Diese
Fragen stellen sich zum Teil durchaus, sie zeigen aber auch, wie das
Gericht versucht, den Maßstab »normalen« kriminellen Verhaltens
anzulegen. So heißt es an einer Stelle in der Urteilsbegründung: »Jeder Täter wird aber bemüht sein, so wenige und so undeutliche Indizien wie möglich zu hinterlassen.«[31] Und einige Seiten weiter:

Es wäre ein Zeichen von unverständlicher Gedankenlosigkeit, würde ein Täter sich im Wissen um den bevorstehenden Mord so verhalten wie der Angeklagte. Nach aller Lebenserfahrung kann ein so bewußt selbstschädigendes Verhalten keinem Täter und auch nicht dem Angeklagten unterstellt werden.[32] Hier muss man freilich einwenden: Ist bei rechtsradikalen Tätern mit einer terroristischen Motivation ein »bewusst selbstschädigendes Verhalten« grundsätzlich auszuschließen? Müsste man nach dieser Logik aus dem Vorhandensein eines Bekennerschreibens nicht schließen, dass die sich bekennende Gruppe ein Attentat *nicht* begangen hat?

Seit dieses Urteil rechtskräftig ist, kann Hoffmann in jedem Fall behaupten, dass Behrendt den Erlanger Doppelmord alleine plante und ausführte. Damit hat sich die Hoffnung des Stadtmagazins *Plärrer* auf ein Terrorverfahren letztlich nicht erfüllt, dafür aber eine Forderung, welche die *Frankfurter Allgemeine Zeitung* schon vor Prozessbeginn im März 1984 erhoben hat: »Man muss sich vor der Argumentation hüten, der rechtsextremistische mutmaßliche Täterkreis gebe dem Fall eine besondere Dimension.«[33]

Aus historischer Perspektive lässt sich das Urteil auf verschiedenen Ebenen diskutieren. Als Historiker ist es nicht mein Anliegen, die Entscheidung des Gerichts zu kritisieren. Es geht mir an dieser Stelle um eine Einordnung, die Aspekte einbezieht, die damals keine Berücksichtigung fanden. Dazu gehören auch nichtjuristische Erwägungen, für die sich ein Gericht nicht interessieren muss, die mir aber für die historiografischen Diskussionen über die Geschichte der radikalen Rechten, des Antisemitismus, aber auch des Zusammenlebens von Juden und Nichtjuden wichtig erscheinen.

Zunächst möchte ich auf einige Fakten hinweisen, die das Gericht seinerzeit nicht kannte und die seine Sicht auf das Geschehen möglicherweise geändert hätten. So nimmt das Gericht damals an, die Verbindung zwischen Hoffmann, der WSG und Lewin habe sich vor allem aus dem *Oggi*-Artikel ergeben.[34] Seitdem ist aber noch offensichtlicher geworden, wie aktiv Lewin gegen Hoffmann, die WSG und Rechtsextremismus im fränkischen Raum protestierte. 1980 wissen Hoffmann und die Mitglieder der WSG von Lewin als Gegner nicht nur aus einem ausländischen Artikel; spätestens seit Lewin 1977 in der Nürnberger Innenstadt öffentlich gegen den sogenannten »Auschwitz-Kongress« protestiert hat, befindet er sich in ihrem Fokus. Von besonderer Wichtigkeit ist unter den neuen Fakten vor allem Hoffmanns Interpretation des Oktoberfest-Anschlags. Behrendts überlieferte Rechtfertigung »Chef, ich hab's ja auch für Sie getan« interpretiert Hoffmann selbst bei seiner Einlassung vor Gericht so, Behrendt habe eine Art Racheakt ausführen wollen, weil die WSG für den Anschlag auf das Oktoberfest verantwortlich gemacht wurde. Sein vor dem Doppelmord verfasstes Schreiben an die Fatah, das dem Ministerium für Staatssicherheit von der PLO zugespielt wurde und das dem Gericht nicht zugänglich war, lässt es jedoch wahrscheinlich erscheinen, dass Hoffmann selbst nach dieser Rache dürstet. Er sieht in dem Attentat eine israelische Verschwörung, um die WSG zu zerstören und die Bundesrepublik außenpolitisch gefügig zu machen. Auch aus der Perspektive Hoffmanns – und nicht nur Behrendts – erscheint der Erlanger Doppelmord so wie ein Akt der Selbstverteidigung seiner Wehrsportgruppe.

Als Historiker kann ich darüber hinaus belastende Aussagen ins Feld führen, die vor Gericht verworfen werden mussten. Ein Richter kann bei der Urteilsfindung angesichts des Rechts auf Aussageverweigerung, auf das sich Hoffmanns Lebensgefährtin Franziska Birkmann berief und als Angeklagte auch berufen durfte, die polizeilichen Protokolle der entsprechenden Vernehmungen nicht berücksichtigen.[35] Beim Lesen dieser Dokumente habe ich mich oft gefragt, wie der Prozess verlaufen wäre, wenn Birkmann erzählt hätte, was sie offenkundig wusste. So bekannte sie den Vernehmungsbeamten gegenüber: »Ich kann doch nichts sagen, sonst belaste ich *ihn* doch.« Auf die Frage, warum sie dann nicht zu Behrendt – WSG-Spitzname: »Spock« – aussagen wolle, antwortete sie: »Wenn ich Spock belaste, belaste ich auch *ihn*.«[36] Als die Beamten Birkmann nahelegten, Hoffmann sei an der Tat beteiligt gewesen, antwortete sie mit »Ja« und einem Nicken.[37] In Bezug darauf räsonieren die Nürnberger Richter, was hier mit »Tatbeteiligung« genau gemeint sein könnte: Der Begriff »Tatbeteiligung« ist als juristischer Terminus eindeutig, wird jedoch in der Laiensphäre nicht in demselben technischen Sinn zur Bezeichnung der Beteiligung an einer Tat in Form der Mittäterschaft, Anstiftung oder Beihilfe verwendet. Im landläufigen Sinne kann Tatbeteiligung vorsätzliche und unvorsätzliche Unterstützung der Haupttat, Begünstigung des Täters nach der Tat (Strafvereitelung) oder eine sonstige Beziehung zu der Tat meinen.[38] Für die historische Beurteilung erscheint mir das Nicken Birkmanns als sehr deutlicher Hinweis; auch die Staatsanwaltschaft hegte offenkundig bis zum Ende des Verfahrens die Hoffnung, sie könne als Kronzeugin aussagen.[39] Zugleich ist denkbar, dass sie in die Aktivitäten der WSG weitaus stärker eingebunden war, als das Gericht später annahm – auch dies könnte ihre Aussageverweigerung möglicherweise erklären. So sagte der langjährige WSG-Kämpfer Uwe Mainka über Birkmann: »Sie war Hoffmann's [sic] Freundin und beste Vertraute. Meiner Meinung nach mußte sie über Hoffmann's Ziele und Aktionen genau Bescheid wissen.«[40] Hoffmann selbst soll sie als den besten »WSG-Mann« bezeichnet haben.[41] Andere Zeugen beschrieben sie – das will ich nicht verschweigen – als eher unbeteiligt.[42] Das Gericht folgte dieser letzten Sichtweise. Wie auch immer man das heute einschätzen mag: Birkmann entscheidet sich schließlich dagegen, Hoffmann durch Aussagen vor Gericht zu belasten. Sie trägt dann zur Aufklärung des Sachverhalts nichts weiter bei. Im Übrigen heiraten die beiden während der Haftzeit.

Die Aussagen, die Birkmann gegenüber den Vernehmungsbeamten getätigt hat, entwertet die Polizei überdies selbst, weil den Beamten eine beachtliche Schlamperei – wenn das das richtige Wort dafür ist – unterläuft: Birkmann, die als Erste vernommen wird, hat in ihrer Aussage den Schalldämpferbau geschildert. Dieses Vernehmungsprotokoll soll Hoffmann zugespielt worden sein, so dass er sich auf entsprechende Fragen vorbereiten und die nicht zu widerlegende These verbreiten kann, dieser sei für die Fabrik im Libanon bestimmt gewesen.[43]

Für die historische Beurteilung des Urteils ist aus meiner Sicht
schließlich die bereits angesprochene Terrorismusproblematik von
Belang. Das beginnt mit dem zeitgenössisch verbreiteten Grundverständnis von Terrorismus. Das gilt einerseits für die Frage, warum
man nicht doch ein zusätzliches oder gemeinsames Verfahren nach
§ 129a durchgeführt hat, mit der ich mich unten noch ausführlicher
beschäftigen werde; andererseits hätte dieser Aspekt auch beim Nürnberger Prozess in Bezug auf die Frage nach der Tatbeteiligung Hoffmanns relevant sein können. Bereits in der Anrede »Chef«, mit der
Behrendt Hoffmann anspricht, offenbart sich etwas Wesentliches:
Bei der weitreichenden Analogisierung von Rechts- und Linksterrorismus, welche die Terrorwahrnehmung damals bestimmt, gerät leicht
aus dem Blick, dass sich eine rechtsradikale Vereinigung wie die WSG
in ihrer inneren Struktur von linken Gruppen unterscheidet. Anders
als etwa die RAF funktioniert die WSG nach dem »Führerprinzip«
und ist strikt auf Hoffmann zugeschnitten. Um ein bezeichnendes
Beispiel aus der Phase nach dem Doppelmord anzuführen: In jener
Nacht, in der Bergmann mindestens bis zur Bewusstlosigkeit miss-
handelt wird und dann für immer verschwindet, holen die Folterer
um Behrendt »den Chef« aus seinem Stadtpalais, weil sie die nächsten
Schritte nicht allein entscheiden wollen.[44] In der WSG scheint es
nicht möglich gewesen zu sein, ohne den Anführer Hoffmann eine
folgenreiche Entscheidung zu fällen. Auch vor Gericht gelingt es ihm
nicht, diese Struktur wirklich zu verschweigen: »Einerseits schmeichelt
es seiner Eitelkeit«, schreibt dazu der FAZ-Journalist Finkenzeller,

> einstige Allmacht dem Gericht vorzuführen und seine Untergebenen
> als dumme Jungs und »abartige Schwächlinge« zu charakterisieren.
> Andererseits sagt ihm sein Verstand, daß es zweckmäßig sei, sie als un-
> folgsame, ihrem Chef hin und wieder eine Nase drehende »hundsge-
> meine Kameradenschweine« zu schildern.[45]

Und schon zu Prozessbeginn hatte der *Spiegel* darüber spekuliert, inwiefern eine Berücksichtigung der Struktur der Wehrsportgruppe im
Rahmen eines Terrorismusprozesses für die Zurechnung der Tat hätte relevant sein können:

Was bei der RAF nur mit der fragwürdigen Unterstellung funktionierte, sämtliche Gruppenmitglieder hätten alle Anschlagspläne gekannt und gebilligt, deshalb seien sie auch dann für die Folgen zu bestrafen, wenn sie selber gar nicht am Tatort waren, das hätte – auf die WSG angewandt – für Hoffmann brenzlig werden können. Denn anders als bei der linken RAF war seine Gruppe in der Tat hierarchisch aufgebaut [...]. Wenn dann ein WSG-Mann wie Uwe Behrendt, obendrein Hoffmanns Stellvertreter, planmäßig einen prominenten Juden ermordet, wäre nach dieser Strafvorschrift auch der Chef dafür verantwortlich zu machen, ohne daß ihm konkrete Tatbeiträge noch einzeln hätten nachgewiesen werden müssen.[46]

Solche Erwägungen finden in dem Prozess zu wenig Beachtung. Wenn man die Urteilsbegründung liest, gewinnt man an vielen Stellen den Eindruck, die Fakten würden regelmäßig aus einer Hoffmann entlastenden Perspektive interpretiert.[47] Es werden dabei nicht unbedingt Tatsachen ignoriert; im Gegenteil, die Urteilsbegründung ist nach diesem überlangen Prozess mit 1048 Seiten sehr umfangreich, detailliert und faktengesättigt. Doch wird in jenen Passagen, in denen Gegenargumente und andere Sichtweisen diskutiert werden, gerade offenkundig, wie sehr man bemüht ist, den Freispruch Hoffmanns in den schwersten Anklagepunkten zu unterfüttern. Sicherlich muss ein Gericht beim kleinsten Zweifel an der Schuld des Angeklagten zu dessen Gunsten entscheiden; trotzdem waren schon einige zeitgenössische Beobachterinnen der Ansicht, in diesem Prozess sei der Grundsatz »In dubio pro reo« sehr weit ausgelegt worden.[48]

Zudem muss man die Terrorismusproblematik, wie oben angekündigt, in diesem Fall auch noch einmal grundlegender betrachten. Als der Bundesgerichtshof 1982 dem Generalbundesanwalt in die Parade fährt, indem er entscheidet, die WSG stelle keine (inländische) Vereinigung dar, hängt dies letztendlich von der Einschätzung ab, ob es in Ermreuth eine »Teilorganisation der ausländischen Mutterorganisation« gegeben habe. Der Bundesgerichtshof hat dies erwogen und verneint, ob in Kenntnis aller bzw. welcher Tatsachen, kann ich nachträglich nicht beurteilen. Gegen diese Entscheidung sprechen aus

meiner Sicht – zugegeben: nach heutigem Kenntnisstand – die folgenden Fakten:[49] Hoffmann ist seit dem 21. Oktober 1980 wieder
in Deutschland; Behrendt kehrt in jenen Tagen ebenfalls zurück; das
heißt, beide verbringen vor dem Doppelmord mehrere Wochen gemeinsam in Ermreuth. Vor dem Erlanger Verbrechen weilt Behrendt
insgesamt nur ca. zehn Wochen im Libanon, sicherlich mehr als ein
Urlaubsaufenthalt, aber doch deutlich zu wenig für die Annahme, er
habe seinen Aktionsradius komplett ins Ausland verlegt.

Solange die WSG-Ausland besteht, reist Hoffmann häufig nach
Beirut, kehrt aber stets so bald wie möglich nach Ermreuth zurück.
Der Generalbundesanwalt selbst ist sogar noch im Juli 1981 überzeugt, dass Ermreuth weiterhin das Hauptquartier der WSG darstellt.[50] Hoffmann rekrutiert hier mit großem Aufwand – und wohl
zunehmendem Druck – neue Mitglieder für die WSG-Ausland,
kümmert sich um Nachschub für den Fahrzeughandel und sucht
nach neuen Finanzierungsmöglichkeiten. Zu keinem Zeitpunkt ist
dies allein vom Libanon aus möglich, wo seine Anwesenheit angesichts der internen Spannungen und der Absetzbewegungen einzelner Mitglieder eigentlich dringend erforderlich wäre. Außerdem ist
sein Leben in Beirut, in einer palastartigen Unterkunft und mit vielen Privilegien, durchaus attraktiv. Hoffmann selbst muss also dem
Standort in Deutschland große Bedeutung zuschreiben. Auch einzelne WSG-Mitglieder scheinen von der Existenz einer inländischen neben einer ausländischen WSG überzeugt gewesen zu sein.[51] Vor Ort
kann Hoffmann bei diversen Aktivitäten noch nach dem Verbot auf
ein Netz von Helfern, Sympathisantinnen und Unterstützern zählen,
so zum Beispiel für den Bau eines Schalldämpfers. Das alles läuft aus
meiner Sicht darauf hinaus, dass wesentliche, ja zentrale Tätigkeiten
in der Bundesrepublik, also räumlich getrennt vom Sitz der WSG-Ausland in Beirut, erledigt wurden und dass dabei auf noch immer vor-
handene Organisationsstrukturen zurückgegriffen werden konnte.

Meine Überlegungen gehen noch weiter: Der Doppelmord selbst
wird ausschließlich in Deutschland vorbereitet. Hier wird die Beretta
von der Verlötung befreit. Hier sucht Hoffmann intensiv nach einem

Spezialisten für den Schalldämpferbau, wofür mehrere Personen infrage kommen. Am Ermreuther Küchentisch basteln schließlich Hoffmann und Behrendt den provisorischen Schalldämpfer, Birkmann war anwesend und beseitigte die Abfälle der Produktion. Im Keller des Hauses wird dieser getestet. Doch dies ist noch immer nicht alles: Wenn es keine wirksame, aktive und gefährliche WSG-Teilorganisation auf deutschem Boden gibt, wieso interessieren sich dann in diesem Zeitraum verschiedene westdeutsche Verfassungsschutzstellen für die Aktivitäten in Ermreuth? Jedenfalls beobachtet das DDR-Ministerium für Staatssicherheit das westdeutsche Bundesamt für Verfassungsschutz (Abteilung Rechtsradikalismus) von Ende November bis Anfang Dezember sowie Beamte des bayerischen Landesamts für Verfassungsschutz Mitte Dezember 1980 bei der tagelangen Observation der Hoffmann-Truppe.[52] Zumindest die erste Beobachtung steht in unmittelbarem zeitlichen Zusammenhang mit dem Urteil des Bundesverwaltungsgerichts am 26. November 1980, durch welches das WSG-Verbot vom Beginn des Jahres in der letzten Instanz bestätigt wird. Der Verdacht liegt nahe, dass die Verfassungsschützer eine Weiterexistenz der Gruppe für wahrscheinlich halten.

Meines Wissens ist nach dem BGH-Urteil nicht erörtert worden, ob neben der WSG-Ausland nicht doch eine Vereinigung oder Teilorganisation auf westdeutschem Boden beibehalten wurde. Dabei wäre es ja durchaus diskutabel, ob die vorhandenen Strukturen so hätten bewertet werden können. Es gibt mehrere Personen, die Hoffmann vor Ort helfen; eine dauerhafte Organisation vor Ort existiert jahrelang, in Teilen scheint sie zumindest das bundesweite Verbot überlebt zu haben; andere WSG-Mitglieder gehen davon aus, dass eine inländische Organisation weiterhin aktiv ist; Behrendt, Hoffmann (und womöglich Birkmann) sind im Sinne der Vereinigung tätig; angesichts ihrer rechtsextremen Orientierung kann bei ihnen auch eine gefühlte Einheit unterstellt werden; der Generalbundesanwalt ist schließlich überzeugt, dass die WSG als Gesamtorganisation weitere Taten plant, die auf dem Boden der Bundesrepublik durchgeführt werden sollen.

Wenn ich also einmal annehme, dass eine Teilvereinigung in
Deutschland fortexistierte, was hätte das für die gerichtliche Aufarbeitung der Taten von Hoffmann und Birkmann bedeutet? Die Mittäterschaft an dem Doppelmord hätte ja selbst dann nachgewiesen
werden müssen, wenn man den Vorwurf der Gründung bzw. Mitgliedschaft in einer terroristischen Vereinigung nach § 129a StGB,
womöglich in einem gemeinsamen Verfahren, bejaht hätte. Zunächst
hätte eine Anwendung dieses Strafrechtsparagrafen den Ablauf der
Gerichtsverhandlung selbst beeinflusst, da man in einem solchen
Verfahren wesentliche Rechte, insbesondere der Verteidigung, ein-
schränken kann. Wahrscheinlich wäre es zudem leichter gefallen,
Hoffmann als Chef der WSG – und damit womöglich als »Rädelsführer«, wie das der § 129a StGB in der damaligen Fassung nennt –
für ein wesentliches Verbrechen seiner Vereinigung zu belangen,
stand er doch unangefochten an deren Spitze. Schließlich habe ich
wenig Zweifel, dass die Wirkung des Hoffmann-Prozesses in der Öffentlichkeit eine andere gewesen wäre. An dieser Stelle ist ein Gedankenexperiment hilfreich. Man stelle sich einmal vor, die RAF – ihre
Mitglieder hatten sich ja ebenfalls zu Trainingszwecken in Ausbil-
dungslagern der PLO aufgehalten – hätte 1980 vom Ausland aus ein
Terrorkommando gesandt, das sich dann auf deutschem Boden in
exakt der gleichen Weise auf einen Mord wie den in Erlangen vorbereitet und diesen durchgeführt hätte: Wie hätten die Ermittlungsbehörden, Staatsanwaltschaften und Gerichte einen solchen hypotheti-
schen Sachverhalt damals beurteilt? Hätten sie nicht mit wesentlich
mehr Nachdruck versucht, eine Darstellung der Tatplanung vorzu-
legen, die dem 129a-Paragrafen entsprochen hätte? Wer hätte es
gewagt, der RAF öffentlich den Charakter einer terroristischen Vereinigung abzusprechen? Wieso konnte man es sich leisten, die Aktivitäten der WSG nicht als Terrorismus zu klassifizieren?

Im vorliegenden Fall findet das Gericht diese Möglichkeit beinahe
lächerlich: Die »Ermordung eines Menschen wie Shlomo Lewin«,
heißt es im Urteil, könne nicht »als ein Terrorakt zur Verfolgung politischer Ziele« aufgefasst werden. »Seine politische Gegenwart war

unbedeutend, seine politische Vergangenheit zweifelhaft. Sein Tod konnte kein Fanal setzen, keine revolutionäre Aufbruchstimmung bewirken.«[53] Dementsprechend fehlt in der Urteilsbegründung nicht der Hinweis auf das mangelnde öffentliche Bekenntnis zu der Tat, ein Umstand, der aus Sicht des Gerichts gegen den Terrorismusverdacht spricht.[54] Nicht zuletzt der NSU hat freilich eindrucksvoll unterstrichen, dass dies für Rechtsterrorismus als durchaus typisch gelten kann.

Es gibt noch eine letzte Ebene, auf der ich das Urteil gegen Hoffmann und Birkmann diskutieren möchte. Die zeitgenössische Sichtweise auf den Verfahrensgegenstand besaß einen blinden Fleck, der heute offenkundig ist. Ich meine das schwach ausgeprägte Bewusstsein für die Virulenz des Antisemitismus. Auch in der Urteilsbegründung wird dies deutlich, wenn das Gericht an einer Stelle über die emotionale Beziehung zwischen dem Angeklagten Hoffmann und dem Opfer Lewin räsoniert:

Sicherlich ist zwar nicht ausgeschlossen, daß eine Abneigung des Angeklagten gegen Shlomo Lewin so lange Zeit in einer so unveränderten Heftigkeit angehalten hat, daß Lewin noch Jahre danach [gemeint ist nach dem Erscheinen des *Oggi*-Artikels 1977, U. J.] als ein für den Anschlag geeignetes Opfer angesehen wurde; es ergeben sich daran aufgrund des langen Zeitablaufes aber zumindest Zweifel.[55]

Diese Formulierung legt die Vorstellung nahe, nur eine intensive persönliche Abneigung zwischen zwei Personen könne als antisemitisches Mordmotiv gelten. Hier wird das mangelnde Verständnis von Antisemitismus als Ideologie und Weltbild deutlich. In dem Strafverfahren taucht dieser Aspekt grundsätzlich nur an ganz wenigen Stellen überhaupt auf, etwa wenn gegen Ende der Urteilsbegründung – fast lapidar – festgestellt wird: »Es ist denkbar, daß der Angeklagte aus einem grenzenlosen Haß auf Juden nach der [sic] nach seiner Meinung von dem Mossad verübten Sprengstoffattentat auf das Oktoberfest gehandelt hat, für das er verantwortlich gemacht werden sollte.«[56] Doch das Gericht verwirft diese Option letztlich, weil man sich nicht in der Lage sieht, Hoffmann eine solche Motivation nachzuweisen. Auch erkennt man dieses antiisraelische Verschwörungsnarrativ nicht als antisemitisch. Von Beginn an gründet man mithin die Mordanklage auf Heimtücke und niedrige Beweggründe, ohne dass Antisemitismus hierbei eine Rolle spielt. Damit ignoriert das Gericht die Bedeutung von Antisemitismus in Hoffmanns Denken, wie es aus seinen Äußerungen und Publikationen aber durchaus abzulesen ist, sowie an den Aktivitäten der WSG, obwohl diese regelmäßig durch eine Gegnerschaft zu Juden motiviert sind. Antisemitismus ist 1980 offenkundig eine Motivstruktur, die nur dann erkannt wird, wenn sie in einem naziartigen, fanatischen Hass mehr als offen zutage tritt. Damit offenbart sich, dass Antisemitismus in der Bundesrepublik auf komplexe Weise erinnert und – zugleich – vergessen wurde.

13. Vergessen

1967 veröffentlichten Alexander und Margarete Mitscherlich ihren Psychoanalyseklassiker *Die Unfähigkeit zu trauern*.[1] Die beiden gingen darin von der Hypothese aus, dass die Deutschen nach der Niederlage im Zweiten Weltkrieg und dem Untergang des NS-Regimes ein merkwürdiges, ja krankhaftes Verhältnis zur Wirklichkeit entwickelt hätten, das durch fehlende Anteilnahme, Realitätsverleugnung, Apathie und Abstumpfung geprägt sei. Ausschließlich auf das ökonomische Vorankommen in Zeiten des Wirtschaftswunders konzentriert, habe man keinerlei Interesse an einer echten politischen Entwicklung der Demokratie gezeigt. Die Mitscherlichs sahen dies durch eine psychologische Konstellation verursacht: jene titelgebende »Unfähigkeit zu trauern«, die zu einem der einflussreichsten Schlagwörter in der Geschichte der Bundesrepublik wurde, ja den Charakter einer erinnerungspolitischen Parole erhielt.[2]

Im Kern stellten die Mitscherlichs dabei zwei getrennte und – wie inzwischen viele Kommentatorinnen herausgearbeitet haben[3] – problematische Thesen zur Trauerunfähigkeit auf. Zum einen beschrieben sie die Nachwirkungen der NS-Diktatur in der unmittelbaren Nachkriegszeit. Mit dem Ende des NS-Regimes und dem Selbstmord Hitlers hätten die Deutschen die Grundlage für die damalige Aufwertung ihres Selbst verloren. Aus dem »Traum, einer Herrenrasse anzugehören«, erwacht, hätten sie die NS-Vergangenheit und ihre libidinösen Bindungen daran radikal verdrängen müssen.[4] Somit hätten sie also gerade keine Trauer in Bezug auf den Verlust ihres früheren Ichs empfinden können. Bis hierhin lieferten die Mitscherlichs also eine psychologische Studie der Tätergesellschaft, bei der das gekränkte Selbstwertgefühl der Deutschen im Mittelpunkt stand.

Erst mit ihrer zweiten These wandten sie sich der Unfähigkeit der Nachkriegsdeutschen zur »Trauer um die zahllosen Opfer der Hitlerschen Aggression« zu. Damit waren in einigen Passagen allgemein »die Opfer dieses Krieges« gemeint, was auch nichtjüdische Opfer mit einschloss. An anderen Stellen bezog sich der Text explizit auf die europäischen Juden. Hier stellt sich freilich die Frage, wie realistisch die Annahme war, die Deutschen könnten um die jüdischen Toten trauern. Schließlich braucht es für Trauer den Schmerz des Verlustes – und gerade den empfanden die meisten Deutschen während und nach dem NS-Vernichtungsfeldzug in Bezug auf die NS-Opfer selten bis nie. Gleichwohl beharrten die Mitscherlichs auf der »moralische[n] Pflicht, Opfer unserer ideologischen Zielsetzung mit zu betrauern«:

> Die Mechanismen, um die es hier geht, sind Notfallreaktionen, Vorgänge, die dem biologischen Schutz des Überlebens sehr nahe, wenn nicht dessen psychische Korrelate sind. Es ist also sinnlos, aus diesen Reaktionen sofort nach dem Zusammenbruch einen Vorwurf zu konstruieren. Problematisch ist erst die Tatsache, daß [...] auch später keine adäquate Trauerarbeit um die Mitmenschen erfolgte, die durch unsere Taten in Massen getötet wurden.[5]

Die Parole qua Buchtitel wurde nach dem Erscheinen immer häufiger in dieser zweiten Bedeutung verwendet: Die Deutschen hätten die Fähigkeit vermissen lassen, die Opfer des NS-Regimes, insbesondere Jüdinnen, zu betrauern. Sie dazu zu befähigen – wenn das überhaupt möglich gewesen wäre –, hätte im Umkehrschluss bedeutet, das Täterinnen-Sein und das Hitler-Ideal mit Scham- und Schuldgefühlen zu besetzen. Der durchschlagende Erfolg der Mitscherlich-Analyse beruhte dabei auch auf dem Wunsch einer jungen Generation von Nachkriegsdeutschen, diese Trauerarbeit um die jüdischen Toten nachzuholen. So bildete sich allmählich die Norm heraus, die NS-Erinnerung auf die »Figur des gefühlten Opfers« auszurichten.[6] Zugleich lief dies darauf hinaus, die Generation der NS-Täterinnen, die ihre libidinösen Bindungen kaum konfrontiert, geschweige denn überwunden hatten, aus der bundesrepublikanischen Erinnerungsgemeinschaft auszuschließen: »Sie sind die Schuldigen, mit denen man nichts gemeinsam hat.«[7] Während die bundesrepublikanische Gesellschaft in diesem Sinne die Täterschaft vergessen oder zumindest ignorieren wollte, begann sie auf eine Erlösung durch Erinnerung an die (jüdischen) Ermordeten zu hoffen. Auf eine solche Erinnerung, die ein Vergessen verdeckte, berief sich Bundespräsident Richard von Weizsäcker in seiner berühmt gewordenen Rede zum 40. Jahrestag des Kriegsendes 1985, als er ein seitdem geflügeltes chassidisches Sprichwort zitierte: »Das Vergessenwollen verlängert das Exil, und das Geheimnis der Erlösung heißt Erinnerung.«[8]

Die Dialektik aus Erinnerung und Vergessen sowie das Ineinandergreifen von Trauer, Schuld, Scham und Erlösung bezog sich selbstverständlich auf die NS-Vergangenheit und den Holocaust, die zweifelsohne die Nachkriegszeit auf nachhaltige Weise prägten. Auch das Verhältnis der Nichtjüdinnen zu den überlebenden Juden in der Bundesrepublik war zwangsläufig von dieser historischen Erbschaft geprägt und überschattet. Auch wenn eine neue Generation das Gedenken an ermordete jüdische Opfer immer stärker einforderte, war damit keineswegs festgelegt, wie man mit in der Gegenwart lebenden Jüdinnen umgehen sollte. In gewisser Hinsicht drohten diese vor allem als Stellvertreter für getötete Juden in den Blick zu kommen.[9]

Anfang der Achtziger waren diese Prozesse keineswegs abgeschlossen; vielmehr stellen gerade diese Jahre eine Übergangsphase in der Erinnerungspolitik, der Gedenkkultur und im kulturellen Gedächtnis der Bundesrepublik dar. Für den Fall des Erlanger Doppelmords frage ich mich nun: Was passierte mit diesem Gedächtnis, in dem das Vergessen und das Erinnern an eine vergangene Vergangenheit neu geordnet wurde, als es mit einem gegenwärtigen Ereignis konfrontiert wurde? Inwiefern konnte ein solches Ereignis, das im Kern alle Aspekte und Themen der Vergangenheitskonstellation wieder heraufbeschwor, überhaupt thematisiert und wahrgenommen werden? Konnten Nichtjüdinnen, die eben begonnen hatten, sich in die jüdischen NS-Opfer einzufühlen, eines neuen jüdischen Opfers, ja dieser Opferung des jüdisch-nichtjüdischen Zusammenlebens gedenken?

Was konnte – sozusagen – im blinden Fleck einer komplexen und sich
wandelnden Erinnerungskonstellation erinnert werden?

Der erinnerungspolitische Wandel zu Beginn der achtziger Jahre

Das Jahr 1980 markiert eine Wegscheide im bundesrepublikanischen
Gedächtnis, die erst im Nachhinein erkennbar wurde. In den Nach-
kriegsjahrzehnten hatte sich in der BRD zunächst eine prekäre Balan-
ce etabliert: Zu einem gesellschaftlich weitverbreiteten Beschweigen
und Verdrängen des Holocaust und anderer Verbrechen des Nationalsozialismus gesellte sich – längst nicht nur auf der radikalen Rechten, sondern auch in der gesellschaftlichen Mitte – der Wunsch,
einen Schlussstrich unter die NS-Vergangenheit zu ziehen, was zugleich die Wahrnehmung und Thematisierung neonazistischer Entwicklungen in der Gegenwart behinderte. Gerade im rechten und
rechtskonservativen Milieu wollte man gegen die angebliche Obses-
sion mit der jüngeren Vergangenheit positive, ja ruhmreiche Aspekte
der deutschen Nationalgeschichte hervorheben. Demgegenüber existierten bereits in der unmittelbaren Nachkriegszeit gesellschaftlich
minoritäre, aber dennoch einflussreiche Stimmen wie Fritz Bauer,
Walter Dirks, Ernst Fraenkel, Beate Klarsfeld, Eugen Kogon, Dolf
Sternberger, Jeanette Wolff und andere, die gegen die bleierne Vergangenheitspolitik der Adenauer-Jahre protestierten und wichtige
Anstöße für die politische sowie juristische Aufarbeitung der NS-Verbrechen lieferten.[10] Alle drei Verhaltensweisen – Beschweigen, Ablehnen bzw. Ablenken und Aufarbeiten – fanden auch Widerhall
bei den Eliten und in der Politik.

Diese drei Grundeinstellungen wurden auch von der zeitgenössischen Meinungsforschung identifiziert. Im April 1975 ermittelte eine
Allensbach-Umfrage, dass 35 Prozent der Bevölkerung der Aussage
zustimmten, das »Dritte Reich« sei, abgesehen von Krieg und Juden-
verfolgung, keine schlechte Sache gewesen, während dies 42 Prozent

ablehnten und 23 Prozent sich unentschieden zeigten. In derselben Umfrage fanden 38 Prozent der Befragten die Behauptung richtig, hätte Hitler den Krieg nicht angefangen, könne er als einer der größten Staatsmänner gelten, wohingegen 44 Prozent dieser Einschätzung widersprachen und 18 Prozent keine Antwort wussten.[11] Man kann diese Zahlen mit den obigen Haltungen in Verbindung bringen: Während der kleinere Teil der Unentschiedenen das NS-Thema lieber ignorieren wollte, lehnte das größte Lager eine verharmlosende und beschönigende Thematisierung der NS-Vergangenheit ab. Etwas mehr als ein Drittel der Bevölkerung forderte jedoch dezidiert eine positivere Sicht ein; in dieser glorifizierenden Erinnerung sollten die entsprechenden Verbrechen und der Holocaust keine wesentliche Rolle spielen.

Die neue – auch als »geistig-moralische Wende« präsentierte – geschichtspolitische Rhetorik der ab 1982 amtierenden schwarz-gelben Regierung unter Helmut Kohl lässt sich als Versuch begreifen, im Namen dieser letzten Gruppe eine andere Vergangenheitspolitik zu propagieren.[12] Mit der problematisierenden Thematisierung des NS-Regimes sollte es, kaum dass sie in Gang gekommen war, schon wieder vorbei sein. Diese Vergangenheit sollte ruhen; zumindest sollten ihr positivere nationale Bezüge gegenübergestellt werden. Dies beinhaltete eine scharfe Abgrenzung gegenüber der sogenannten Achtundsechziger-Generation, von der man in diesen und vielen späteren Debatten annahm, sie hätte eine andere Geschichtspolitik verfolgt und für die Aufarbeitung der NS-Vergangenheit plädiert.[13] Das geschichtspolitische Generationsnarrativ von rechts saß dabei freilich einer wirkmächtigen Selbstinszenierung der Achtundsechziger auf, schließlich hatte die erinnerungspolitische Realität noch in den siebziger Jahren ganz anders ausgesehen. Die linke Studentenbewegung hatte sich in ihrer Formierungsphase wenig für geschichtspolitische Initiativen interessiert, sondern für eine marxistisch inspirierte Revolutionspolitik gegen die Bundesrepublik gekämpft, die in dieser Sichtweise noch immer von Nationalsozialisten regiert wurde.[14] Erst mit dem Älterwerden der Protagonisten rückte die Gedenkkultur stärker

in den Fokus. Ein Anzeichen für diesen Wandel war Anfang der achtziger Jahre das Aufkommen der Geschichtswerkstatt-Bewegung, die
zwar zunächst stark auf die Rekonstruktion von Arbeitergeschichte
konzentriert war, sich aber bald auch der NS- und vor allem der Ver-
folgungsgeschichte widmete.[15] Während einzelne KZ-Gedenkstät-
ten wie Flossenbürg (1947), Bergen-Belsen (1952) oder Dachau
(1964/65) bereits in den ersten zwei Jahrzehnten der Bundesrepublik – oft begleitet von starken Widerständen und noch nicht in ihrer
späteren Gestalt – gegründet worden waren, entstanden in Westdeutschland in den Achtzigern Initiativen für weitere NS- und KZ-
Gedenkstätten – so zum Beispiel in Neuengamme (beginnend mit
dem Bau des Dokumentenhauses 1981) und Hadamar (mit einer ersten Ausstellung beginnend 1983) – und Dokumentationszentren (Ems-
landlager 1985, Köln 1988).

Generationelle Verschiebungen ließen eine Öffentlichkeit möglich werden, die sich immer stärker für das Schicksal der jüdischen
Opfer des NS-Regimes interessierte. Einen der wichtigsten Indikato-
ren dafür lieferte die bereits erwähnte Ausstrahlung der US-Serie *Holocaust* 1979, die von zwanzig Millionen Bundesbürgerinnen, also fast
der Hälfte der erwachsenen Bevölkerung, gesehen wurde, die auf ein
beachtliches gesellschaftliches Echo stieß und mit der sich der Begriff
»Holocaust« in der bundesrepublikanischen Öffentlichkeit etablierte. Als ähnlich wichtige geschichtspolitische Wende wird oft der
»Historikerstreit« von 1984-86 betrachtet. Heute wird diese Debatte
häufig so erinnert, dass sich damit die Vorstellung der Singularität des
Holocaust durchsetzen konnte. Zeitgenössisch wurde die Auseinandersetzung jedoch viel stärker als Teil eines geschichtspolitischen
Kampfes zwischen der kritisch-intellektuellen Öffentlichkeit – per-
sonifiziert in der Figur des Philosophen Jürgen Habermas – und
der konservativen Wenderhetorik der Kohl-Regierung rezipiert.[16]
Der langfristige Erfolg des Historikerstreits bestand darin, dass sich
bis in die unmittelbare Wiedervereinigungsphase ein neues Erinne-
rungsnarrativ etablierte.[17] Dieses Narrativ lautete, verkürzt und zugespitzt: Die NS-Vergangenheit lässt sich wegen des Holocaust nur

als Katastrophe verstehen – und wir, die Vertreterinnen der neuen Bundesrepublik, haben das verstanden. Damit wurden Vergangenheits- und Erinnerungspolitik mit Bezug auf Nationalsozialismus und Holocaust aus der Nische geschichtskritischer Intellektueller herausgeholt und allmählich mehrheitsfähig, weil diese Erzählung zur nationalen Erfolgsgeschichte einer gelungenen Katastrophenbewältigung ausgebaut werden konnte.

Erst zwei Jahrzehnte später sollte deutlich werden, dass die Erinnerungskultur, die sich in den achtziger Jahren herauszubilden begann, auf einigen problematischen Annahmen beruhte: die erwähnte Einfühlung in die Position des jüdischen Opfers bei paralleler Unsichtbarmachung des Tätererbes (und der gegenwärtigen Bedürfnisse der jüdischen Gemeinschaft in Deutschland) kulminierte spätestens mit der Einweihung des Berliner Denkmals für die ermordeten Juden Europas 2005 in einer Entschärfung der Erinnerungspolitik.[18] Das Gedenken an den Holocaust und die Verbrechen des Nationalsozialismus wurde von einer Aufgabe, der sich zivilgesellschaftliche Gruppierungen angenommen und die sie durchaus gegen den Widerstand politischer Entscheidungsträger durchgesetzt hatten, zu einem hoheitsstaatlichen Akt, mit dem sich die nationale Eigenheit und Besonderheit Deutschlands neu begründen ließ. Nur so konnte ein Ort des Holocaust-Gedenkens entstehen, an den man, in den Worten des damaligen SPD-Bundeskanzlers Gerhard Schröder von 1998, »gerne gehen« sollte.

Im Jahr 1980 war diese Entwicklung jedoch keineswegs absehbar. Damals existierten die überkommenen Formen frühbundesrepublikanischer Erinnerungsverweigerung, ältere Forderungen nach Aufklärung und Strafverfolgung sowie die ersten zaghaften, aber an vielen Orten parallel entstehenden Gedenkinitiativen – oft konfliktreich – nebeneinander. Zugespitzt formuliert: Vor 1980 bezog sich das Schlagwort von der deutschen »Unfähigkeit zu trauern« noch auf die Unfähigkeit, die verlorene Bindung an Hitler und das NS-Regime zu betrauern. Nach 1980 wurde daraus allmählich die Vorstellung, die Deutschen hätten die NS-Opfer – und damit vor allem jüdische Opfer – nicht betrauert. Es sei ihre moralische Pflicht, dies zu ändern.

Opfer erinnern: Das Vergessen von Poeschke und Lewin

In dieser Phase des erinnerungskulturellen Umbruchs stand die bundesrepublikanische Gedenkkultur plötzlich vor einer neuen Aufgabe: Welchen Platz konnte darin der Rechtsterrorismus der Gegenwart – und die damit verbundene unheimliche Wiederkehr der NS-Gewalt – einnehmen? Das Problem war kein leichtes: Es galt, viele unterschiedlich gelagerte terroristische Gewaltverbrechen an sehr unterschiedlichen Opfergruppen – allgemeiner Bevölkerung, Juden, Ausländerinnen und Flüchtlingen, Polizisten – zu registrieren und ihrer zu gedenken. Die zentrale Gemeinsamkeit all dieser Taten sollte letztlich jedoch darin bestehen, kaum bis gar nicht Eingang in das kulturelle Gedächtnis von Staat, Gesellschaft und Bevölkerung zu finden. Selbst die überlebenden Opfer des schlimmsten Terroranschlags in der Geschichte der Bundesrepublik, des Münchner Oktoberfest-Attentats, kämpften sehr lange um ein angemessenes Erinnern an das Ereignis; erst zum 40. Jahrestag 2020 wurde ein Gedenkort auf der Münchner Theresienwiese eingerichtet.[19] Im Erlanger Doppelmord überlagerten sich die schon länger bestehende Schwierigkeit, der NS-Vergangenheit zu gedenken, und die Herausforderung, die aktuelle Bedrohung durch Antisemitismus angemessen wahrzunehmen und mit der überlebenden Gemeinschaft der Juden richtig umzugehen. Das Vergessen dieses Ereignisses nimmt daher innerhalb des fast komplett vergessenen Terrorjahres 1980 eine Sonderstellung ein.

Die Verschränkung von Gedächtnis- und Gegenwartsdimension verkörperten die beiden Opfer. Beide hatten es sich zu einer Lebensaufgabe gemacht, die Erinnerung an die NS-Verbrechen und den Mord an den europäischen Juden wachzuhalten. So plante und organisierte Lewin die Woche der Brüderlichkeit in Erlangen im Namen der Gesellschaft für Christlich-Jüdische Zusammenarbeit. Weil auch ihr diese Aufgabe äußerst wichtig war, hatte Poeschke solche Veranstaltungen bereits früher besucht, war der Gesellschaft beigetreten und hatte dort ihren späteren Lebensgefährten kennengelernt. Die zahlreichen regelmäßigen Gäste kamen aufgrund dieses Engagements in ihr offenes Haus in Erlangen. Lewin und Poeschke hatten einen fränkischen Ort für die gelebte Auseinandersetzung mit der Vergangenheit und für eine gemeinsame Zukunft von Juden und Nichtjüdinnen geschaffen.

Beide wurden auch in Politik und Öffentlichkeit so wahrgenommen, wie sich nicht zuletzt anhand der Äußerungen politischer Würdenträger bei den genannten Veranstaltungen zeigt. So nahm der Erlanger Oberbürgermeister Dietmar Hahlweg die Woche der Brüderlichkeit 1979 zum Anlass, die lokale Bedeutung der Erinnerungsarbeit zu betonen, übrigens mit direktem Bezug auf die Ausstrahlung der Serie *Holocaust*. Es bleibe viel zu tun, wolle man sich die NS-Zeit angemessen vergegenwärtigen:

Auch bei uns in der konkreten Erlanger Stadtgeschichte wurden diese Jahre weitestgehend tabuisiert, d. h., es wurde kaum darüber gesprochen, wenig darüber geschrieben. Durch Aufarbeiten der Ereignisse in unserer Stadt anhand konkreter Vorfälle und konkreter Einzelschicksale können wir einen wichtigen Beitrag dazu leisten, dass die Ursachen und Folgen dieser unseligen Zeit greifbarer und, soweit überhaupt möglich, verständlicher werden. Damit helfen wir, die Chancen zu vergrößern, dass sich Derartiges nie wieder ereignet.[20]

Der mittelfränkische Regierungspräsident Heinrich von Mosch erinnerte immer wieder daran, wie oft Juden in der Gegenwart erneut mit antisemitischen Schmierereien konfrontiert seien. Abhilfe schaffen könne hier die erinnerungskulturelle Aufklärung über die NS-Verbrechen:

Diese Fragen werden immer wieder bohrend gestellt: »Wie konnte das alles passieren, wie konnte es soweit kommen?« Und manche Erscheinung, davon bin ich wirklich überzeugt, heute in Deutschland, über die wir klagen, ist darauf zurückzuführen, dass gerade den zwischen

1940 und 1960 Geborenen gründliche Kenntnisse der Geschichte und gerade unserer jüngsten Geschichte vorenthalten worden sind. Das aber, nämlich gründliche Kenntnisse dieser Ereignisse, sind Voraussetzung [sic] dafür, dass man politischen [sic] Radikalismus, wie er sich wieder regt, wirksam entgegentreten, wirksam begegnen kann.[21] All diese Honoratioren, inklusive des bayerischen Staatsministers für Unterricht und Kultus, Hans Maier, würdigten bei diesen Gelegenheiten, die ja nur ein bzw. zwei Jahre vor seiner Ermordung stattfanden, Lewins großen Einsatz für das christlich-jüdische Zusammenleben. Wie bedeutsam Lewins öffentliches Engagement, aber auch die private Arbeit des Paares Lewin/Poeschke für die Absicherung des erinnerungskulturellen Wandels im lokalen fränkischen Raum war, stand somit außer Frage.

Als sie ermordet worden waren, spielte das allerdings kaum eine Rolle. Der zähe Verlauf der komplexen Ermittlungen, die mangelnde Bereitschaft, die Tat als terroristisch zu klassifizieren, das verzögerte und langwierige Gerichtsverfahren sowie das Scheitern, das Verbrechen juristisch vollständig aufzuklären – all dies trug dazu bei, dass der Erlanger Doppelmord vergessen wurde. Entscheidend war dabei sicherlich auch der Rufmord, den die öffentlich gegen das jüdische Opfer geführten Ermittlungen und die Presseberichterstattung bewirkten, mithin jene zweite Ermordung der Opfer, die Arie Frankenthal beklagt hatte.

Man muss diese Gedächtnislücke auch im Vergleich betrachten: Die Opfer des Linksterrorismus wurden teilweise durch Staatsbegräbnisse geehrt, so etwa 1977 der von der RAF ermordete Generalbundesanwalt Siegfried Buback und seine beiden Begleiter. Sicherlich geschah dies, weil Buback auf eine besondere Weise die Staatsorgane repräsentierte.[22] Für Lewin und Poeschke ließ sich Vergleichbares sicherlich nicht organisieren, zumal unmittelbar nach ihrer Tötung niemand wusste, was genau geschehen war. Zu glauben, es hätte 1980 eine ähnliche Inszenierungsstrategie für ein jüdisches Terroropfer und seine Gefährtin, für die Zerstörung eines konkreten christlich-jüdischen Zusammenlebens geben können, hat gleichwohl et-

was Absurdes. So erwiesen zwar viele lokale Honoratioren, inklusive
eines Bundesministers, Frida Poeschke auf ihrer Beerdigung die letzte Ehre. Doch war dies nur den Lokalzeitungen einen Bericht wert.
Zu Lewins Aussegnung erschienen, wenn man vom Berliner Ober-
kantor Estrongo Nachama absieht, keine bekannten Persönlichkeiten, dafür aber Ermittler, die die Trauergäste musterten. Die Schlussfolgerung ist bitter, aber unausweichlich: Kaum jemand schrieb
diesem Ereignis größere Bedeutung zu.

Der Holocaust-Überlebende und enge Lewin-Freund Josef Jakubowicz – mit ihm hätte Lewin noch im Dezember 1980 die Erlanger
jüdische Gemeinde begründen wollen – erinnerte sich in einem Interview dreißig Jahre später an diese neue Trauer-Unfähigkeit der
Bundesbürger:

> Die wollten das auf sich nicht nehmen, dass in Deutschland nach dem
> ganzen Holocaust so ein Fall gekommen ist, dass man einen Juden in
> der Nacht in der Stube – in der Wohnung erschießt. Die wollten es
> nicht. Die Zeitungen haben davon geschrieben von überall in der gan-
> zen Welt – das was hier in Deutschland – die wollten nicht, die wollten
> sich immer reinhalten – die haben immer abgelehnt – die lehnen im-
> mer – die lehnen heute auch ab, der ganze Antisemitismus – »es ist
> nicht so« […].[23]

Täter erinnern: Die Lücke im Ermittler-Gedächtnis

Man kann nicht behaupten, dass man sich in der jungen Bundesrepublik an die Geschichte der Gewalt von rechts überhaupt nicht erinnern wollte. Doch die fundamentale Bedeutung dieser Bedrohung
auch in der Gegenwart führte man sich selten vor Augen. Zweifellos
standen den Gründerinnen der Bundesrepublik das NS-Regime und
dessen Verbrechen als abschreckendes Beispiel vor Augen. Gleichwohl waren die Nachwirkungen dieser Gewaltgeschichte – die sich
noch dazu nicht auf staatliche oder militärische Gewalt und auch
nicht auf die Zeitspanne 1933 bis 1945 reduzieren ließ – weniger prä-

sent. Somit ließen sich rechtsextremistische, antisemitisch motivierte Täterinnen und ihre Aktivitäten im deutschen Gedächtnis zu keinem Zeitpunkt besonders fest verankern. Der grundlegenden Bedrohung der Weimarer Republik durch rechte Freischärler und Rechtsterroristen, man denke an die Morde an Matthias Erzberger und Walther Rathenau lange vor dem Beginn des NS-Regimes, wurde ab 1949 kaum gedacht.[24] Selbst die politische Debatte über die aus dem Scheitern der ersten deutschen Demokratie zu ziehenden Lehren konzentrierte sich vornehmlich auf die Schwächen der Weimarer Verfassung. In Bezug auf die NS-Verbrechen waren zahlreiche Argumentationsmuster im Umlauf, um die eigene persönliche Beteiligung abzustreiten: Befehlsnotstand, fehlende ideologische Motivation, Kriegssituation, wenige echte, als sadistisch hingestellte Gewalttäterinnen in Partei und SS.[25] Auch die Betonung des nationalkonservativen Widerstandes um Claus Schenk Graf von Stauffenberg und der vermeintlich weißen Weste der Wehrmacht halfen, die faktische Verstrickung der Eliten und vieler einfacher Soldaten und Bürgerinnen zu ignorieren.[26] Im Heer all dieser Mitläuferinnen und Geringbelasteten konnten letztlich auch viele NS-Schwerverbrecher untertauchen.[27]

Dass sich nach dem Krieg, anders als – gerade von den Alliierten – vielfach befürchtet, kaum Widerstand ehemaliger Nationalsozialisten zeigte, trug dazu bei, dass die Gefahr von rechts auch später als gering eingeschätzt wurde. Wenn Politikerinnen auf die Nachkriegsbestrebungen rechter Nationalisten und Neonazis hinwiesen, klangen ihre Mahnungen häufig wie wohlfeile Beschwichtigungen, die zudem oft nur mit Blick auf das Ausland und die Alliierten ausgesprochen wurden. Und selbst die sich in der Minderheit befindenden Mahner, denen die Mobilisierung im rechten Milieu in den siebziger Jahren nicht entgangen war und die sich deshalb sorgten, warnten eher vor einer Wiederkehr des NS-Regimes als vor Terrorismus. In einer gewissen Hinsicht verkannten selbst sie wegen ihrer prägenden Erinnerungen an die NS-Gewaltherrschaft den wahren Kern der Gefahr.

Spätestens das Terrorjahr 1980 und seine Folgen warfen die Frage auf, wie Politik, Öffentlichkeit und Gesellschaft mit der zeitgenössischen Bedrohung durch Neonazis und rechte Gewalttäter, ja Terroristinnen umgehen sollten. Wenn es keinen Platz im Gedächtnis für die neuen Opfer der rechten Gewalt gab, konnte man einen solchen für die Terrortaten schaffen? Dabei ist es keineswegs vorrangig eine moralische Frage, wie und ob man rechter Gewalt und extremistischen Gefährdungen mahnend gedenken soll. Gedächtnislücken können eminent praktische Folgen haben, schließlich basieren die Strategien von Behörden und Ermittlern im Umgang mit Radikalen und Extremisten – oder anderen Verbrecherinnen – auf nichts anderem als Gedächtnisstrukturen. Auch Polizeiorganisationen stellen »historische Systeme« dar, »die maßgeblich durch die Adaption an eigene Vergangenheitskonstruktionen beeinflusst sind«.[28] Behördliche und polizeiliche Ermittlungstaktiken und -routinen gründen letztlich auf Annahmen über wahrscheinliche Tatszenarien, die man aus früheren Kriminalfällen sowie den entsprechenden Ermittlungserfolgen wie -misserfolgen generiert und in einem behördlichen Gedächtnis abspeichert.

Allerdings wäre es naiv zu glauben, dass sich diese Institutionen in ihrer Tätigkeit nur auf eine objektive Analyse ihrer vergangenen Erfahrungen stützen. Zweifelsohne werden ihre Ermittlungsheuristiken von gesellschaftlichen Mutmaßungen über wahrscheinliche Täterprofile und Bedrohungsszenarien beeinflusst. Die ethnisierten Annahmen über die später dem NSU zugeordneten Morde, wonach die türkisch- bzw. griechischstämmigen Opfer etwas mit dem organisierten Verbrechen zu tun haben müssten, haben nachdrücklich gezeigt, dass Polizistinnen, Staatsanwälte und Richterinnen auch nur Mitglieder einer konkreten Gesellschaft mit ihren Vorurteils- und Ressentimentstrukturen sind. Das Behördengedächtnis kann nie frei von problematischen Prägungen sein.

In diesem Sinne bildet es ein durch vergangene Ermittlungen validiertes Erfahrungswissen der entsprechenden Spezialisten, bei einem Mord ohne eindeutige Tatortspuren nach Täterinnen im privaten Umfeld zu suchen. Doch dies macht, wie ich erläutert habe, das behördliche Vorgehen im Fall des Erlanger Doppelmords nur partiell verständlich. Dabei war offenkundig die Annahme vorherrschend, die Tat hänge in irgendeiner Form mit der jüdischen Herkunft eines der Opfer zusammen – aber gerade nicht in dem Sinn, dass Lewin aufgrund dieser Herkunft ins Visier antisemitischer Täter geraten war. Vielmehr glaubte man offenkundig, dass an dem Juden irgendetwas so »faul« sein musste, dass man sich bei der Aufklärungsarbeit auf dessen Umfeld konzentrieren konnte. Solche Wahrnehmungsmuster, die sich in diesem Fall nur mit in der Gesellschaft verankerten antisemitischen Stereotypen erklären lassen, prägten auch die Ermittlungsheuristiken. Ein Durchbrechen dieser Muster und eine Neuausrichtung der Heuristiken wurden nicht zuletzt durch jene Beschwichtigungsformeln in Bezug auf rechte Gewalttäter verhindert, die sich in den entsprechenden Quellen wie Verfassungsschutzberichten, politischen Reden und ministerialen Stellungnahmen finden lassen, welche sich vornehmlich auf den Linksterrorismus konzentrierten und rechte Gewalt tendenziell verharmlosten. Diese Mischung aus stereotyper Wahrnehmung, Erfahrungswissen und Erinnerungslücken führte zu der fehlerhaften Ermittlungsweise. Man kann an dieser Stelle von einer Art strukturellem Antisemitismus sprechen, also von gesellschaftlich weitverbreiteten, selten bis nie hinterfragten, das Handeln orientierenden negativen Einstellungen gegenüber Juden.

Wie im NSU-Fall Jahrzehnte später muss man auch beim Erlanger Doppelmord erklären, wieso man so lange an einer Ermittlungsheuristik festhielt, obwohl sich diese als immer weniger hilfreich erwies, da sie keinerlei Ergebnisse brachte. Hier offenbarte sich eine »Kompetenzfalle«: Wenn eine Heuristik immer neue Ermittlungsanlässe liefert, wie dies sowohl beim Erlanger Doppelmord als auch bei den NSU-Morden der Fall war, laufen die Nachforschungen weiter in diese Richtung.[29] Im Erlanger Fall waren es die Informationen zur vermeintlich problematischen Vergangenheit Lewins, die den Ermittlerinnen neue Wege eröffneten; im NSU-Fall okkupierte die Heuristik »organisierte Kriminalität« die Polizei – skandalöserweise, wie man sagen muss – sogar noch deutlich länger.

In das Behördengedächtnis fließen auch professionelle Erkenntnisse über bestimmte Verbrechensformen ein, die schlicht falsch sein, aber plausibel erscheinen können. Nicht erst seit dem NSU-Prozess ist deutlich geworden, dass die Ermittlungsheuristik der Behörden auf der Annahme von Gemeinsamkeiten zwischen Links- und Rechtsterrorismus basierte. Man ging stets davon aus, dass Rechtsterroristen in einer Art »Brauner Armee Fraktion« organisiert sein müssten.[30] Da sich die rechtsterroristischen Verbrechen, vor allem wegen der häufigen Einzeltäter und der fehlenden Bekennerschreiben sowie des damit verbundenen Mangels an öffentlicher Kommunikation, grundlegend von linksterroristischen unterscheiden, man dies jedoch lange Zeit – und vielleicht bis in die Gegenwart – ignorierte, gingen die Ermittler von falschen Vorannahmen aus.

Insofern provozieren Links- und Rechtsterrorismus Staat und Gesellschaft mit unterschiedlicher Intensität und auf unterschiedliche Weisen. Lange Zeit interessierten sich Rechtsterroristen nicht für medienwirksame Botschaften, während es den Linksterroristen insbesondere darum ging, für ihre radikalen Gegennarrative etwa im Namen des Marxismus zu werben. Für Rechte war dies weniger wichtig – zumindest bis Anders Breivik und die Attentäter von Christchurch sowie Halle eine neue Öffentlichkeitsorientierung an den Tag legten. Frühere rechte Terroristen setzten auf andere Mechanismen, sie wollten durch extreme Gewalt ihre Handlungsfähigkeit unter Beweis stellen oder in extremistischen Nischenöffentlichkeiten alternative Narrative etablieren.[31] Rechte benötigen keine ausgefeilte Kommunikationsstrategie, um andere Rechte dazu zu bringen, ihre Gewalttaten zu glorifizieren und ihrer zu gedenken. Auch wirken ihre Taten auf die Opfer fast automatisch verunsichernd und beängstigend. Den Juden ist der Terror – der *terreur* – spätestens seit 1980 schmerzhaft gegenwärtig.

Es bringt einen strukturellen Nachteil für die Bekämpfung des Rechtsterrorismus mit sich, dass bekenntnisloser Terror in der Gesellschaft insgesamt weniger Aufmerksamkeit findet und leichter vergessen werden kann.[32] Weil Rechtsterrorismus, wie das Jahr 1980 ein-

deutig bewies, nicht per se weniger mörderisch war, hätte sich daraus
eigentlich die Notwendigkeit ergeben, gemeinsam mit den Opfern
an diese Taten zu erinnern. Im Fall des Erlanger Doppelmords blieb
die Zivilgesellschaft inaktiv, und die jüdische Gemeinde war viel zu
klein und zu geschockt, um sie zum Handeln aufzufordern. Während
es dem liberalen Rechtsstaat im Laufe der siebziger Jahre durchaus
gelang, die linksterroristische Bedrohung an die Bevölkerung zu kommunizieren, entstand gegenüber dem Rechtsterrorismus 1980 keine
Allianz unter den wehrhaften Demokraten. In vielerlei Hinsicht ging
die Handlungsfähigkeit der Demokratie, die der Staat mit seiner An-
ti-Terror-Politik während des Deutschen Herbsts demonstriert hatte,
gleich wieder verloren, ohne dass es jemand bemerkt oder dass es ir-
gendjemanden besonders gestört hätte.[33]

Zugleich kann man die Frage aufwerfen, ob das Nichteingreifen
des Staats hier überhaupt das größte Problem ist. In den siebziger Jahren gingen die staatlichen Institutionen mit aller Härte, die die Rechtslage gerade noch zuließ und die oft zu Recht kritisiert wurde, gegen
den Linksterrorismus vor. Dies geschah im Namen der Sicherheit der
gesamten Bevölkerung (und derjenigen, die diese Institutionen leiteten). 1980 legten die Staatsorgane nicht die gleiche demonstrative
Entschlossenheit an den Tag, möglicherweise auch, weil es sich bei
den Opfern um institutionell weniger herausgehobene Personen handelte. Grundsätzlich hatte dies jedoch vor allem damit zu tun, dass
die Gesellschaft sich nicht im selben Ausmaß in ihrer Sicherheit bedroht fühlte. Widersinnigerweise, möchte ich hinzufügen, denn Gewalttaten wie das Oktoberfest-Attentat trafen ja eigentlich die Bevölkerung viel unmittelbarer als die Anschläge der Linksterroristen auf
staatliche Funktionsträger, es sei denn, man arbeitete als Chauffeur
hochgestellter Würdenträgerinnen der Bundesrepublik.

Es ist eine banale Erkenntnis: Gedächtnisstrukturen wirken lange
nach, eben weil sie dem Handeln eine Erfahrungsbasis bieten. Sie helfen uns zu unterscheiden, was in einer konkreten Situation ein sinnvolles oder ein sinnloses Vorgehen ist. In dieser Hinsicht begrenzen
Gedächtnislücken die Denk- und Handlungsmöglichkeiten. Dass

rechte Gewalt viel zu wenig im Behörden-, aber auch im zivilgesellschaftlichen Gedenken verankert worden war, behinderte die Ermittlungen im Fall des Erlanger Doppelmords. Das Problem endete damit aber keineswegs: Da dieser Fall – und das gesamte Terrorjahr
1980 – von den Behörden wie von Gesellschaft und Politik nicht genutzt wurde, um endlich ein Gedenken an rechte Untaten zu etablieren, konnte der Doppelmord an Lewin und Poeschke eine fatale
Nachgeschichte entfalten. Aus dieser Perspektive erscheint weniger
erklärungsbedürftig, was der Leitende Kriminaldirektor beim Poli-
zeipräsidium Unterfranken – man beachte die räumliche Nähe zu
Mittelfranken, wo der Erlanger Doppelmord stattfand – Wolfgang
Geier im Rückblick zugeben musste. Als einer der wichtigsten Ermittler bei den Morden, die erst 2011 nachträglich dem NSU-Trio
zugeschrieben wurden, habe er sich »bis zuletzt nicht vorstellen können, dass es Rechtsterrorismus in diesem Ausmaß gibt«.[34] Es dürfte
sehr schwierig sein, für irgendeinen Zeitpunkt nach 1970 einen bundesrepublikanischen Ermittler zu finden, den ein vergleichbarer Mangel an Fantasie in Bezug auf den Linksterrorismus ausgezeichnet hätte. Dass ein solcher Satz möglich wurde, gehört auch zur Geschichte
des vergessenen Terrorjahrs 1980. Die bange Frage lautet heute: Haben wir die NSU-Morde auf allen Ebenen im Gedächtnis der Republik so verankert, dass wir der Gefahr rechter Gewalt von nun an besser
begegnen können?

14. Fazit

In den jüdischen Gemeinden war blankes Entsetzen darüber, aber auch
Entsetzen darüber, dass das anscheinend von der breiten Bevölkerung
nicht so wahrgenommen wurde, wie es hätte wahrgenommen werden
müssen; denn es war wirklich das erste Mal nach 1945, dass Juden von
Menschen, die dem Nationalsozialismus nahestehen, ums Leben gebracht wurden. Und wir haben damals auch nicht verstanden, warum
das nicht einen Aufschrei der gesamten Bevölkerung zur Folge gehabt hat.
Paul Spiegel im Jahr 2001 über den Erlanger Doppelmord[1]

Frida Poeschke und Shlomo Lewin wurden am 19. Dezember 1980
von dem führenden Mitglied der Wehrsportgruppe Hoffmann, Uwe
Behrendt, erschossen. Was im Vorfeld des Erlanger Doppelmords
und an diesem fatalen Abend in der Ebrardstraße 20 genau geschah,
wissen bzw. wussten nur Behrendt, Hoffmann und Birkmann; Behrendt nahm seine Kenntnisse mit in sein Grab in einem Beiruter
Sandhügel. Ich habe auf den Seiten dieses Buches das Geschehen,
so genau es mir möglich war, rekonstruiert. Meine Version der Ereig-
niskette führt mich zu der Schlussfolgerung, dass Karl-Heinz Hoffmann, der Chef der damals offiziell verbotenen WSG und von Behrendt, für den Erlanger Doppelmord zumindest ein erhebliches Maß
an Mitverantwortung trägt.

Hoffmann leugnete den Holocaust, agierte israelfeindlich und äu-
ßerte sich so regelmäßig judenfeindlich, dass man ihm eine antisemitische Einstellung attestieren muss. Er verbreitete gegenüber der PLO,
aber auch in seinen späteren Memoiren (und letztlich bis heute) eine
antisemitische Verschwörungsfantasie, wonach der israelische Geheimdienst den Anschlag auf das Oktoberfest ihm und der WSG
in die Schuhe geschoben habe. Aus dieser Sicht, die Behrendt als Be-

gründung diente, erschien die WSG als ein verfolgtes Opfer, und der Erlanger Doppelmord stellte einen Akt der Selbstverteidigung und Rache dar.

Die WSG war klar hierarchisch strukturiert. Hoffmann war ihr Namensgeber, Spiritus Rector und unangefochtener »Chef«, der sich so von allen Mitgliedern ansprechen ließ. Trotz der massiven Konflikte in der WSG-Ausland begehrte niemand gegen ihn auf; eher wählte man den Weg der Flucht. Auch Behrendt fügte sich stets in diese Struktur, ja stützte sie bis zum Schluss. Folgerichtig kam es meines Wissens zu keiner wesentlichen Entscheidung in dieser Truppe, ohne dass Hoffmann direkt in sie involviert war bzw. sie selbst traf.

Hoffmann war das Opfer Lewin spätestens seit 1977 bekannt. Er muss Lewin von Beginn an als politischen Gegner wahrgenommen haben, der öffentlich vor dem Rechtsextremismus in der Bundesrepublik warnte und sich dabei auch direkt auf die WSG bezog. Monate vor dem Doppelmord soll Hoffmann mit einem überzeugten und erfahrenen Rechtsterroristen über die strategische Opportunität einer Ermordung von Juden diskutiert haben, wobei möglicherweise der Name Lewin fiel. WSG-Mitglieder behaupteten zudem, dass sie von ihm zu ähnlichen Taten aufgefordert wurden.

Hoffmann ließ die WSG mithilfe der Fatah im Libanon militärisch ausbilden, wo in der Truppe eine Gewaltdynamik in Gang kam, an der auch Behrendt entscheidenden Anteil hatte. Gegenüber der PLO befand sich Hoffmann zunehmend in einer schwierigen Situation; eine Bringschuld gegenüber den Palästinensern erscheint mir angesichts von deren Zahlungen und Vorleistungen sehr wahrscheinlich bestanden zu haben. Möglicherweise hatte die WSG mit der PLO vereinbart, in Europa »secret work« zu erledigen. Lewin der PLO als geeignetes Terroropfer zu präsentieren und so die Sinnhaftigkeit der WSG-Unterstützung vorzuführen, leuchtete selbst Hoffmanns eigenen Leuten ein, als sie den Mord in Beirut feierten. Auch einige PLO-Funktionäre hegten anscheinend diesen Gedanken.

Hoffmann stellte mit Behrendt einen amateurhaften Schalldämpfer her, wie er bei dem Doppelmord verwendet wurde. Die Tatwaffe stammte aus seinen Beständen, war zuvor als Deko-Waffe bei den Wehrsportübungen genutzt worden und musste erst wieder von der Verlötung befreit werden, um schussbereit zu sein. Hoffmann wusste von dieser Möglichkeit und sprach darüber öffentlich. Nach der Tat half Hoffmann Behrendt bei der Vertuschung und bei der Flucht nach Beirut. Zu keinem Zeitpunkt distanzierte sich Hoffmann von dem Mörder, sondern beförderte ihn in der WSG-Hierarchie. Er wurde zu einem seiner engsten Mitarbeiter und zum wichtigsten Folterknecht im Libanon. Es erscheint zumindest möglich, dass Behrendt einen weiteren Auftrag für eine Gewalttat im Ausland ausführte.

Das Landgericht Nürnberg-Fürth glaubte Hoffmanns Behauptung, der Doppelmord gehe allein auf Behrendts Konto, und verurteilte Hoffmann – und Birkmann – nicht wegen Mittäterschaft an den Morden bzw. Beihilfe dazu. Ich habe erläutert, warum ich aufgrund meines, zum Teil erweiterten, Kenntnisstandes Zweifel an diesem Urteilsspruch hege. Die Richter bewerteten das Verhalten des Angeklagten Hoffmann im Wesentlichen als das eines »normalen« Kriminellen. Sein Vorgehen erschien ihnen so nachlässig, dass sie folgerten, er könne nicht der (Mit-)Täter sein. Versteht man Hoffmann (und auch Behrendt) hingegen als überzeugten Rechtsextremisten, Terroristen und Antisemiten, begreift man, dass seine Aktivitäten nicht in den Bereich der normalen Kriminalität fielen, sondern einer politisch-ideologischen Logik folgten. Nicht nur hier zeigten sich die Schwierigkeiten und Grenzen des damaligen Strafrechts, eine rechtsterroristische Tat angemessen einzuordnen und zu verurteilen.

Fast alle Zeugen aus den Reihen der WSG wiederholten ihre belastenden Angaben aus den Vernehmungen nicht vor Gericht. Dadurch wurden ihre früheren Aussagen weitgehend wertlos. Auf diese Konsequenz des Schweigens im Zeugenstand konnte Hoffmann seine früheren Mitstreiter hinweisen, indem er skandalöse Missstände im Strafvollzug nutzte. Hoffmanns Lebensgefährtin und spätere Ehefrau Franziska Birkmann schwieg, obwohl sie in den Vernehmungen den Eindruck hinterlassen hatte, sie wisse mehr über die Umstände des Doppelmords.

Das Gericht entschied sich, die zahlreichen Indizien, die auf eine Tatbeteiligung Hoffmanns hindeuteten, sehr weitgehend nach dem Grundsatz »In dubio pro reo« zu behandeln; ein anderes Gericht hätte womöglich – selbst angesichts der seinerzeit eingeschränkten Faktenlage – mit guten Argumenten eine gegenteilige Entscheidung begründen können. Wie damals allerdings auch in Behörden und in der gesamten Gesellschaft verbreitet, nahm das Gericht Antisemitismus als mögliches Motiv für eine terroristische Tat kaum ernst. Es erstaunt aus heutiger Sicht, wie nur auf den letzten Seiten der Urteilsbegründung ein ideologisches Hassverbrechen in Erwägung gezogen, bei der Urteilsfindung aber offenkundig kaum als Möglichkeit berücksichtigt wurde.

Schließlich habe ich auch Zweifel an der Entscheidung des Bundesgerichtshofs, die WSG nicht als terroristische Vereinigung im Inland anzusehen, so dass das Verfahren gegen Hoffmann und Birkmann nicht als Terrorismusprozess geführt werden konnte. Die Annahme, dass die WSG damals keineswegs nur im Libanon aktiv war, scheint mir zumindest diskussionswürdig. Schließlich trafen Behrendt und Hoffmann alle Vorbereitungen, welche die Ausführung des Doppelmords ermöglichten, vollständig auf deutschem Boden. Was die WSG-Ausland tat, war für den Doppelmord irrelevant; ihre Mitglieder waren über das Vorhaben zudem offenkundig nicht in Kenntnis gesetzt worden. Wieso man dann nicht von einer Unterorganisation in Deutschland sprechen konnte, ist meines Wissens nie detailliert erörtert worden. Selbst die bundesrepublikanischen Verfassungsschützer (und die Staatssicherheit der DDR) gingen offensichtlich von der Existenz einer solchen Untereinheit aus (von der auch der WSG-Mann Leroy Paul überzeugt war), als sie die ehemaligen Mitglieder der WSG auf dem Boden der BRD weiterhin intensiv beobachteten. Für mich bleibt eine wesentliche Erkenntnis aus der Geschichte des Erlanger Doppelmords: Man war letztlich nicht in der Lage, strafrechtlich, aber auch politisch und gesellschaftlich angemessen auf rechtsterroristische Gewalttaten mit ihrer spezifischen Struktur zu reagieren.

Die Staatsanwaltschaft legte gegen das Urteil zwar Revision ein, diese wurde vom Bundesgerichtshof allerdings abgelehnt, so dass das Urteil am 31. August 1988 rechtskräftig wurde. Daran hat sich seither nichts geändert: Nach der Aufdeckung des NSU haben die Behörden sowohl den Erlanger Doppelmord als auch den Anschlag auf das Oktoberfest neu aufgerollt. Einige Monate später, im November 2012, erklärte der bayerische Innenminister Joachim Herrmann, der Lewin übrigens in Erlanger Kindertagen kennengelernt hatte, im Münchner Landtag: »Zusammenfassend kann festgestellt werden, dass die Nachuntersuchungen zu keinen neuen Ermittlungsansätzen geführt haben [...]. Als Täter gilt nach wie vor Uwe Behrendt.«[2] Dabei muss man jedoch beachten, dass es hohe juristische Hürden gibt, gegen ein einmal gefälltes Gerichtsurteil vorzugehen, weshalb dies auch selten geschieht.

Dennoch bin ich mir ziemlich sicher, dass in einem anderen politischen Kontext mit einer größeren Aufmerksamkeit für Antisemitismus, Rechtsextremismus und -terrorismus – sagen wir als Gedankenexperiment, der Erlanger Doppelmord wäre ein paar Monate nach der Aufdeckung des NSU vor Gericht verhandelt worden – ein anderes Urteil wahrscheinlich gewesen wäre. Juristisch ist das irrelevant, und dies aus gutem Grund: Laut eines Grundsatzurteils des Bundesverfassungsgerichts ist die Rechtspflege wegen der fundamentalen Unabhängigkeit der Richter »konstitutionell ›uneinheitlich‹«.[3] Wenn ein unabhängiges Gericht entscheidet, dass eine Person nicht für einen Mord verantwortlich gemacht werden kann, weil die Richter die entsprechenden Vorgaben des Strafgesetzbuchs nicht erfüllt sehen, dann kann es zwar durchaus sein, dass ein anderes Gericht in einem ähnlich gelagerten Fall zu einem anderen Ergebnis kommt. Das bleibt aber irrelevant, und damit müssen wir leben, wenn wir die Forderung des Grundgesetzes nach unabhängigen Richterinnen erfüllt sehen wollen.

Doch Historikerinnen sind keine Richter. Um es noch einmal zu sagen: Die Rekonstruktion, die ich auf den Seiten dieses Buches angeboten habe, ist kein Urteil, sondern eine historische Rekonstruktion des Erlanger Doppelmords. Was genau wer und warum am Abend des 19. Dezember 1980 in der Erlanger Ebrardstraße 20 tat und welche vorherigen Handlungen dieses Verbrechen ermöglichten, war nur ein Aspekt meiner Ausführungen – man könnte sagen, der tat- und täterbezogene Teil. Mindestens ebenso wichtig war es mir eigentlich, den Umgang mit dem Erlanger Doppelmord in den Wochen, Monaten und Jahren danach zu thematisieren. Dabei kommen automatisch die staatlichen Institutionen und Akteure in den Blick: die Politikerinnen, die Ermittler, die Richter usw. Ihre Bilanz bei der Aufklärung dieser Tat ist alles andere als glänzend. Ich habe viele Ermittlungspannen, politische Fehleinschätzungen und einen Mangel an Aufklärungs- und Verfolgungswillen beschrieben. Sie gehören ebenfalls zur Geschichte dieses Kriminalfalls.

Während meiner Recherchen beschlich mich ab und an das Gefühl, hinter diesen Unzulänglichkeiten müsse böser Wille, ja Antisemitismus stecken. In anderen Momenten erschien es mir plausibler, dass es sich schlicht um Gedankenlosigkeit handelte. Was Ignoranz und Bösartigkeit prinzipiell gemeinsam haben, lässt sich als eine Art struktureller Antisemitismus, also als eine judenfeindliche Disposition beschreiben, die Teile der Gesellschaft und auch der Behörden und der Politik 1980 grundlegend prägten. Aus zwei Gründen wollte ich jedoch bei diesem Argument nicht stehenbleiben. Erstens gab es hier Ausnahmen, das heißt Menschen, die sich gegen Antisemitismus engagierten, und Menschen, die ehrlich geschockt waren, dass 35 Jahre nach dem Ende des Holocaust ein antisemitischer Doppelmord auf deutschem Boden möglich war. Zweitens wäre es aus meiner Sicht wenig hilfreich, die konkreten Akteure aus der Verantwortung zu entlassen und von einem letztlich vagen, allumfassenden Strukturproblem auszugehen. An einem Antisemitismus, der strukturell ist, droht am Ende niemand Schuld zu haben – und man kann diesen auch kaum verändern, weil er als ein Grundmerkmal der Alltagskultur erscheint, das bleiben wird.

Bei einem Mord gibt es einen oder mehrere verantwortliche Täter oder Täterinnen. Und solche Taten inspirieren andere direkt und nicht auf dem Umweg einer strukturellen Gemeinsamkeit. Dies wurde eineinhalb Jahre nach dem Doppelmord deutlich: Am 24. Juni 1982 schoss der Neonazi Helmut Oxner in der Nürnberger Diskothek Twenty Five auf die zumeist ausländischen Gäste und tötete drei Personen, darunter einen schwarzen US-Amerikaner und einen Ägypter. Bevor er sich selbst richtete, soll er den anwesenden Polizisten zugerufen haben, er schieße nur auf Türken. Oxner hatte am Tag vor der Tat wegen Drohanrufen vor Gericht gestanden, die er mit einem Komplizen an Türken und Juden gerichtet hatte. Laut einer Fangschaltung der Post soll dabei auch der Satz gefallen sein: »Morgen geht es Dir wie dem Shlomo Levin [sic].«[4]

Letztlich ist für dieses Buch daher der konkrete Blick darauf wichtiger, was die fehlende und eingeschränkte Aufarbeitung des Erlanger Doppelmords eigentlich bedeutete: Der Rechtsextremismus und -terrorismus verschwand in einem blinden Fleck des bundesrepublikanischen Gedächtnisses. Als Konsequenz des Terrorjahrs 1980 verstellten sich Behörden, Politik und Gesellschaft selbst die Sicht auf ein brennendes Problem ihrer Gegenwart, das seitdem nichts von seiner Brisanz verloren hat. Es entstand ein wirkmächtiges und sich als langlebig erweisendes Narrativ, in dem rechte im Vergleich zu linker Gewalt als weniger virulent, konzeptionell defizitär und für den Staat weniger gefährlich erschien. Dieses Narrativ sah zudem keinen Platz für die betroffenen (jüdischen) Opfer vor. Dies prägte auch ganz praktisch die Ermittlungsarbeit im Fall des Doppelmords, die, so habe ich argumentiert, auf einer bestimmten Gedächtnisstruktur aufbaute, in welche die Geschichte vergangener Verbrechen einfloss.

Dass der Doppelmord – wie alle rechtsterroristischen Taten des Jahres 1980 – von Politik und Gesellschaft nahezu komplett vergessen wurde, hatte daher auch langfristige Konsequenzen für dieses Behörden- und Ermittlergedächtnis. Erst als die rechtsterroristischen Morde des Nationalsozialistischen Untergrunds durch dessen Enttarnung 2011 schlagartig als solche erkannt wurden, begann man, sich stärker für die Vorgeschichte rechter Gewalt zu interessieren. Seitdem ist auch vermehrt an den Doppelmord erinnert worden. Zugleich gehört der nachlässige Umgang mit dem Terrorjahr 1980 zu den entscheidenden Voraussetzungen für die Unfähigkeit der Behörden, den NSU-Terroristen früher auf die Spur zu kommen. Die Ermittler konnten sich rechten Terror in dieser Form und in diesem Ausmaß schlicht nicht vorstellen, weil Rechtsterrorismus nicht im bundesrepublikanischen Gedächtnis verankert worden war.

Wie das obige Zitat von Paul Spiegel, von 2000 bis zu seinem Tod 2006 Vorsitzender des Zentralrats der Juden in Deutschland, eindrücklich belegt, rief nicht nur die Tat bei den Jüdinnen Westdeutschlands Entsetzen hervor, sondern gerade der ausbleibende Aufschrei danach. Es ist eine bittere Erkenntnis, dass der Staat und seine Sicherheitsbehörden daran scheiterten, solche Taten zu verhindern (was, zugegeben, nicht leicht ist, aber zumindest voraussetzt, dass die zuständigen Institutionen das Problem erkennen und die für dessen Bekämpfung notwendigen Schritte in die Wege leiten). Sie scheiterten jedoch in einer weiteren Hinsicht: Es gelang ihnen nicht, den Opfern und Betroffenen durch sofortiges und entschlossenes Handeln ein erneuertes Gefühl der Sicherheit zu vermitteln.

Wenn man das ernst nimmt – und dieses Buch ist ein Plädoyer dafür –, muss die Bekämpfung politischer Gewalt stets beides sein: Verhinderung bzw. Aufklärung von Gewalttaten wie auch Rückversicherung der Opfer und Betroffenen. Rechtsterrorismus kann einen Angriff auf den Staat und seine Institutionen darstellen; häufiger ist er jedoch Teil einer asymmetrischen Kriegsführung, die Schrecken – *terreur* – produzieren soll, manchmal in der gesamten Bevölkerung, gerade bei Rechtsextremisten vornehmlich bei spezifischen Opfergruppen, für die ich den Begriff der betroffenen Dritten in die Debatte über Terrorismus einführen möchte. Folglich kann man Terrorismus nicht wirkungsvoll begegnen, wenn man sich nur mit der Gewalttat selbst beschäftigt. Terrorismusbekämpfung muss als Kernaufgabe den *terreur* adressieren, jenes blanke Entsetzen, von dem Paul Spiegel sprach. In diesem Sinne bedarf es staatlichen und zivilgesellschaftlichen Beistandes: eines Stehens an der Seite der Opfer.

Diese Erkenntnis wird umso dringlicher angesichts der spezifischen Ausprägung rechter Gewalt: Gerade weil Rechtsterrorismus nicht unbedingt in die Öffentlichkeit kommuniziert, muss die Zivilgesellschaft die Rolle der Mahn-, Gedenk- und Gedächtnisinstanz übernehmen. Das Problem stellt sich im Hinblick auf die Geschichte des Erlanger Doppelmords letztlich so dar: Der Schrecken der Tat verflüchtigte sich in der Mehrheitsgesellschaft schnell (wenn er denn überhaupt vorhanden war), hatte aber tiefgreifende und nachhaltige Auswirkungen für die Opfergruppe. Vielleicht war der Effekt im Erlanger Fall sogar so nachhaltig, dass es sich Arno Hamburger aufdrängte, Lewins Leben in ein negatives Licht zu rücken, um sich und der jüdischen Gemeinde zu suggerieren, die Tat habe kein politisches Motiv und die Gefahr von rechts sei weniger tödlich.

Der *terreur* der Juden nach der Tat, die Unfähigkeit des Staates, den Doppelmord vollständig aufzuklären und die Beteiligten als Terroristen zu bestrafen, der Unwille der Gesellschaft, die antisemitische Bedrohung zu verstehen und den Rechtsterrorismus richtig einzuordnen und zu erinnern, die überall greifbaren Zweifel an Lewin, durch die sich die Ermittlungen wochenlang in die falsche Richtung bewegten, und an den Jüdinnen insgesamt – all dies sind wesentliche Bestandteile der Geschichte des Erlanger Doppelmords.

Von dem Historiker Reinhart Koselleck stammt die Erkenntnis, eine Begebenheit werde erst dann zu einem Ereignis, wenn es »ein Minimum an Vorher und Nachher« gebe.[5] Das Fazit dieses Buches ist trostlos: Für die Juden in Deutschland war der Erlanger Doppelmord ein Ereignis, weil dieses antisemitische Verbrechen für sie die bundesrepublikanische Nachkriegsgeschichte in ein Vorher und ein Nachher unterteilte. Die nichtjüdische Gesellschaft und die Politik haben den Erlanger Doppelmord bis heute nicht als Ereignis verstanden.

Anmerkungen

1. Einleitung

1 Vgl. Tobias Hof, »Rechtsextremer Terrorismus in der Bundesrepublik Deutschland«, in: Martin Löhnig/Mareike Preisner/Thomas Schlemmer (Hg.), *Ordnung und Protest. Eine gesamtdeutsche Protestgeschichte von 1949 bis heute*, Tübingen 2015, S. 217-238, S. 227.

2 Vgl. zur Geschichte des Rechtsterrorismus in Deutschland Olaf Sundermeyer, *Rechter Terror in Deutschland. Eine Geschichte der Gewalt*, München 2012; Andrea Röpke/Andreas Speit (Hg.), *Blut und Ehre. Geschichte und Gegenwart rechter Gewalt in Deutschland*, Berlin 2013; Hof, »Rechtsextremer Terrorismus«, a. a. O.; Sebastian Gräfe, *Rechtsterrorismus in der Bundesrepublik Deutschland. Zwischen erlebnisorientierten Jugendlichen, »Feierabendterroristen« und klandestinen Untergrundzellen*, Baden-Baden 2017; Fabian Virchow, *Nicht nur der NSU. Eine kleine Geschichte des Rechtsterrorismus in Deutschland*, Erfurt 2016; Barbara Manthe, »On the pathway to violence: West German right-wing terrorism in the 1970s«, in: *Terrorism and Political Violence* 33/1 (2018), S. 1-22; dies., »Rechtsterroristische Gewalt in den 1970er Jahren. Die Kühnen-Schulte-Wegener-Gruppe und der Bückeburger Prozess 1979«, in: *Vierteljahrshefte für Zeitgeschichte* 68/1 (2020), S. 63-93; Ronen Steinke, *Terror gegen Juden. Wie antisemitische Gewalt erstarkt und der Staat versagt. Eine Anklage*, Berlin 2020.

3 Ich werde in diesem Buch bei der Benennung gemischtgeschlechtlicher Gruppen grosso modo abwechselnd die männliche und die weibliche Form nutzen, um das generische Maskulinum zu vermeiden. Auch wenn dies das Bezeichnungsproblem nicht grundsätzlich löst, ist es eine sprachlich vergleichsweise wenig disruptive Variante. Dass auch sie gelegentlich zu Verwirrung führt, ist mir bewusst, das ist aber bei der männlichen Form, die Frauen »nur mit meint«, wie es dann oft heißt, eigentlich nicht anders.

4 Ob die Annahme eines strukturellen Antisemitismus sinnvoll ist bzw. was genau damit gemeint wird, wäre ein lohnender Gegenstand für eine

längere Abhandlung, die hier jedoch vom Thema wegführen würde. Eine der wesentlichen Fragen, auf die man eine Antwort finden müsste, scheint mir dabei zu sein, ob es eine intentionslose antisemitische Rede geben kann und, wenn ja, ob der Sprecher dann automatisch antisemitisch genannt werden kann oder sollte. Die moralische Empörung, die in der Regel auf eine solche Rede folgt, kennzeichnet die Sprecherin jedenfalls fast immer als schuldig, ohne dass in der Regel die Implikationen dieser Be- und Verurteilung mitbedacht werden.

5 Tötungsdelikte aus politischen Beweggründen sind im Strafrecht nicht einheitlich geregelt. Ein antisemitisches Motiv gilt hierbei als menschenverachtend und damit als niedrig (zumindest wenn es das vorherrschende Motiv darstellt, sollte ein Mord durch mehrere Motive bedingt sein). Dies hat der Gesetzgeber 2021 durch die explizite Nennung von Antisemitismus im § 46 StGB noch einmal besonders hervorgehoben. In der Praxis stellt es bisweilen eine Herausforderung dar, eine antisemitische Motivlage zu rekonstruieren; vgl. zum Problemkomplex des politischen Mordes auch Dirk Lange, *Die politisch motivierte Tötung*, Frankfurt am Main 2007.

6 Ich bin keineswegs der Erste, der dies versucht, auch wenn es bisher keine umfassende Darstellung des Erlanger Doppelmords gibt. Am wichtigsten ist das Werk von Ulrich Chaussy: *Das Oktoberfest-Attentat und der Doppelmord von Erlangen. Wie Rechtsterrorismus und Antisemitismus seit 1980 verdrängt werden*, 3. Aufl., Berlin 2020 [2014]. Chaussy hat sich in seinen jahrzehntelangen, aufwendigen und detaillierten Recherchen vor allem mit dem Oktoberfest-Attentat beschäftigt und dann in den letzten Jahren auch das Erlanger Verbrechen in den Blick genommen. Ich baue an vielen Stellen auf seine Forschungen auf, habe mich jedoch stärker auf eine eigenständige Analyse des Geschehens in Erlangen konzentriert. Mit vielen zusätzlichen Informationen versehen ist das dem Doppelmord gewidmete erste Kapitel in: Steinke, *Terror gegen Juden*, a. a. O. In den wesentlichen Arbeiten zur Geschichte des Oktoberfest-Anschlags findet der Mord Erwähnung: Ulrich Chaussy, *Oktoberfest – Das Attentat. Wie die Verdrängung des Rechtsterrors begann*, Berlin 2014; Tobias von Heymann, *Die Oktoberfest-Bombe. München, 26. September 1980. Die Tat eines Einzelnen oder ein Terror-Anschlag mit politischem Hintergrund?*, Berlin 2008.

Vor Ort ist seit einigen Jahren die Initiative kritisches Gedenken Erlangen aktiv, die sich der Erinnerung an den Doppelmord widmet: {https://kritischesgedenken.de/} (alle URLs Stand April 2022). In Erlangen trägt heute eine Parkanlage die Namen der beiden Opfer. Auch das Nürnberger Institut für sozialwissenschaftliche Forschung, Bildung und Beratung e. V. leistet wichtige Erinnerungsarbeit, die ich hiermit nur unterstützen kann. Zum 40. Jahrestag der Tat gedachte die Stadt Erlangen – pandemiebedingt – mit einem Online-Auftritt des Verbrechens: {https://www.erlangen.de/ desktopdefault.aspx/tabid-2096/}.

7 Der Haftbefehl gegen Hoffmann spricht von einer »Bewährungsprobe«, die er gegenüber der PLO habe ablegen müssen; siehe den Haftbefehl vom 19. August 1981, ausgestellt vom Amtsgericht Erlangen, BArch, B362/6510, S. 98. In der Einlassung der Anklage im Prozess gegen Hoffmann und Birkmann ist die Rede von einer »greifbaren Gegenleistung« für die PLO: Urteil in der Strafsache gegen Hoffmann und Birkmann, 3. Strafkammer, Landgericht Nürnberg-Fürth 1988, rechtskräftig seit dem 31. August 1988, S. 756 (im Folgenden Urteil).

8 Zitiert nach: Michael Brenner (Hg.), *Geschichte der Juden in Deutschland von 1945 bis zur Gegenwart. Politik, Kultur und Gesellschaft*, München 2012, S. 146.

9 Vgl. dazu z. B. das Protokoll der öffentlichen Sachverständigenbefragung im Rahmen einer von der SPD-Bundestagsfraktion initiierten Anhörung am 26. November 1979, in: BMI B106/102206, Bd. 2, S. 14.

10 Siehe N. N., »Die Nazis üben fleißig …«, in: *Nürnberger Nachrichten* (18. Juli 1978).

11 Vgl. Carola Dietze, »Ein blinder Fleck? Zur relativen Vernachlässigung des Rechtsterrorismus in den Geschichtswissenschaften«, in: Tim Schanetzky et al. (Hg.), *Demokratisierung der Deutschen. Errungenschaften und Anfechtungen eines Projekts*, Göttingen 2020, S. 189-205. Es gibt eine umfassende und an sich wertvolle Überblicksdarstellung zur bundesrepublikanischen Geschichte des Terrorismus, die gar nicht auf Rechtsterrorismus eingeht: Klaus Weinhauer, »Terrorismus in der Bundesrepublik der Siebzigerjahre. Aspekte einer Sozial- und Kulturgeschichte der Inneren Sicherheit«, in: *Archiv für Sozialgeschichte* 44 (2004), S. 219-242; vgl. für hilfreiche Überblickswerke Anmerkung 2 in diesem Kapitel.

12 Vgl. Gräfe, *Rechtsterrorismus*, a. a. O.

13 Dies ist etwa sehr deutlich in: Matthias Quent, *Rassismus, Radikalisierung, Rechtsterrorismus. Wie der NSU entstand und was er über die Gesellschaft verrät*, 2. Aufl., Weinheim 2019.

14 Vgl. Peter Dudek/Hans-Gerd Jaschke, *Entstehung und Entwicklung des Rechtsextremismus in der Bundesrepublik*, Bd. 2: *Dokumente und Materialien*, Opladen 1984; Uwe Backes/Eckhard Jesse, *Politischer Extremismus in der Bundesrepublik Deutschland*, Bonn 1989; Bernhard Rabert, *Links- und Rechtsterrorismus in der Bundesrepublik Deutschland von 1970 bis heute*, Bonn 1995.

15 Hof, »Rechtsextremer Terrorismus«, a. a. O.; Manthe, »Pathway«, a. a. O.; dies., »Rechtsterroristische Gewalt«, a. a. O.

16 Vgl. dazu Reiner Fenske, *Vom »Randphänomen« zum »Verdichtungsraum«. Geschichte der »Rechtsextremismus«-Forschungen seit 1945*, Münster 2013; Forum für kritische Rechtsextremismusforschung (Hg.), *Ordnung. Macht. Extremismus. Effekte und Alternativen des Extremismus-Modells*, Wiesbaden 2011; Eva Berendsen/Katharina Rhein/Tom David Uhlig (Hg.), *Extrem unbrauchbar. Über Gleichsetzungen von links und rechts*, Berlin 2019; vgl. für eine Gegenkritik Armin Pfahl-Traughber, »Extremismus aus politikwissenschaftlicher Sicht. Definition, Herleitung und Kritik in Neufassung«, in: *Jahrbuch für Extremismus- und Terrorismusforschung* 2019/20 (2021), S. 8-72.

17 Vgl. für die diskursive und staatlich induzierte Herausbildung des Extremismuskonzepts in meinem Untersuchungszeitraum Holger Oppenhäuser, »Das Extremismus-Konzept und die Produktion von politischer Normalität«, in: Forum für kritische Rechtsextremismusforschung (Hg.), *Ordnung. Macht. Extremismus*, a. a. O., S. 35-58.

18 Vgl. zur Terminologie Fenske, »Randphänomen«, a. a. O., S. 23-41.

19 Vgl. dazu Wolfgang Kraushaar, *Die Bombe im Jüdischen Gemeindehaus*, Hamburg 2005; ders., *»Wann endlich beginnt bei euch der Kampf gegen die heilige Kuh Israel?« München 1970: Über die antisemitischen Wurzeln des deutschen Terrorismus*, Reinbek bei Hamburg 2013.

20 Vgl. Wolfgang Benz (Hg.), *Antisemitismus in der DDR. Manifestationen und Folgen des Feindbildes Israel*, Berlin 2018.

21 Mein Kollege Peter Ullrich hat in diesem Zusammenhang die sinnvolle Unterscheidung zwischen einem substanziellen und einem formal-abstrakten Verständnis von Antisemitismus in die Debatte eingeführt (und sie hinter dem Grundverständnis der Jerusalemer Definition des Antisemitismus auf der einen und dem der IHRA-Arbeitsdefinition auf der anderen Seite identifiziert). Ich halte, wie er, letztlich an einem substanziellen Verständnis fest, ohne die andere Variante für völlig überflüssig zu halten; vgl. Peter Ullrich, »Zwei Begriffe von Antisemitismus«, in: *Conflict & Communication online* 21/1 (2022), online verfügbar unter: {https://regener-online.de/journalcco/2022_1/pdf/ullrich_dt.pdf}.

2. Die Tat

1 Die ermittelnde Kriminalpolizei entwarf dieses Bild aufgrund der Aussage einer Nachbarin, die vor der Tat eine männliche Person gesehen

hatte. Abgedruckt wurde es in den Lokalzeitungen, etwa: N. N., »War neben einer Frau auch ein Mann am Mord beteiligt?«, in: *Erlanger Nachrichten* (10./11. Januar 1981).

2 Für die detaillierte Beschreibung des Geschehens habe ich die Erkenntnisse der Ermittler genutzt; vgl. die Ermittlungsberichte und Fernschreibermeldungen in den Akten, BArch, B 106/107000, die Anklageschrift der Staatsanwaltschaft Nürnberg, Vorlass Poelchau, Archiv apabiz, Kasten I, sowie Urteil, a. a. O. Letztlich stellen auch diese lediglich Hypothesen zum Ablauf der Tat dar. Aus meiner Sicht ging man bei der Spurensuche am Tatort nicht nachlässig vor, dafür allerdings bei der nachträglichen Interpretation der Spuren.

3 Ich habe länger darüber nachgedacht, ob es entwürdigend ist, ein Foto von Lewins Leichnam abzudrucken. Ich halte es jedoch für wichtig, in einem Buch über Terrorismus auch dessen schreckliche Konsequenzen zu zeigen. Eine klinisch bereinigte Geschichte des Terrorismus erscheint mir kein sinnvolles Unterfangen. Auch halte ich dieses dpa-Foto, das damals im Übrigen in allen Zeitungen freigiebig gezeigt wurde, für verhältnismäßig wenig entwürdigend. Letztlich nahm aber der Mörder nicht nur das Leben von Poeschke und Lewin, sondern ihnen auch die Würde. Ich möchte diesen Akt zeigen und dokumentieren.

4 Siehe den Bericht des Leitenden Nürnberger Oberstaatsanwalts H. vom 30. Dezember 1980, BArch, B 106/107000, S. 3.

5 Das Bild erschien in: N. N., »Einzige Spur: die Brille«, in: *Nürnberger Nachrichten* (22. Dezember 1980).

6 Das Bild erschien in: Joachim Hauck, »Viele Fragezeichen im Leben des Shlomo Lewin«, in: *Nürnberger Nachrichten* (22. Dezember 1980).

7 Vgl. das Manuskript der Rede, die Birgit Mair am 19. Dezember 2013 in Erlangen anlässlich einer Gedenkveranstaltung hielt, in: Archiv des Instituts für sozialwissenschaftliche Forschung, Bildung und Beratung (ISFBB) e. V. 2013.

8 Vgl. etwa N. N., »Die Fassungslosigkeit hält an«, in: *Erlanger Tagblatt* (29. Dezember 1980).

9 Siehe Britta Bader, »Spekulationen um das Mordmotiv?«, in: *Nürnberger Zeitung* (22. Dezember 1980), S. 15.

10 So drückt es der Erlanger Pfarrer R. bei der Beerdigung von Poeschke aus; ebd.

11 So erinnert sich der Cousin Lewins: Manuskript der aus dem Hebräischen übersetzten Trauerrede von Arie Frankenthal, gehalten bei der Aussegnung auf dem Israelitischen Friedhof in Fürth am 25. Dezember

1980, Archiv des Instituts für sozialwissenschaftliche Forschung, Bildung und Beratung e.V. in Nürnberg.

12 Siehe das Schreiben von Brunhilde M. im Namen des Vorstandes der Gesellschaft für Christlich-Jüdische Zusammenarbeit Nürnberg, Fürth, Bamberg und Erlangen vom 20. Dezember 1980 an die Mitglieder, Archiv des Instituts für sozialwissenschaftliche Forschung, Bildung und Beratung e.V., Nürnberg.

13 Kristina Heilmann, *Die israelitische Kultusgemeinde Nürnberg nach 1945*, MA-Abschlussarbeit, Universität Erlangen-Nürnberg, Erlangen 1989, S. 39-44.

14 Siehe das Schlusswort von Lewin anlässlich des Festvortrags »Martin Buber – Zwiesprache heute« des Theologen Shalom Ben-Chorin im Rahmen der Woche der Brüderlichkeit in Erlangen am 10. März 1978, Tonbandmitschnitt nebst Transkription, Stadtarchiv Erlangen.

15 Zu nennen wären: Golo Mann, *Der Antisemitismus. Wurzeln, Wirkung und Überwindung*, Frankfurt am Main 1961; Hans Lamm, *Der Eichmann-Prozeß in der deutschen öffentlichen Meinung. Eine Dokumentensammlung*, Frankfurt am Main 1961; Christopher Emmet/Norbert Muhlen, *Das verlöschende Hakenkreuz. Tatsachen und Zahlen über den Nazismus in Westdeutschland*, Frankfurt am Main 1962; Max Klesse, *Vom alten zum neuen Israel. Beitrag zur Genese der Judenfrage und des Antisemitismus*, Frankfurt am Main 1965.

16 Luigi Bernardi, »Ho visto rinascere l'esercito nazista«, in: *Oggi Illustrato* (26. Februar 1977), S. 40-45.

17 Ebd., S. 42.

18 Ebd., S. 42 f. Das Bundesamt für Verfassungsschutz übersetzte den Text im selben Jahr ins Deutsche; für meine Zitate habe ich diese deutsche Version anhand des Originals überprüft und ggf. verbessert; siehe BArch, B 106/78958, Bd. 3.

19 Siehe Chaussy, *Das Oktoberfest-Attentat und der Doppelmord von Erlangen*, a.a.O., S. 268.

20 Vgl. N.N., »Zwischenfälle blieben aus«, in: *Nürnberger Nachrichten* (8. August 1977), S. 10.

21 Zit. nach Chaussy, *Das Oktoberfest-Attentat und der Doppelmord von Erlangen*, a.a.O., S. 270.

22 Vgl. Bürgerinitiative 5. März: Bürger beobachten Polizei und Justiz, *Der Hoffmann-Prozeß: Hintergründe, Widersprüche, offene Fragen*, Nürnberg 1985, S. 4.

23 Vgl. dazu Chaussy, *Das Oktoberfest-Attentat und der Doppelmord von Erlangen*, a.a.O., S. 271.

24 Vgl. Karl-Heinz Hoffmann, »Ist das Mauerwerk politisch?«, in: *Kommando* 1/2 (1979), S. 11.

25 Vgl. Bayerisches Staatsministerium des Innern (Hg.), *Verfassungsschutzbericht Bayern 1978*, München 1979, S. 89.

26 Vgl. Antifaschistische Aktionseinheit gegen die Wehrsportgruppe Hoffmann Nürnberg und Antifaschistischer Arbeitskreis Erlangen, *Kampf den Neo-Nazis*, Nürnberg 1979.

27 (Karl-Heinz Hoffmann), »Haß ohne Wirkung«, in: *Kommando* 1/2 (1979), S. 16 f.

28 1980 zählten die jüdischen Gemeinden in der Bundesrepublik 28 173 Mitglieder. Es ist allerdings zu vermuten, dass es darüber hinaus einige weitere Jüdinnen gab, die nicht Mitglieder der Gemeinden waren; vgl. für die Zahlen Bertold Scheller, *Die Zentralwohlfahrtsstelle. Der jüdische Wohlfahrtsverband in Deutschland. Eine Selbstdarstellung*, Frankfurt am Main 1987.

3. Antisemitismus

1 Vgl. Bernd Marin, »Ein historisch neuartiger ›Antisemitismus ohne Antisemiten‹? Beobachtungen und Thesen zur österreichischen Entwicklung nach 1945«, in: *Geschichte und Gesellschaft* 5/4 (1979), S. 545-569.

2 Vgl. Anthony Kauders, *Democratization and the Jews. Munich, 1945-1965*, Lincoln/London 2004, S. 67.

3 Vgl. Angelika Königseder/Juliane Wetzel, *Lebensmut im Wartesaal. Die jüdischen DPs (Displaced Persons) im Nachkriegsdeutschland*, Frankfurt am Main 1994; Stefanie Fischer/Nathanael Riemer/Stefanie Schüler-Springorum (Hg.), *Juden und Nichtjuden nach der Shoah. Begegnungen in Deutschland*, Berlin 2019.

4 Siehe *Die Neue Zeitung* (16. August 1946), zit. nach: Frank Stern, *Im Anfang war Auschwitz. Antisemitismus und Philosemitismus im deutschen Nachkrieg*, Gerlingen 1991, S. 241.

5 Siehe Eugen Kogon, »Juden und Nichtjuden in Deutschland«, in: *Frankfurter Hefte* 4/9 (1949), S. 726-729, S. 726.

6 Vgl. Michael Berkowitz, *The Crime of My Very Existence. Nazism and the Myth of Jewish Criminality*, Berkeley 2007, S. 145-196.

7 Siehe Anna J. Merritt/Richard L. Merritt, *Public Opinion in Occupied Germany. The OMGUS Surveys, 1945-1949*, Urbana 1970, S. 145 f.

8 Siehe Christoph Jahr, *Antisemitismus vor Gericht. Debatten über die juristi-*

sche Ahndung judenfeindlicher Agitation in Deutschland (1879-1960), Frankfurt am Main/New York 2011, S. 347.

9 Als instruktives Beispiel behandelt Stern den Umgang mit den Folgen des NS-Regimes in den Universitäten: Stern, *Im Anfang war Auschwitz*, a. a. O., S. 155-197.

10 Während bei dem Philosophen Karl Jaspers diese Dimension zumindest die Erörterung der Schuldfrage antrieb, findet sich etwa bei dem Historiker Friedrich Meinecke hier eine charakteristische Leerstelle: Karl Jaspers, *Die Schuldfrage*, Heidelberg 1946; Friedrich Meinecke, *Die deutsche Katastrophe. Betrachtungen und Erinnerungen*, 2. Aufl., Wiesbaden 1946.

11 Vgl. für die philosemitische Sprechweise und den entsprechenden Habitus Stern, *Im Anfang war Auschwitz*, a. a. O., vor allem S. 351-358.

12 Vgl. Barbara Fischer, *Nathans Ende? Von Lessing bis Tabori. Die deutschjüdische Rezeption von »Nathan der Weise«*, Göttingen 2000, S. 143-164.

13 Vgl. Werner Bergmann, *Antisemitismus in öffentlichen Konflikten. Kollektives Lernen in der politischen Kultur der Bundesrepublik 1949-1989*, Frankfurt am Main/New York 1997, S. 71.

14 Der Leserbrief ist abgedruckt in: Juliane Wetzel, *Jüdisches Leben in München 1945-1951. Durchgangsstation oder Wiederaufbau?*, München 1987, Anhang 13.

15 Vgl. für den SZ-Konflikt Stern, *Im Anfang war Auschwitz*, a. a. O., S. 300-310, sowie Bergmann, *Antisemitismus in öffentlichen Konflikten*, a. a. O., S. 74-86.

16 Vgl. ebd., S. 133.

17 Vgl. Werner Bergmann/Rainer Erb, »Kommunikationslatenz, Moral und öffentliche Meinung. Theoretische Überlegungen zum Antisemitismus in der Bundesrepublik Deutschland«, in: *Kölner Zeitschrift für Soziologie und Sozialpsychologie* 38/2 (1986), S. 209-222.

18 Vgl. die Regierungserklärung von Bundeskanzler Dr. Adenauer, 1. Deutscher Bundestag. Stenographisches Protokoll der 5. Sitzung vom 20. September 1949, Bonn 1949, S. 27.

19 Siehe das Interview mit dem Chefredakteur Karl Marx, in: *Allgemeine Wochenzeitung der Juden in Deutschland* (25. November 1949).

20 Zit. nach: Stern, *Im Anfang war Auschwitz*, a. a. O., S. 319.

21 Vgl. Thomas Henne, »Der Umgang der Justiz mit Veit Harlans ›Jud Süß‹ seit den 1950er Jahren: Prozesse, Legenden, Verdikte«, in: Alexandra Przyrembel/Jörg Schönert (Hg.), *»Jud Süß«. Hofjude, literarische Figur, antisemitisches Zerrbild*, Frankfurt am Main 2006, S. 263-292.

22 Vgl. Wolfgang Kraushaar, »Die Proteste gegen den ›Jud Süß‹-Regisseur

Veit Harlan«, in: Przyrembel/Schönert (Hg.), *»Jud Süß«*, a. a. O., S. 293-307.

23 Vgl. Bergmann, *Antisemitismus in öffentlichen Konflikten*, a. a. O., S. 120.

24 Auch bedingt durch die Systemkonkurrenz, den voll ausgebrochenen Kalten Krieg sowie einen wachsenden, aggressiven Antizionismus konnte sich die DDR zu einer solchen Anerkennung erst nach dem Ende der SED-Alleinherrschaft und kurz vor ihrem Ende durchringen; vgl. Benz (Hg.), *Antisemitismus in der DDR*, a. a. O.

25 Vgl. Hannes Ludyga, *Philipp Auerbach (1906-1952). »Staatskommissar für rassisch, religiös und politisch Verfolgte«*, Berlin 2005.

26 Siehe Eugen Kogon, »Die Wiederkehr des Nationalsozialismus«, in: *Frankfurter Hefte* 6/6 (1951), S. 377-382, S. 377.

27 Vgl. Norbert Frei, *Vergangenheitspolitik. Die Anfänge der Bundesrepublik und die NS-Vergangenheit*, 2. Aufl., München 1997.

28 Siehe The Anglo-Jewish Association, *Germany's New Nazis*, New York 1952, S. 57.

29 Siehe Institut für Demoskopie (Hg.), *Jahrbuch der öffentlichen Meinung 1947-1955*, Allensbach 1956, S. 128.

30 Vgl. Bergmann, *Antisemitismus in öffentlichen Konflikten*, a. a. O., S. 192-199.

31 Siehe N. N., »Die Antisemiten am Werk«, in: *Frankfurter Hefte* 14/3 (1959), S. 161f., S. 161.

32 Vgl. Juliane Wetzel, »1959 als ›Rückfall‹? Die Neue Antisemitismuswelle«, in: Matthias N. Lorenz/Maurizio Pirro (Hg.), *Wendejahr 1959? Die literarische Inszenierung von Kontinuitäten und Brüchen in gesellschaftlichen und kulturellen Kontexten der 1950er Jahre*, Bielefeld 2011, S. 77-92. Den paradigmatischen Charakter der sogenannten »Schmierwelle« haben gerade gezeigt: Michael Becker/Gottfried Oy/Christoph Schneider, »Die Welle als Muster. Sechs Thesen zur anhaltenden Bedeutung der ›antisemitischen Welle‹ 1959/1960«, in: *Sozial.Geschichte Online* 28 (2020), S. 119-146.

33 Der Bundesverfassungsschutz zählte zunächst 685 Vorkommnisse: Regierung der Bundesrepublik Deutschland (Hg.), *Die antisemitischen und nazistischen Vorfälle in der Zeit vom 25. Dezember 1959 bis zum 28. Januar 1960. Weißbuch und Erklärung der Bundesregierung*, Bonn 1960, S. 14. Die Schwierigkeiten, der Täterinnen habhaft zu werden, liegen in der Regel darin begründet, dass die Taten nachts begangen werden und oft erst Stunden oder Tage später auffallen.

34 Vgl. zu den Tätern und ihren antisemitischen Einstellungen Bundesregierung (Hg.), *Die antisemitischen und nazistischen Vorfälle*, a. a. O., S. 7-13.

35 Vgl. zur internationalen Dimension Wetzel, »1959 als ›Rückfall‹«, a. a. O.

36 Vgl. die Erklärung von Bundeskanzler Dr. Adenauer über den deutschen Rundfunk und das deutsche Fernsehen am 16. Januar 1960, in: Bundesregierung (Hg.), *Die antisemitischen und nazistischen Vorfälle*, a. a. O., S. 62 f., S. 63.

37 Ebd., S. 24.

38 Die Bundesregierung klassifizierte 215 der 685 Vorkommnisse als »Kinderkritzeleien« (ebd., S. 23). Folglich glaubte man, dem Problem auch mit einer relativ simpel gestrickten Bildungs- und Aufklärungsoffensive begegnen zu können; vgl. Becker/Oy/Schneider, »Die Welle als Muster«, a. a. O., S. 136-138.

39 Im Ner-Tamid-Verlag hat Shlomo Lewins Mitverleger Hans Lamm eine Sammlung von Reaktionen auf den Eichmann-Prozess publiziert: Lamm, *Eichmann-Prozeß*, a. a. O.

40 Siehe Institut für Demoskopie Allensbach (Hg.), *Jahrbuch der öffentlichen Meinung 1968-1973*, Allensbach 1974, S. 232.

41 Vgl. Adolf Diamant, *Geschändete jüdische Friedhöfe in Deutschland: 1945 bis 1999*, Potsdam 2000.

42 Siehe Friedrich Nieland, »Wieviel Welt (Geld-)Kriege müssen die Völker noch verlieren? Offener Brief an alle Bundesminister und Parlamentarier der Bundesrepublik«, in: *Hamburger Schlüsseldokumente zur deutschjüdischen Geschichte*, online verfügbar unter: {https://dx.doi.org/10.23691/jgo:source-125.de.vi}; vgl. dazu auch Werner Bergmann, »Antisemitismus in der Nachkriegszeit. Das Beispiel Friedrich Nieland«, ebd., online verfügbar unter: {https://dx.doi.org/10.23691/jgo:article-113.de.vi}.

43 Vgl. Elke Barbara Mayer, *Verfälschte Vergangenheit. Zur Entstehung der Holocaust-Leugnung in der Bundesrepublik Deutschland unter besonderer Berücksichtigung rechtsextremer Publizistik von 1945 bis 1970*, Frankfurt am Main 2003.

44 Vgl. dazu vor allem Armin Mohler, *Vergangenheitsbewältigung. Von der Läuterung zur Manipulation*, Stuttgart 1968.

45 Vgl. Thies Christophersen, *Die Auschwitz-Lüge: Ein Erlebnisbericht*, Mohrkirch 1973.

46 Vgl. Christian Mentel, »Christophersen, Thies«, in: *Handbuch des Antisemitismus. Judenfeindschaft in Geschichte und Gegenwart*, Bd. 2: *Personen*, herausgegeben von Wolfgang Benz, Berlin 2009, S. 139-141.

47 Vgl. Robert Faurisson, *Es gab keine Gaskammern*, Witten 1978; vgl. dazu Deborah E. Lipstadt, *Denying the Holocaust. The Growing Assault on Truth*

and Memory, 5. Aufl., New York/London 2016 [1993]. Einige der WSG-Aktivisten besaßen Faurissons Buch, das auch in der Wiking-Jugend zirkulierte.

48 Vgl. Arthur R. Butz, *Der Jahrhundertbetrug*, Vlotho 1977; vgl. zu Butz' neuem Ansatz Lipstadt, *Denying the Holocaust*, a. a. O., S. 135-153.

49 Vgl. Till Bastian, *Auschwitz und die »Auschwitz-Lüge«. Massenmord, Geschichtsfälschung und die deutsche Identität*, 6. Aufl., Bonn 2016.

50 Vgl. Bergmann, *Antisemitismus in öffentlichen Konflikten*, a. a. O., S. 302 f.

51 So formulierte es die Resolution der 22. Delegiertenkonferenz des SDS, zit. nach: Martin W. Kloke, *Israel und die deutsche Linke. Zur Geschichte eines schwierigen Verhältnisses*, Frankfurt am Main 1990, S. 77, S. 78 und S. 81; vgl. dazu außerdem Kraushaar, *»Wann endlich beginnt bei euch der Kampf«*, a. a. O.

52 Zit. nach: Kloke, *Israel und die deutsche Linke*, a. a. O., S. 104 f. Der Begriff »Feddayin« bezog sich auf die palästinensischen Guerillakämpfer.

53 Dafür fand viele überzeugende Belege: Kraushaar, *Die Bombe*, a. a. O.

54 Vgl. Kraushaar, *»Wann endlich beginnt bei euch der Kampf«*, a. a. O., vor allem S. 86-149.

55 Vgl. Marion Gräfin Dönhoff, »Was bedeutet die Hitlerwelle?«, in: *Die Zeit* (2. September 1977).

56 Dieter Boßmann (Hg.), *»Was ich über Adolf Hitler gehört habe ...«. Folgen eines Tabus: Auszüge aus Schüler-Aufsätzen von heute*, Frankfurt am Main 1977.

57 Silbermann verwendete hierfür eine Skala mit 20 antisemitischen Aussagen, zu denen sich die repräsentativ ausgewählten Befragten entsprechend den obigen Kategorien zustimmend oder ablehnend verhalten konnten; siehe Alphons Silbermann, *Sind wir Antisemiten? Ausmaß und Wirkung eines sozialen Vorurteils in der Bundesrepublik Deutschland*, Köln 1982, S. 33-36.

58 Ebd., S. 35, S. 45-47, S. 72.

59 Siehe Bundesministerium des Innern (Hg.), *Verfassungsschutzbericht 1971*, Bonn 1972, S. 12.

60 Siehe dass. (Hg.), *Verfassungsschutzbericht 1976*, Bonn 1977, S. 15.

61 Ebd., S. 37.

62 Zit. nach: Kurt Hirsch, *Rechts von der Union. Personen, Organisationen, Parteien seit 1945. Ein Lexikon*, München 1989, S. 34.

63 Siehe Bundesministerium des Innern (Hg.), *Verfassungsschutzbericht 1976*, a. a. O., S. 33.

64 Vgl. Marion Neiss, »Diffamierung mit Tradition – Friedhofsschändun-

242 Ein antisemitischer Doppelmord

gen«, in: Wolfgang Benz (Hg.), *Antisemitismus in Deutschland. Zur Aktualität eines Vorurteils*, München 1995, S. 140-156, S. 149.

65 Vgl. das verschlüsselte Fernschreiben aus der deutschen Botschaft in Rom an das Bundesinnenministerium vom 3. Mai 1977, in: BArch, B 106/106996, Bd. 2.

66 Vgl. zu dem Gespräch und dem folgenden Schreiben Nachmanns vom 20. Mai 1977 ebd.

67 Vgl. Manthe,»Rechtsterroristische Gewalt«, a. a. O., S. 64.

68 Dies ist nur ein Vorfall von Dutzenden, die sich anhand der Meldungen in der *Allgemeinen Jüdischen Wochenzeitung* zusammentragen lassen: Silbermann, *Sind wir Antisemiten?*, a. a. O., S. 151-195. Viele dieser Ereignisse gingen nicht unbedingt von Rechtsextremisten aus, woran aber deutlich wird, dass sich Antisemitismus in den späten siebziger Jahren auch in breiteren Schichten der Gesellschaft öffentlich manifestierte.

69 Siehe Bundesministerium des Innern (Hg.), *Verfassungsschutzbericht 1978*, Bonn 1979, S. 56.

70 Siehe dass. (Hg.), *Verfassungsschutzbericht 1979*, Bonn 1980, S. 34, S. 49.

71 Vgl. BArch, B 106/106996, Bd. 2.

72 Siehe Joachim Hauck,»Viel Rummel um die ›neue Ordnung‹«, in: *Nürnberger Nachrichten* (19. März 1979).

73 Siehe den Bericht der Bundesministerin für Jugend, Familie und Gesundheit Huber vor der SPD-Bundestagsfraktion am 6. November 1979, in: BArch, BMI B106/102206, Bd. 2, S. 3.

74 Dies wurde im Bericht zur Lage innere Sicherheit auf der Sitzung des Bundeskabinetts vom 13. August 1980 thematisiert: BArch, BMI B106/83855, Bd. 10, S. 17 f.

75 Siehe den Bericht zur Lage innere Sicherheit auf der Sitzung des Bundeskabinetts vom 27. August 1980, BArch, BMI B106/83855, Bd. 10, S. 9. Ähnliches wiederholten sie in einer weiteren Drohpostkarte an das ZDF vom 24. August 1980.

76 Auch bei den Vernehmungen der Generalbundesanwaltschaft im Rahmen der Ermittlungen zum Oktoberfest-Anschlag war Köhlers Antisemitismus Thema: vgl. das Protokoll der Vernehmung von Bernd K. vom 29. Oktober 1980, BArch BMI B106/107012, Bd. 2, S. 18.

77 Vgl. dazu Chaussy, *Das Oktoberfest-Attentat und der Doppelmord von Erlangen*, a. a. O., S. 149 und S. 188-189; Tobias von Heymann/Peter Wensierski, »Im rechten Netz«, in: *Der Spiegel* (23. Oktober 2011), online verfügbar unter: {https://www.spiegel.de/politik/im-rechten-netz-a-4333ba7c-0002-0001-0000-000081136824}.

78 Siehe den Bericht zur Lage innere Sicherheit auf der Sitzung des Bundeskabinetts vom 8. Oktober 1980, BArch, BMI B106/83855, Bd. 10, S. 11 und S. 8.

79 Siehe den Bericht zur Lage innere Sicherheit auf der Sitzung des Bundeskabinetts vom 15. Oktober 1980, BArch, BMI B106/83855, Bd. 10, S. 6.

80 Siehe etwa Hans Jakob Ginsburg, »Der Weg ins Ghetto ist kein Rettungsweg. Zur jüdischen Reaktion auf die neonazistische Gewalt«, in: *Allgemeine jüdische Wochenzeitung* (10. Oktober 1980).

81 Siehe *Frankfurter Neue Presse* (25. Oktober 1980).

82 Siehe das Fernschreiben vom 31. Oktober 1980, BArch, B 106/106996, Bd. 2.

83 Siehe die Lagebesprechung im Kanzleramt vom 11. November 1980, in: BArch, B 106/106996, Bd. 2.

84 Siehe *Frankfurter Neue Presse* (28. Oktober 1980).

85 Siehe das Fernschreiben vom 13. Oktober 1980, in: BArch, B 106/106996, Bd. 2.

86 Siehe Ginsburg, »Der Weg ins Ghetto«, a. a. O., S. 1.

4. Die Ermittlungen

1 So der Bericht des Leitenden Nürnberger Oberstaatsanwalts vom 30. Dezember 1980, BArch, B 106/107000.

2 N. N., »War neben einer Frau auch ein Mann am Mord beteiligt?«, a. a. O.

3 Das Foto erschien in: N. N., »*Einzige Spur: die Brille*«, a. a. O.

4 Siehe die Akten des Bundesinnenministeriums zum Doppelmord, BArch, B 106/107000.

5 Vgl. das Fernschreiben vom 14. Dezember 1980, ebd.

6 Vgl. das Fernschreiben vom 20. Dezember 1980, ebd.

7 Diese Vermutungen finden sich in den undatierten Notizen, welche die eingehenden Meldungen und den neusten Stand zusammenfassten: ebd.

8 Siehe den Bericht des Nürnberger Oberstaatsanwalts vom 30. Dezember 1980, ebd.

9 Vgl. Steinke, *Terror gegen Juden*, a. a. O., S. 13 f.

10 N. N., »Leichname freigegeben«, in: *Nürnberger Nachrichten* (24.-26. Dezember 1980).

11 Siehe die Transkription des Videointerviews mit Josef Jakubowicz, auf-

gezeichnet am 7. Januar 2010 in Nürnberg, angefertigt von Birgit Mair, Institut für sozialwissenschaftliche Forschung, Bildung und Beratung (ISFBB) e.V.

12 Siehe den BMI-Lagebericht zur Inneren Sicherheit für die Kabinettssitzung vom 6. Januar 1981, BArch, B 106/107000.

13 Vgl. den Bericht eines BMI-Referats vom 20. Dezember 1980, ebd.

14 Siehe das Fernschreiben von Schütz vom 22. Dezember 1980 an das Auswärtige Amt, ebd.

15 N. N., »Noch keine heiße Spur im Fall Levin«, in: *Fränkischer Tag* (29. Dezember 1980).

16 N. N., »Weitere Ermittlungen um Erlanger Doppelmord«, in: *Fränkischer Tag* (31. Dezember 1980).

17 Vgl. Hauck, »Viele Fragezeichen«, a. a. O.

18 N. N., »Über 60 Hinweise, aber keine ›heiße Spur‹«, in: *Nürnberger Nachrichten* (23. Dezember 1980). Der Ursprung hierfür sind Spekulationen in der israelischen Presse: Shlomo Shamgar, »היה, לדברי מכריו, ארכיון לחץ ל׳יורד שנרצח בגרמניה« (Der Abgewanderte, der in Deutschland ermordet wurde, hatte laut seiner Bekannten ein Archiv für Erpressungen), in: *Jedi'ot Ahronoth* (22. Dezember 1980).

19 Vgl. den Lagebericht in der Fernschreibermeldung vom 21. Dezember 1980, BArch, B 106/107000. Daneben könnte die bereits erwähnte Ausgabe der italienischen Illustrierten *Oggi* dieses Gerücht genährt haben.

20 Dies berichtet *Le Monde*: »Les premières déclarations de la police suggéraient que M. Lewin avait été l'aide de camp du général Moshe Dayan durant la guerre du Kippour.« Siehe N. N., »L'assassinat de Shlomo Lewin demeure mystérieux«, in: *Le Monde* (23. Dezember 1980).

21 Vgl. Hauck, »Viele Fragezeichen«, a. a. O.

22 Vgl. Shlomo Shamgar, »סבורים כי רצח היורד בגרמניה בוצע על רקע אישי« (Es scheint sicher, dass der Mord an dem nach Deutschland Abgewanderten einen persönlichen Hintergrund hat), in: *Jedi'ot Ahronoth* (21. Dezember 1980).

23 Siehe den Vermerk über den Bericht eines BMI-Referats vom 20. Dezember 1980, BArch, B 106/107000.

24 Vgl. die Notizen aus den eingehenden Meldungen, den neusten Stand zusammenfassend und undatiert, ebd.

25 Siehe das Zitat in: N. N., »Ermittlungen gehen in viele Richtungen«, in: *Nürnberger Nachrichten* (30. Dezember 1980), S. 15.

26 N. N., »Einzige Spur: die Brille«, a. a. O.

27 Siehe den Bericht des Leitenden Nürnberger Oberstaatsanwalts H. vom 30. Dezember 1980, BArch, B 106/107000.

28 Dies geschah im Zuge des Verbotsverfahrens der WSG, als alle Anwesen Hoffmanns sowie die Wohnungen weiterer WSG-Mitglieder durchsucht wurden; vgl. die ddp-Meldung vom 30. Januar 1980, BMI B106/102245, Bd. 13.

29 Vgl. Bundesministerium des Innern (Hg.), *Verfassungsschutzbericht 1977*, Bonn 1978, S. 44f. sowie das Schreiben des Bundesinnenministers vom 16. Januar 1980 zur Begründung des WSG-Verbots, BArch B106/102244.

30 Siehe Hans-Wolfgang Sternsdorff, »»Chef, ich habe den Vorsitzenden erschossen««, in: *Der Spiegel* (18. November 1984), S. 71-82, S. 71. Der *Spiegel* machte dafür unter anderem die Tatsache verantwortlich, dass das BKA nicht mit den Ermittlungen betraut worden war.

31 N.N., »War neben einer Frau«, a.a.O.

32 N.N., »Weitere Ermittlungen«, a.a.O.

33 N.N., »War neben einer Frau«, a.a.O.

34 Siehe N.N., »Fahndung konzentriert sich auf jungen Mann«, in: *Nürnberger Nachrichten* (10./11. Januar 1981).

35 N.N., »Auch mit Phantombild keine Spur vom Täter«, in: *Nürnberger Nachrichten* (16. Januar 1981).

36 N.N., »Fall Lewin/Poeschke: Kripo stellt Brille aus«, in: *Nürnberger Nachrichten* (24./25. Januar 1981).

37 N.N., »Brillen-Aktion ohne Erfolg«, in: *Nürnberger Nachrichten* (26. Januar 1981).

38 Vgl. den Bericht des Leitenden Nürnberger Oberstaatsanwalts H. vom 2. Februar 1981, BArch, B 106/107000.

39 Siehe den Bericht des Leitenden Nürnberger Oberstaatsanwalts H. vom 31. März 1981, BArch, B 106/107000, S. 2f.

40 Siehe ebd., S. 3.

41 Siehe ebd., S. 4.

42 Vgl. Urteil, a.a.O., S. 826.

43 Siehe den Bericht des Oberstaatsanwalts vom 31. März 1981, a.a.O., S. 5f.

44 Siehe ebd.

45 Siehe Urteil, a.a.O., S. 844.

46 Siehe den Bericht des Oberstaatsanwalts vom 31. März 1981, a.a.O., S. 6.

5. Rechtsextremismus

1 Vgl. Volker R. Berghahn, *Der Stahlhelm. Bund der Frontsoldaten 1918-1935*, Düsseldorf 1966; Andreas Wirsching, *Vom Weltkrieg zum Bürgerkrieg? Politischer Extremismus in Deutschland und Frankreich 1918-1933/39. Berlin und Paris im Vergleich*, München 1999.

2 Vgl. Peter Dudek/Hans-Gerd Jaschke, *Entstehung und Entwicklung des Rechtsextremismus in der Bundesrepublik*, Bd. 1, Opladen 1984, S. 115-124.

3 Siehe *Die Bauernschaft für Recht und Gerechtigkeit. Organ der ›Bürger- und Bauerninitiative e. V.‹* 10/1 (1979), S. 72. Hoffmann entwickelte durchaus eine engere Beziehung zu Christophersen, der seinerseits angab, er habe Hoffmann »kennen- und schätzen gelernt«; siehe *Die Bauernschaft* 12/Sondernummer 1981, S. 17. Hoffmann verfasste später aus der Haft auch rechtfertigende Leserbriefe an Christophersen, die dieser abdruckte; siehe *Die Bauernschaft* 12/3 (1981), S. 44 und 12/4 (1981), S. 48-50.

4 Dudek/Jaschke, *Entstehung und Entwicklung des Rechtsextremismus*, Bd. 1, a. a. O., S. 59-75.

5 Siehe das Urteil des Bundesverfassungsgerichts vom 23. Oktober 1952, 1 BvB 1/51, SRP-Verbot, Abschnitt G-m.

6 Vgl. Dudek/Jaschke, *Entstehung und Entwicklung des Rechtsextremismus*, Bd. 1, a. a. O., S. 41-58.

7 Vgl. Volker Weiß, *Die autoritäre Revolte. Die Neue Rechte und der Untergang des Abendlandes*, Stuttgart 2017, S. 44.

8 Vgl. ebd. sowie Per Leo, »Über Nationalsozialismus sprechen. Ein Verkomplizierungsversuch«, in: *Merkur* 804 (2016), S. 29-41.

9 Vgl. Dudek/Jaschke, *Entstehung und Entwicklung des Rechtsextremismus*, Bd. 1, a. a. O., S. 285.

10 Vgl. Armin Pfahl-Traughber, *Rechtsextremismus in der Bundesrepublik*, 4. Aufl., München 2006 [1999], S. 26 f.

11 Vgl. zur Aktion Widerstand Dudek/Jaschke, *Entstehung und Entwicklung des Rechtsextremismus*, Bd. 1, a. a. O., S. 290-292.

12 Vgl. Weiß, *Die autoritäre Revolte*, a. a. O., S. 31.

13 Daran nahmen auch einige spätere WSG-Mitglieder wie Odfried Hepp teil, die durch ihren Aufenthalt im Libanon dem Gerichtsverfahren wegen der Vorkommnisse in Lentföhrden entgehen konnten; vgl. Yury Winterberg (mit Jan Peter), *Der Rebell Odfried Hepp. Neonazi, Terrorist, Aussteiger*, Bergisch Gladbach 2004, S. 55-57.

14 Siehe Bundesministerium des Innern (Hg.), *Verfassungsschutzbericht 1971*, a. a. O., S. 11.

15 Vgl. zu diesen Zahlenangaben die Verfassungsschutzberichte des Bundesinnenministeriums aus den entsprechenden Jahren. Was sich im Einzelnen hinter diesem Zahlenmaterial verbirgt, ist nicht einfach zu sagen,
da die Erfassung vor der Einführung der Statistik zur »Politisch motivierten Kriminalität« (PMK) 2001 nicht einheitlich geregelt war. Vor allem
die Kategorie »Ausschreitung« scheint hier wenig präzise und kaum einheitlich angewendet worden zu sein. Auch veränderte sich der strafrechtliche
Rahmen – etwa durch Verschärfung des Volksverhetzungsparagrafen
130 StGB zur Holocaust-Leugnung – für diese Taten. Der relative Anstieg
spricht gleichwohl für sich.
16 Siehe Maihofers Vorwort, in: Bundesministerium des Innern (Hg.), *Verfassungsschutzbericht 1973*, Bonn 1974, S. 3.
17 Siehe Maihofers Vorwort, in: Bundesministerium des Innern (Hg.), *Verfassungsschutzbericht 1974*, Bonn 1975, S. 3-8, S. 5.
18 Siehe Bundesministerium des Innern (Hg.), *Verfassungsschutzbericht 1977*,
Bonn 1978, S. 15.
19 Vgl. z. B. die Antwort der Bundesregierung vom 12. Oktober 1978 auf eine
Kleine Anfrage der SPD- und FDP-Fraktionen zum Rechtsextremismus vom
11. August 1978, Drucksache 8/2184 des Deutschen Bundestages, S. 1-2.
20 Auch auf Länderebene spiegelte sich die parteipolitische Sprachregelung;
vgl. z. B. die Antwort des hessischen FDP-Innenministers Ekkehard Gries
auf eine entsprechende Anfrage im hessischen Landtag, Protokoll der hessischen Landtagssitzungen der 9. Wahlperiode, S. 132.
21 Siehe dessen Schreiben an den FDP-Bundesinnenminister Gerhart Baum
vom 19. Oktober 1979, in: BArch, BMI B106/102206, Bd. 1.
22 Siehe den internen Vermerk des Bundesinnenministeriums vom 22. November 1979 zur SPD-Anhörung, BArch, BMI B106/102206, Bd. 2.
23 Vgl. (Sinus Markt- und Sozialforschung), *5 Millionen Deutsche: »Wir sollten wieder einen Führer haben …«. Die SINUS-Studie über rechtsextremistische Einstellungen bei den Deutschen*, Reinbek bei Hamburg 1982, S. 78.
24 Ebd., S. 80f.
25 Ebd., S. 92.
26 Vgl. N. N., »»Haß auf Fremde und Demokratie««, in: *Der Spiegel*
(15. März 1981).
27 Ein Exemplar findet sich etwa in: BArch, ZSG 147/2. Schon im Urteil des
Landgerichts Nürnberg-Fürth vom 16. September 1976, in dem Hoffmann
wegen unbefugten Tragens einer Uniform zu einer Geldstrafe verurteilt wurde, werden Hoffmanns politische Überzeugungen mithilfe dieses Manifests
analysiert; vgl. die Abschrift des Urteils in: BArch, B106/78958, Bd. 2.

28 Gleichwohl ist es auch in der Forschungsliteratur üblich, dieses Manifest zu erörtern; vgl. beispielsweise Fromm, *Die »Wehrsportgruppe Hoffmann«*, a. a. O., S. 29-74.

29 Siehe die ARD-Sendung *Panorama* vom 11. März 1974, online verfügbar unter: {https://daserste.ndr.de/panorama/archiv/1974/panorama.html}.

30 N. N., »›Ihnen wäre das Lachen vergangen‹. Karl-Heinz Hoffmann über seine Wehrsportgruppe und die Neonazis in der Bundesrepublik«, in: *Der Spiegel* (24. November 1980), S. 76-99, S. 92 f.

31 Siehe Urteil, a. a. O., S. 6.

32 Diese Tradition lässt sich historisch zum erwähnten paramilitärischen »Stahlhelm« und zu den Freikorps der Zwischenkriegszeit zurückverfolgen und gleichzeitig mit Blick auf den späteren Nationalsozialistischen Untergrund in die Zukunft fortschreiben, dessen erstem Propagandavideo, das erst nach der Enttarnung bekannt wurde, der Slogan »Taten statt Worte« vorangestellt war.

33 So stellt er die WSG in der ersten Ausgabe seiner Propagandazeitschrift vor: Karl-Heinz Hoffmann, (Vorwort), in: *Kommando* 1/1 (1979), S. 2.

34 Siehe Wolfdietrich Wölfe, »Das aktuelle Thema: Alle senden ›Holocaust‹«, in: *Kommando* 1/1 (1979), S. 4.

35 Siehe (Karl-Heinz Hoffmann), »Das aktuelle Thema: Deutsches Brandopfer 1939«, in: *Kommando* 1/2 (1979), S. 6 f., S. 6. Zudem war unter dem Text ein Zeitungsartikel über »Folter in Israel« abgedruckt. In Bromberg war es kurz nach dem Einmarsch der Wehrmacht in Polen zu Unruhen gekommen, bei denen Deutsche wie Polen getötet wurden. Die Ereignisse wurden vom NS-Regime propagandistisch als Beweis für die vermeintlichen Verbrechen Polens an den »Volksdeutschen« ausgeschlachtet.

36 Siehe Hauck, »Viel Rummel«, a. a. O.

37 Siehe Bernardi, »Ho visto rinascere l'esercito nazista«, a. a. O., S. 42. Im italienischen Original heißt es: »Io non sono antiebraico; sono però antisionista. Perché il sionismo è nostro nemico, e ha diffuso la menzogna che sei milioni di ebrei sono stati uccisi nei lager nazisti.«

38 Vgl. das Protokoll der MfS-Befragung von Albrecht am 5. August 1981, BStU, MfS OPK-Akte 25579/91, Bl. 000107.

39 Vgl. Bayerisches Staatsministerium des Innern (Hg.), *Verfassungsschutzbericht Bayern 1978*, München 1979, S. 82.

40 Vgl. Chaussy, *Das Oktoberfest-Attentat und der Doppelmord von Erlangen*, a. a. O., S. 261 f.

41 Siehe die MfS-Abschrift der Tonbandaufnahmen, BStU, MfS OPK-Akte 25579/91, Bl. 000227.

42 Vgl. Fromm, *Die »Wehrsportgruppe Hoffmann«*, a. a. O., S. 317.

43 Vgl. Bayerisches Staatsministerium des Innern (Hg.), *Verfassungsschutzbericht Bayern 1979*, München 1980, S. 74 f.

44 Dies kündigte er sowohl auf Veranstaltungen als auch in einem längeren Interview vom Februar 1979 an; vgl. für Letzteres Karl-Klaus Rabe, *Rechtsextreme Jugendliche. Gespräche mit Verführern und Verführten*, Bornheim-Merten 1980, S. 73.

45 Siehe Karl-Heinz Hoffmann, »WSG Rundbrief«, in: *Kommando* 1/1 (1979), S. 12 f., S. 12.

46 Siehe Bayerisches Staatsministerium des Innern (Hg.), *Verfassungsschutzbericht Bayern 1979*, a. a. O., S. 74.

47 Siehe Bundesministerium des Innern, *Verfassungsschutzbericht 1978*, Bonn 1979, S. 44.

48 Siehe (Karl-Heinz Hoffmann), »Winterkampfausbildung«, in: *Kommando* 1/2 (1979), S. 3-5, S. 4.

49 Siehe die Sendung *Panorama* vom 11. März 1974.

50 Vgl. die Kopie des undatierten Flugblatts, von Hoffmann unterzeichnet, in: BMI B106/78958, B. 1.

51 Siehe das Fernschreiben des Bundesamts für Verfassungsschutz vom 18. März 1974, in: BArch, B106/78958, Bd. 1.

52 Siehe Bernardi, »Ho visto rinascere«, a. a. O., S. 41.

53 Siehe Karl-Heinz Hoffmann, »Horrorkino?«, in: *Kommando* 1/5 (1979), S. 6 f., S. 7.

54 Siehe das Schreiben des Bundesinnenministers Maihofer an den Bundestagsabgeordneten Prof. Dr. Schäfer vom 4. Januar 1977, BArch B106/78958, Bd. 3.

55 Siehe die Antwort des bayerischen Innenministers Merk vom 9. März 1977 auf eine Anfrage des SPD-Abgeordneten Günter Wirth im Bayerischen Landtag, 8. Wahlperiode, Drucksache 8/4809.

56 Siehe die Presseerklärung des bayerischen Innenministeriums vom 27. Mai 1977, BArch B106/78958, Bd. 3.

57 Siehe das Fernschreiben des Bundesamtes für Verfassungsschutz an das Bundesinnenministerium vom 7. März 1978, BArch B106/78959, Bd. 6.

58 Vgl. das entsprechende Rundschreiben des Bundesinnenministeriums an die anderen Bundesministerien vom 25. April 1979, BArch, B106/78960, Bd. 7.

59 Siehe die Presseerklärung des bayerischen Innenministeriums Nr. 261/78 vom 21. Juli 1978, BArch, B106/78959, B. 6.

60 Siehe die Antwort des bayerischen Innenministers Seidl vom 25. August 1978 auf eine Anfrage des SPD-Abgeordneten Alfred Sommer, Bayerischer Landtag, 8. Wahlperiode, Drucksache 8/9176.

61 Zit. nach: von Heymann, *Die Oktoberfest-Bombe*, a.a.O., S. 218.

62 Vgl. die dpa-Meldung Nr. 241 »Krach um Strauß-›Agenten‹-Theorie im bayerischen Landtag« vom 17. Oktober 1980, BArch, B106/102245, Bd. 13.

63 Siehe die Bekanntmachung des Vereinsverbots vom 16. Januar 1980, in: *Bundesanzeiger* (30. Januar 1980), S. 2.

64 Siehe das Schreiben des Bundesinnenministers vom 16. Januar 1980 an die WSG mit der Verbotsverfügung, BArch, B106/102244, Bd. 12, S. 10-12.

65 Vgl. die Pressemitteilung zu einer Pressekonferenz des bayerischen Innenministers Tandler vom 30. Januar 1980, BArch, B106/102245, Bd. 13.

66 Siehe Sternsdorff, »Chef«, a.a.O., S. 78.

6. Das Motiv

1 Für das Alibi vgl. Urteil, a.a.O., S. 938. Ich habe den Ablauf so genau wie möglich aus den Akten rekonstruiert. Chaussy kommt im Wesentlichen zu dem gleichen Ergebnis: Chaussy, *Das Oktoberfest-Attentat und der Doppelmord von Erlangen*, a.a.O., S. 281-284.

2 Vgl. die Einlassung der Staatsanwaltschaft, Urteil, a.a.O., S. 761; siehe Sternsdorff, »Chef«, a.a.O., S. 71-82. Es ist im Übrigen bis heute völlig unklar, wie Behrendt an den von Ermreuth 15 Kilometer entfernt gelegenen Tatort gelangte und wie zurück.

3 Siehe Hoffmanns entsprechende Einlassung vor Gericht in: Urteil, a.a.O., S. 765.

4 Siehe Finkenzeller, »Hoffmann spricht«, a.a.O.

5 Vgl. Urteil, a.a.O., S. 840.

6 Siehe Sternsdorff, »Chef«, a.a.O., S. 82.

7 Vgl. Urteil, a.a.O., S. 795.

8 Der genaue Zeitpunkt dieses nächtlichen Gesprächs Hoffmanns gegenüber Birkmann blieb ungeklärt, da sie sich klar daran erinnerte, dass währenddessen im Fernsehen gerade die Nachrichten liefen, die über den Doppelmord berichteten, und dass dabei auch die Brille erwähnt wurde, die der Täter am Tatort zurückgelassen hatte; Vernehmung vom 15. September 1981 durch das bayerische LKA, BArch, B362/6510, S. 557. Hoffmann behauptete später vor Gericht, er habe möglicherweise

die Nächte verwechselt. Außerdem hatte Behrendt Hoffmann in der Tatnacht gestanden, die Brille am Tatort zurückgelassen zu haben; siehe Urteil, a. a. O., S. 766.

9 Ebd., S. 795.

10 Vgl. z. B. Vernehmungsprotokoll vom 5. September 1973, BStU, MfS BV Gera AU 861/73.

11 Er selbst bezog sich mehrfach auf seinen Glauben; so in der Vernehmung vom 7. August 1973 und in seinem handschriftlichen Schreiben aus der Haft vom 27. November 1973, in der Vollzugsakte; beides ebd.

12 Siehe dessen Beurteilung vom 11. September 1973, in: ebd.

13 Vgl. z. B. die Vernehmung Mainkas durch das bayerische LKA am 2. Juli 1981, BArch, B362/6512.

14 Vgl. N. N., »Rechtsradikale: Mit dem Rucksack«, in: Der Spiegel (20. August 1984).

15 Vgl. die Briefe an die Eltern vom Dezember 1974 sowie vom 27. Januar 1975, in: BStU, MfS BV Gera – Abt. II 2676.

16 Vgl. Fromm, »Die Wehrsportgruppe Hoffmann«, a. a. O., S. 130.

17 Da die Auseinandersetzung in Tübingen die erste Aktivität der WSG außerhalb Bayerns darstellte und damit später die Zuständigkeit des Bundes für die Einschätzung der WSG begründet werden konnte, ist dieser Fall in den Akten des Bundesinnenministeriums genauestens dokumentiert: BArch, BMI B106/78958, Bd. 3.

18 Vgl. die Abschrift des Urteils, BArch, B106/78959, Bd. 5.

19 Vgl. Tomkowitz/Poelchau, »Herr Hoffmann«, a. a. O.

20 Die Akten des Bundesinnenministeriums enthalten zwar auch ältere Archivalien, aber die systematische Beobachtung der WSG begann Ende 1976.

21 Ein Ermittler des LKA zog diese Schlussfolgerung, möglicherweise erhielt Hoffmann auch einen fotografischen Beweis für Lewins Rede bei der Nürnberger Kundgebung; vgl. Chaussy, Das Oktoberfest-Attentat und der Doppelmord von Erlangen, a. a. O., S. 271.

22 Siehe Antifaschistische Aktionseinheit, Kampf den Neo-Nazis, a. a. O., S. 5.

23 Siehe (Uwe Behrendt), »Kameraden der WSG kommen zu Wort«, in: Kommando 1/1 (1979), S. 11.

24 Im Urteil gegen Birkmann und Hoffmann wird die theoretische Möglichkeit diskutiert, dass Behrendt eine eigenständige Position eingenommen haben könnte und so auf den Attentatsplan gekommen sei; vgl. Urteil, a. a. O., S. 990. Ich kann für diese Sichtweise keine Belege erkennen.

25 Für diese Bezeichnung siehe die Aussage Alfred Keeß' während der Ver-

nehmung durch das bayerische LKA am 21. Juli 1981, BArch, B362/6512,
S. 164.

26 Vgl. das Protokoll des baden-württembergischen LKA von der Vernehmung Duppers am 28. Juli 1981, BArch, B362/6513, S. 130.

27 Siehe Protokoll des bayerischen LKA von der Vernehmung Mainkas am
20. Juli 1981, BArch, B362/6513, S. 60.

28 Vgl. Roswin Finkenzeller, »Hoffmann spricht nun über den Doppelmord«, in: *Frankfurter Allgemeine Zeitung* (28. September 1984), S. 7.

29 Diese Einschätzung teilten etwa Alfred Keeß, Mainka oder Marx; vgl.
das Protokoll der Vernehmung Keeß' durch das bayerische LKA am
21. Juli 1981, BArch, B362/6512, S. 164, das von Marx vom 10. August 1981,
BArch, B362/6513, S. 331, sowie das von Mainka am 20. Juli 1981, BArch,
B362/6513, S. 60.

30 Siehe das Protokoll der Vernehmung Fraas' durch das bayerische Landeskriminalamt am 17. Juni 1981, BArch, B362/6518, Bl. 3.

31 In der Gegenwart toben z. T. heftige Debatten darüber, inwiefern und
in welchem Ausmaß Antizionismus als antisemitisch zu gelten hat. Im
Fall der hier thematisierten bundesrepublikanischen Rechtsextremisten
wäre eine solche Diskussion weitgehend überflüssig, zumal die WSG
keine Unterscheidung zwischen Juden und Israelis kannte, wie im Folgenden deutlich werden wird; vgl. für eine aktuelle Analyse Klaus Holz/Tho-
mas Haury, *Antisemitismus gegen Israel*, Hamburg 2021.

32 Vgl. das Protokoll der Vernehmung Fraas' am 24. Juni 1981, BArch,
B362/6518.

33 In seiner Vernehmung durch die Generalbundesanwaltschaft am 1. Oktober 1981 datiert Hoffmann die Kontaktaufnahme durch Albrecht, der
sich ihm zunächst als Herrmann vorstellte, auf Dezember oder Januar,
also sehr wahrscheinlich auf einen Zeitpunkt vor dem Verbot der
WSG: BArch, B362/6510, S. 274.

34 Siehe E.W. Pless, *Geblendet. Aus den authentischen Papieren eines Terroristen*, Zürich 1979, S. 38.

35 Die informativste Darstellung der bekannten Fakten zu Albrecht findet
sich in Jan Schönfelders Dossier »Arafats Thüringer ›General‹. Wo ist
Udo Albrecht?«, MDR (September 2019), online verfügbar unter: {https://
www.mdr.de/nachrichten/thueringen/kultur/zeitgeschehen/udo-albrecht-
einleitung-100_dosArtContext-udo-albrecht-einleitung-100_zc-35222800.
html}.

36 Dies gekannt zu haben, behauptet Hoffmann jedenfalls nicht nur bei
seiner Vernehmung am 1. Oktober 1981 (BArch, B362/6510, S. 276), son-

dern auch heute noch in einem Youtube-Video zum Oktoberfest-Attentat (IV. Teil, erstellt am 25. April 2010), online verfügbar unter: {https:// www.youtube.com/watch?v=3jIxBMhLJAc}.

37 Siehe Pless, *Geblendet*, a. a. O., S. 51. In dem Roman tauchen Pohl und Albrecht unter Pseudonym auf. In interessierten Kreisen war jedoch allgemein bekannt, dass es sich um diese beiden Personen handelt.

38 In einer Vernehmung hat Hoffmann bestätigt, dass er das WSG-Mitglied Marx mit diesen Worten zu überzeugen versuchte (BArch, B362/6510, S. 305). In einer Biografie über Odfried Hepp, zu der dieser selbst beigetragen hat, findet sich eine ganz ähnliche Begründung Hoffmanns für die Zusammenarbeit mit der PLO; vgl. Winterberg, *Der Rebell Odfried Hepp*, a. a. O., S. 72.

39 Vgl. Urteil, a. a. O., S. 51 f.

40 Winterberg, *Der Rebell Odfried Hepp*, a. a. O., S. 72 f.

41 Hoffmann selbst war von dem »werbewirksamen« Charakter des Artikels überzeugt und zeigte diesen auch im Libanon herum: Urteil, a. a. O., S. 774 und S. 834.

42 Vgl. Fromm, *Die »Wehrsportgruppe Hoffmann«*, a. a. O., S. 127.

43 Siehe das Protokoll der Vernehmung Birkmanns durch das bayerische LKA am 31. August 1981, BArch, B362/6510, S. 545.

44 Siehe die verschlüsselte Meldung des Bundesverfassungsschutzes vom 2. Oktober 1980, BArch, BMI B106/102245, Bd. 13.

45 Vgl. Winterberg, *Der Rebell Odfried Hepp*, a. a. O., S. 100.

46 Auf die Erkenntnisse des Verfassungsschutzes verweist ein interner Bericht des Bundesinnenministeriums vom 19. Mai 1981: BArch, B 106/ 107000, S. 4.

47 Noch heute beschreibt er die Beziehung zu Albrecht dementsprechend; vgl. z. B. das Video zur WSG-Ausland (II. Teil, 24. März 2013), online verfügbar unter: {https://www.youtube.com/watch?v=XNGPneunM7E}.

48 Letzteres jedenfalls hat Albrecht gegenüber der DDR-Staatssicherheit ausgesagt; vgl. das Befragungsprotokoll vom 30. Juli 1981, BStU: MfS OPK-Akte 25579/91, B. 000041.

49 Schönfelder, »Arafats Thüringer ›General‹«, a. a. O.

50 Siehe ebd., S. 82.

51 So erinnert es Hepp; vgl. Winterberg, *Der Rebell Odfried Hepp*, a. a. O., S. 78.

52 Zu Birkmanns Anwesenheit in Beirut vgl. Urteil, a. a. O., S. 59.

53 Vgl. ebd., S. 855.

54 Siehe ebd., S. 130 f., S. 855 f.

55 Vgl. für diese Angaben die Erkenntnisse des Gerichtsverfahrens, in: ebd., S. 823-825 sowie S. 852-856; für beide Zitate siehe S. 825.

56 Siehe *Kommando* 1/2 (1979), S. 20.

57 Vgl. Winterberg, *Der Rebell Odfried Hepp*, a. a. O., S. 85.

58 Ich habe in den mir zugänglichen Quellen keinen Hinweis darauf gefunden, dass er diesen Plan wirklich gefasst hatte. Nur der an den Vorgängen in Ermreuth nicht beteiligte WSG-Kämpfer Walter Ulrich Behle konnte sich an einen solchen Plan erinnern. Das Gericht wollte diese Möglichkeit trotzdem nicht ausschließen, so dass diese eine wichtige Rolle in der Urteilsbegründung spielte; Urteil, a. a. O., passim.

59 Vgl. das Protokoll des baden-württembergischen LKA von der Vernehmung Duppers am 28. Juli 1981, BArch, B362/6513.

60 Vgl. das Protokoll der Vernehmung Fraas' durch das bayerische LKA am 1. Juli 1981, BArch, B362/6518, Bl. 313.

61 Da in diesem Fall die Überlieferungsgeschichte der Quelle wichtig ist: Das MfS versah dieses Dokument mit einem Schreiben des stellvertretenden Leiters der Abteilung XXII »Terrorabwehr« vom 8. Dezember 1980. Darin wird ausgeführt, dass dieses Dokument durch den »Leiter bzw. Führungsmitglieder der neofaschistischen Hoffmann-Gruppe erarbeitet« und »durch eine zuverlässige Verbindung beschafft« wurde: BStU, MfS HA XXII 20251. Angesichts der Zusammenarbeit des MfS mit denjenigen Palästinensern, welche auch die Kooperation mit Hoffmann leiteten, dürfte die Quelle klar sein. Bestätigt wird das zusätzlich auf dem Original, weil an einer Stelle ein arabischer Kommentar eingefügt wurde; vgl. dazu den Abdruck in: Heymann, *Die Oktoberfest-Bombe*, a. a. O., S. 327-336. Chaussy hat mit dem WSG-Mitglied Marx gesprochen, dem Hoffmann dieses Schreiben diktierte und der sich gut daran erinnern konnte; vgl. Chaussy, *Das Oktoberfest-Attentat und der Doppelmord von Erlangen*, a. a. O., S. 277-279.

62 Siehe BStU, MfS HA XXII 20251, S. 000168.

63 Siehe ebd., S. 000171.

64 Ebd., S. 000172.

65 Ebd., S. 000175.

66 Das Buch enthält einige antisemitische Anspielungen (etwa auf die sogenannten »Protokolle der Weisen von Zion« oder in Form rassistischer Stereotype über ein angebliches »jüdisches« Aussehen): Karl-Heinz Hoffmann, *Verrat und Treue. Ein an Tatsachen orientierter Roman*, Neunkirchen o. A. Bemerkenswerterweise hat Hoffmann seine Verschwörungsfantasie bereits in einem *Spiegel*-Interview vor dem Doppelmord angedeutet: »Mit einer Bombe gegen eine amorphe Menschenmasse, das gibt doch über-

haupt keinen Sinn – es sei denn [...] man will anderen die Sache in die Schuhe schieben.« (N. N., »»Mit Dumdum aus der Schußlinie««, in: *Der Spiegel* [6. Oktober 1980], S. 30-34, S. 32) Noch heute hält Hoffmann an dieser Verschwörungsfantasie über den israelischen Geheimdienst fest, wie etwa ein Youtube-Video zum Oktoberfest-Attentat (III. Teil, erstellt am 25. April 2010) nahelegt; das Video ist online verfügbar unter: {https://www.you tube.com/watch?v=eDm29Bn3UZo}.

67 Siehe die Vernehmung Alfred Keeß' durch das bayerische LKA am 21. Juli 1981, BArch, B362/6512, S. 164.

68 Vgl. Roswin Finkenzeller, »Nur wüste Gedankenspiele?«, in: *Frankfurter Allgemeine Zeitung* (13. Februar 1985), S. 9.

69 Siehe die Vernehmung Fraas' durch das bayerische LKA am 16. Juni 1981, BArch, B362/6518, S. 5.

70 Siehe Urteil, a. a. O., S. 375.

71 Siehe die Tonbandabschrift vom 3. August 1981, BSTU, MfS OPK-Akte 25579/91, Bl. 000237/8.

72 Siehe N. N., »Ihnen wäre das Lachen vergangen«, a. a. O., S. 83.

73 Vgl. die Vernehmung von Michael R. durch das bayerische LKA am 24. Juli 1981, BArch, B362/6513, S. 429. An dieses Gespräch erinnerte sich auch das WSG-Mitglied Fraas; vgl. dessen Vernehmung durch das bayerische LKA am 16. Juni 1981, BArch B362/6518, S. 6. Auch Hoffmanns Partnerin Birkmann weiß in ihrer Vernehmung vom 25. August 1981 durch das bayerische LKA noch von dieser Zusammenkunft: BArch, B362/6510, S. 527.

74 Vgl. dessen Vernehmung durch das bayerische LKA am 16. Juni 1981, BArch B362/6518, S. 6. Fraas gab an dieser Stelle zudem zu Protokoll, Hoffmann habe deswegen später Angst vor einer polizeilichen Vernehmung von R. gehabt.

75 Darauf stützte sich u. a. die Staatsanwaltschaft bei ihrer Anklage gegen Hoffmann; vgl. Urteil, a. a. O., S. 758.

76 Birkmann bestätigte in ihrer Aussage diese Zusammenkunft: Vernehmung durch das bayerische LKA vom 25. August 1981, BArch, B362/ 6510, S. 527. Das WSG-Mitglied Franz L. kam zufällig dazu und sagte dies ebenfalls aus, so dass dieser Vorgang auch im Urteil gegen Hoffmann Berücksichtigung fand: Urteil, a. a. O., S. 959-963. L.s Aussage verdeutlicht auch den konspirativen Charakter.

77 Vgl. dazu das Gutachten vom BKA vom 23. Februar 1981 im Bericht des Oberstaatsanwalts vom 31. März 1981, BArch, B 106/107000, S. 4. Hoffmann sollte vor Gericht behaupten, dass Behrendt nicht den gemeinsam

hergestellten Schalldämpfer verwendet, sondern eigens einen weiteren hergestellt habe. Dies überrascht angesichts der Fragilität der Konstruktion auch nicht.

78 Siehe die Einlassung der Anklagebehörde im Verfahren gegen Hoffmann: Urteil, a. a. O., S. 759.

79 Siehe Roswin Finkenzeller, »Hoffmanns rhetorische Dauerberieselung«, in: *Frankfurter Allgemeine Zeitung* (5. Oktober 1984), S. 9. Gleichwohl hatte dies keinen Einfluss auf das Urteil, wie ich noch beschreiben werde.

80 So wird die Reaktion der WSG-Ausland in der Biografie von Hepp beschrieben, in die auch dessen Berichte und Erinnerungen eingeflossen sind; vgl. Winterberg, *Der Rebell Odfried Hepp*, a. a. O., S. 114 f.

81 Vgl. ebd., S. 115.

82 Dies erfuhr die DDR-Staatssicherheit: Aktennotiz der Kreisdienststelle Pößneck vom 3. Februar 1983, BStU, MfS BV Gera – AG XXII 0201, S. 0009.

83 Vgl. für die Abläufe nach der Tat vor allem die Feststellungen durch das Gericht: Urteil, a. a. O., S. 839-843.

84 Vgl. die Vernehmung Hambergers durch das bayerische LKA am 16. Juni 1981, BArch, B362/6518, S. 70.

85 Vgl. die Vernehmung Hepps durch das LKA Baden-Württemberg am 16. Juni 1981, BArch, B362/6518, S. 7.

86 Das WSG-Mitglied Mainka behauptete, den Nachnamen »Lewin« erst viel später erfahren zu haben; vgl. dessen Vernehmung durch das bayerische LKA am 2. Juli 1981, BArch, B362/6512, S. 60. Die regelmäßigen Belustigungen werden in mehreren Vernehmungsprotokollen angeführt; vgl. ebd., S. 22 sowie die Vernehmung Hambergers am 16. Juni 1981 durch das bayerische LKA, BArch, B362/6518, S. 70.

87 Siehe die Vernehmung Alfred Keeß' durch das bayerische LKA am 21. Juli 1981, BArch, B362/6512, S. 165.

88 Vgl. die Vernehmung Fraas' durch das bayerische LKA am 26. Juni 1981, BArch, B362/6518, S. 49.

89 Vgl. die Anklageschrift, S. 91.

90 Siehe Tomas Lecorte, *Oktoberfest-Attentat 1980. Untersuchung zur möglichen Verwicklung der Wehrsportgruppe Hoffmann*, 2. Aufl., Berlin 2013, online verfügbar unter: {http://www.lecorte.de/wp/wp-content/uploads/2013/12/Lecorte-Oktoberfest-1980-WSG-Hoffmann.pdf}.

91 Vgl. für eine spekulative Analyse Robert Wolff, »Mord im Morgengrauen. Nach 40 Jahren noch ungeklärt«, in: *Der Spiegel* (10. Mai 2021), online verfügbar unter: {https://www.spiegel.de/geschichte/anschlag-auf-

heinz-herbert-karry-mord-im-morgengrauen-nach-40-jahren-noch-immer-ungeklaert-a-e861f8d1-6e45-4b97-9f54-7f90b4560b38}.

92 Dies wurde auch durch eine gerichtsmedizinische Untersuchung in Deutschland bestätigt: Antwort der Bundesregierung (per Schreiben des Bundesinnenministeriums vom 20. März 2017) auf die Kleine Anfrage der Fraktion »Die Linke« vom 13. Februar 2017, Deutscher Bundestag, 18. Wahlperiode, in: Drucksache 18/11602, S. 6.

93 Die DDR-Staatssicherheit fing diesen Brief ab: BStU, MfS – HA XXII Nr. 17158, S. 000088.

94 Vgl. Urteil, a. a. O., S. 845.

95 Vgl. den Bericht des Oberstaatsanwalts vom 31. März 1981, BArch, B 106/107000, S. 5. Die Hervorhebung stammt von mir, U. J.

96 Vgl. die Einlassung der Staatsanwaltschaft: Urteil, a. a. O., S. 770.

97 Siehe N. N., »Ist der Erlanger Mordfall geklärt?«, in: *Nürnberger Nachrichten* (3. September 1981).

98 Siehe das Urteil, a. a. O., S. 1041.

7. Terrorismus

1 Im Wesentlichen stütze ich mich hier auf: Louise Richardson, *What Terrorists Want. Understanding the Terrorist Threat*, New York 2006, S. 4-6, sowie Matthias Quent, *Rassismus, Radikalisierung, Rechtsterrorismus*, a. a. O. Es existieren viele Versuche, Terrorismus zu definieren. Die meistens sozialwissenschaftlichen Definitionen kranken aus meiner Sicht an drei Problemen: Sie orientieren sich *erstens* stets an politisch umkämpften Gegenwartsdebatten, in denen oft die jeweils gerade präsente Terrorismusform die meiste Aufmerksamkeit erhält. *Zweitens* identifizieren sie in der Regel eine Liste von Merkmalen, die – davon scheint man systematisch auszugehen – alle vorliegen müssen, um ein Phänomen Terrorismus nennen zu können. Dabei werden die einzelnen Kategorien aber nicht in ihrer historischen Genese betrachtet, so dass im Endeffekt eine ahistorische Definition entsteht. *Drittens* haben diese Definitionen das Verständnis staatlicher Akteure derart geprägt, dass diese Schwierigkeiten hatten, Rechtsterrorismus rechtzeitig zu erkennen und seine Gefährlichkeit angemessen einzuschätzen; vgl. für eine historische Darstellung der Anfänge des modernen Terrorismus, bei der das Problem des Rechtsterrorismus allerdings weniger im Fokus steht: Carola Dietze, *Die Erfindung des Terrorismus in Europa, Russland und den USA 1858-1866*, Hamburg 2016.

2 Vgl. zur Unterscheidung von Terrorismus und Guerillakampf Herfried
  Münkler, »Guerillakrieg und Terrorismus. Begriffliche Unklarheit mit
  politischen Folgen«, in: Wolfgang Kraushaar (Hg.), *Die RAF und der linke Terrorismus*, Bd. 1, Hamburg 2006, S. 78-102.

3 Ebd., S. 94-99.

4 Für die kommunikative Dimension des Terrorismus ist besonders wichtig: Peter Waldmann, *Terrorismus. Provokation der Macht*, 3. Aufl., Hamburg 2011 [1998].

5 Siehe (Sinus Markt- und Sozialforschung), *5 Millionen Deutsche*, a. a. O.,
  S. 83. Man muss allerdings hinzufügen, dass sich die Zustimmung der Befragten nicht auf extreme terroristische Gewalt bezog, sondern eher allgemein z. B. nach gezielten Angriffen auf kommunistische Veranstaltungen
  oder Einrichtungen der Alliierten gefragt wurde; ebd., S. 86.

6 Literatur zur bundesrepublikanischen Geschichte des Rechtsterrorismus
  gibt es nur in Ansätzen; vgl. vor allem Virchow, *Nicht nur der NSU*,
  a. a. O.

7 Vgl. Paul Egon Heinrich Lüth, *Bürger und Partisan*, Frankfurt am Main
  1951.

8 Vgl. Erich Schmidt-Eenboom/Ulrich Stoll, *Die Partisanen der NATO.
  Stay-Behind-Organisationen in Deutschland 1946-1991*, Berlin 2015.

9 Vgl. Dudek/Jaschke, *Entstehung und Entwicklung des Rechtsextremismus*,
  Bd. 1, a. a. O., S. 356-385.

10 Zu Weil vgl. Röpke/Speit, *Blut und Ehre*, a. a. O., S. 38 f.

11 Vgl. Heike Kleffner, »Die Marmorplatte zerriss wie Papier«, in: *taz*
   (19. Juli 2002).

12 Vgl. Hof, »Rechtsextremer Terrorismus«, a. a. O., S. 227.

13 Vgl. zu diesen Gruppen Virchow, *Nicht nur der NSU*, a. a. O., S. 14 f.

14 Zu diesen Gruppen vgl. Röpke/Speit, *Blut und Ehre*, a. a. O., S. 39 f.

15 Vgl. zur ANS Manthe, »Rechtsterroristische Gewalt«, a. a. O.; Röpke/Speit,
   Blut und Ehre, a. a. O., S. 42-44; sowie Hof, »Rechtsextremer Terrorismus«,
   a. a. O., S. 227 f.

16 Röpke/Speit, *Blut und Ehre*, a. a. O., S. 44.

17 Siehe den entsprechenden Bericht vom 29. September 1980, BArch,
   B106/107012, Bd. 1.

18 Siehe das undatierte Thesenpapier des BKA-Sachverständigen R. für die
   SPD-Anhörung am 26. November 1979, BArch, B106/102206, Bd. 2.

19 Das BKA hatte von der Ehefrau des Rechtsradikalen Wolfgang S. ein Exemplar erhalten (vgl. ebd.). Das »Märchen« sowie eine weitere »Kleinkriegs-
   anleitung« (beschrieben als »Anleitungen zur Herstellung von Bomben,

Sprengstoff und Zündern«) wurden bei den Hausdurchsuchungen nach dem Oktoberfest-Anschlag auch bei Karl-Heinz Hoffmann gefunden; siehe dazu den Bericht zur Lage innere Sicherheit für die Kabinettssitzung am 8. Oktober 1980, BArch, B106/83855, Bd. 10, S. 12.

20 Ich habe ein Exemplar eingesehen und zitiere hier daraus.

21 Siehe für einen etwas späteren Nachdruck Karl-Heinz Dissberger, *Werwolf. Winke für Jagdeinheiten*, Düsseldorf 1985; vgl. Virchow, *Nicht nur der NSU*, a. a. O., S. 25 f.

22 Dies war dann auch der Aspekt, mit dem es nach außen kommuniziert wurde; siehe dazu das Protokoll der öffentlichen Sachverständigenanhörung am 26. November 1979, BArch, B106/102206, Bd. 2, S. 16.

23 Siehe das Schreiben des Bundesamtes für Verfassungsschutz vom 27. Januar 1981 an den Generalbundesanwalt, BArch, B106/102245, Bd. 14.

24 Vgl. Klaus Weinhauer,»›Staat zeigen‹. Die polizeiliche Bekämpfung des Terrorismus in der Bundesrepublik bis Anfang der 1980er Jahre«, in: Kraushaar (Hg.), *Die RAF und der linke Terrorismus*, Bd. 2, a. a. O., S. 932-947.

25 Vgl. die verschiedenen Aufsätze in: Anneke Petzsche/Martin Heger/ Gabriele Metzler (Hg.), *Terrorismusbekämpfung in Europa im Spannungsfeld zwischen Freiheit und Sicherheit. Historische Erfahrungen und aktuelle Herausforderungen*, Baden-Baden 2019.

26 Vgl. Stephan Scheiper, *Innere Sicherheit. Politische Anti-Terror-Konzepte in der Bundesrepublik Deutschland während der 1970er Jahre*, Paderborn 2010.

27 Vgl. Gabriele Metzler,»Erzählen, Aufführen, Widerstehen. Westliche Terrorismusbekämpfung in Politik, Gesellschaft und Kultur der 1970er Jahre«, in: Johannes Hürter (Hg.), *Terrorismusbekämpfung in Westeuropa. Demokratie und Sicherheit in den 1970er und 1980er Jahren*, Berlin 2015, S. 117-136.

28 Siehe das undatierte Thesenpapier des Sachverständigen des Bundesamtes für Verfassungsschutz, BArch, B106/102206, Bd. 2, S. 3.

29 Siehe zu diesen Argumenten das Protokoll der öffentlichen Sachverständigenanhörung am 26. November 1979, in: BArch, B106/102206, Bd. 2, S. 13-16.

30 Siehe den BMI-Vermerk »Sachliche Auseinandersetzung mit den Phänomenen des Rechtsextremismus/Rechtsterrorismus« vom 1. Dezember 1981, BArch, B106/107058, Bd. 1, S. 5 f.

31 Offenkundig wurde rechte Gewalt so häufig mit Emotionen und Irrationalität in Verbindung gebracht, dass dies bereits in der zeitgenössischen internationalen Terrorismusforschung immer wieder einmal be-

klagt wurde; vgl. z. B. Bruce Hoffman, *Terrorismus – Der unerklärte Krieg*. *Neue Gefahren politischer Gewalt*, Frankfurt am Main 2006.

32 Siehe den Bericht zur Lage innere Sicherheit für die Kabinettssitzung am 7. Januar 1981, BArch, BMI B106/83856, Bd. 11, S. 4.

33 Siehe die Diskussion über den Terrorbegriff im BMI, veranlasst durch das Schreiben des Staatssekretärs F. vom 28. April 1981, BArch, B106/106574.

34 Vgl. dazu Waldmann, *Terrorismus*, a. a. O., S. 127-134; sowie Thomas Schmidt-Lux, »Vigilantismus als politische Gewalt. Eine Typologie«, in: *Behemoth* 6/1 (2013), S. 98-117.

35 Siehe Münkler, »Guerillakrieg und Terrorismus«, a. a. O., S. 94.

36 Die DDR-Staatssicherheit fing diesen Brief ab: BStU, MfS – HA XXII Nr. 17158, S. 000088.

37 Vgl. dazu die Diskussion um die Staatschutzkonzeption: Tim Wihl, »Staatsschutz 3.0? Der Verfassungsschutz vor der Tendenzwende«, in: Verfassungsblog (18. Januar 2019), online verfügbar unter: {https://ver fassungsblog.de/staatsschutz-3-0-der-verfassungsschutz-vor-der-ten denzwende/}.

38 Vgl. Wolf Schmidt, »Blaupause ›Lasermann‹«, in: *taz* (5. September 2021); vgl. zum Konzept des Einsamen Wolfs Southern Poverty Law Center, *Age of the Wolf. A Study of the Rise of the Lone Wolf and Leaderless Resistance Terrorism*, Montgomery o. A.; Florian Hartleb, »Der Einsame-Wolf Terrorist. Eine neue Herausforderung für die innere Sicherheit«, in: *Die Kriminalpolizei* 1 (2013), S. 4-12.

39 Hoffman, *Terrorismus*, a. a. O., S. 80.

40 Waldmann, *Terrorismus*, a. a. O., S. 17.

41 Vgl. Armin Pfahl-Traughber, »Die neue Dimension des Rechtsterrorismus. Die Mordserie des ›Nationalsozialistischen Untergrundes‹ aus dem Verborgenen«, in: *Jahrbuch für Extremismus- und Terrorismusforschung* 5 (2012), S. 58-101.

42 Siehe Jörg Ziercke, »Bekämpfung des Rechtsextremismus. Eine polizeiliche Perspektive«, in: Bundeskriminalamt (Hg.), *Bekämpfung des Rechtsextremismus. Eine gesamtgesellschaftliche Herausforderung*, Köln 2013, S. 3-18, S. 11. Auch der spätere Chef des Bundesamtes für Verfassungsschutz, Hans-Georg Maaßen, ging von einer völlig neuen Qualität des Rechtsextremismus aus: Hans-Georg Maaßen, »Rechtsextremismus: Phänomenanalyse – Phänomenbekämpfung aus Sicht des Verfassungsschutzes«, in: ebd., S. 65-78.

43 Zit. nach: Röpke/Speit, *Blut und Ehre*, a. a. O., S. 15.

44 Dazu muss man auch WSG-Anführer Hoffmann zählen, der in dem bereits zitierten *Spiegel*-Interview vom 6. Oktober 1980 erklärte, dass es keinen

Sinn mache, mit einer Bombe gegen eine »amorphe Menschenmasse« vorzugehen; vgl. N. N., »Mit Dumdum aus der Schußlinie«, a. a. O., S. 32.

45 Schon Constantin Goschlers Analyse der Restitutionspolitik des westdeutschen Staates war zu dem Ergebnis gekommen, dass die »Ausgrenzung der Juden aus der deutschen ›Bürgergesellschaft‹« nach 1945 ein relativ stabiles Erbe der nationalsozialistischen Verfolgungspolitik blieb; siehe Constantin Goschler, »Die Politik der Rückerstattung in Westdeutschland«, in: ders./Jürgen Lillteicher (Hg.), *»Arisierung« und Restitution: Die Rückerstattung jüdischen Eigentums in Deutschland und Österreich nach 1945 und 1989*, Göttingen 2002, S. 99-125.

8. Der zweite Tod

1 Siehe das aus dem Hebräischen übersetzte Manuskript der Trauerrede von Arie Frankenthal vom 25. Dezember 1980, Archiv des Instituts für sozialwissenschaftliche Forschung, Bildung und Beratung e.V., Nürnberg; vgl. außerdem die Erinnerungen von Josef Jakubowski in: Steinke, *Terror gegen Juden*, a. a. O., S. 13.

2 Siehe N. N., »Ex-Adjutant Mosche Dajans ›hingerichtet‹«, in: *Nürnberger Nachrichten* (20./21. Dezember 1980).

3 Siehe Bader, »Spekulationen«, a. a. O. Es passierte in der Presseberichterstattung relativ regelmäßig, dass der Name Lewins falsch geschrieben wurde.

4 Siehe N. N., »Leichname freigegeben«, a. a. O.

5 Siehe Hauck, »Viele Fragezeichen«, a. a. O., S. 3.

6 Siehe N. N., »Einzige Spur: die Brille«, a. a. O.

7 Siehe *Fränkischer Tag* (22. Dezember 1980).

8 Vgl. die Notizen aus den eingehenden Meldungen, den neusten Stand zusammenfassend, undatiert, in der Akte: BArch, B 106/107000.

9 Siehe N. N., »Geheimdienstkontakt von Israel bestritten«, in: *Nürnberger Zeitung* (23. Dezember 1980).

10 Siehe Hauck, »Viele Fragezeichen«, a. a. O.

11 Siehe N. N., »L'assassinat de Shlomo Lewin«, a. a. O.

12 Siehe Bader, »Spekulationen«, a. a. O. Diese Quelle wird auch in anderen Zeitungsartikeln wiedergegeben.

13 Siehe Hauck, »Viele Fragezeichen«, a. a. O.

14 Siehe N. N., »Hinweise auf eine unpolitische Tat im Doppelmordfall Lewin/Poeschke«, in: *Fränkischer Tag* (24. Dezember 1980).

15 Siehe Shamgar, »Es scheint sicher«, a. a. O.

16 Vgl. Shamgar, »Der Abgewanderte«, a. a. O.

17 Siehe Shamgar, »Es scheint sicher«, a. a. O.

18 Vgl. Shlomo Shamgar, »מי רצח את שלמה לוי« (Wer hat Shlomo Lewin ermordet?), in: *Jedi'ot Ahronoth* (29. Dezember 1980). Der ironisierende Spott in diesem Text zielt ausschließlich auf die deutschen Kollegen.

19 Dies war beileibe kein kurzfristiges Problem, sondern Ausdruck grundlegender Spannungen zwischen Israel und der Diaspora, die auch heute keineswegs als gelöst gelten können; vgl. zum zeitgenössischen Kontext der Untersuchung Gallya Lahav/Asher Arian, »Israelis in a Jewish diaspora: The dilemmas of a globalized group«, in: Rey Koslowski (Hg.), *International Migration and the Globalization of Domestic Politics*, London/New York 2004, S. 83-104.

20 Vgl. Chaim Shibi, »מספה היורדים מישראל בארהיב בין 300 ו-500 אלף איש« (Die Zahl der Auswanderungen von Israel in die USA beläuft sich auf zwischen 300 000 und 500 000 Menschen), in: *Jedi'ot Ahronoth* (21. Dezember 1980).

21 Vgl. Daniel Dagan, »מתיחות וחרדה בקהילה היהודית במערב-גרמניה« (Anspannung und Angst in der jüdischen Gemeinde in Westdeutschland), in: *Haaretz* (21. Dezember 1980).

22 Siehe ebd.

23 Natürlich ist es denkbar, dass die Aussagen Hamburgers über Lewins Charakter der Wirklichkeit entsprachen. Entscheidend ist jedoch, dass dies nichts mit dem Doppelmord zu tun hatte und für dessen Aufklärung irrelevant war.

24 Siehe Shamgar, »Der Abgewanderte«, a. a. O.

25 Siehe Hauck, »Viele Fragezeichen«, a. a. O.

26 Vgl. Shamgar, »Es scheint sicher«, a. a. O.

27 Siehe Associated Press (20. Dezember 1980), in: BArch, B 106/107000. Allerdings kritisierte Hamburger die Entscheidung des Zentralrats scharf: Shamgar, »Es scheint sicher«, a. a. O.

28 Ebd.

29 Siehe den Lagebericht des Bundesinnenministeriums zur inneren Sicherheit für die Kabinettssitzung vom 7. Januar 1981, BArch, B 106/107000.

30 Siehe N. N., »»Nur blindwütiger Haß«. Eine Erklärung der Stadt Erlangen«, in: *Erlanger Tagblatt* (22. Dezember 1980).

31 Siehe (Todesanzeige für Shlomo Lewin und Frieda Poeschke), in: *Fränkischer Tag* (22. Dezember 1980).

32 Ebd.

33 Siehe N. N., »Leichname freigegeben«, a. a. O., S. 18.

34 Zit. nach: Steinke, *Terror gegen Juden*, a. a. O., S. 8-9.

35 Siehe N. N., »Shlomo Lewin«, in: *Allgemeine jüdische Wochenzeitung* (2./ 9. Januar 1981).

9. PLO

1 Vgl. Yezid Sayigh, *Armed Struggle and the Search for State. The Palestinian National Movement 1949-1993*, Oxford 2011, S. 195-216.

2 Die Rolle der PLO beim Erlanger Doppelmord kann ich nicht vollständig aufklären, weil ich israelische Quellen hätte konsultieren müssen, was mir nicht nur wegen der Corona-Pandemie, sondern auch angesichts der hohen Geheimhaltungsstufe dieser sicherheitsrelevanten Materialien unmöglich war. Meine Anfragen an israelische Archive waren jedenfalls erfolglos. Möglicherweise existieren auch palästinensische Quellen dazu, nicht zuletzt, weil die palästinensische eine der wenigen Nationalbewegungen sein dürfte, die bereits zum Zeitpunkt ihrer Gründung ein Nationalarchiv ins Leben rief. Die Reste dieses Archivs werden heute in einem Militärlager in der algerischen Wüste vermutet. Selbst wenn ich bei der Suche nach Material erfolgreicher gewesen wäre, hätten meine Sprachkenntnisse nur bei hebräischen Quellen weitergeführt, an arabischen Dokumenten wäre ich jedoch gescheitert; vgl. zur Geschichte des palästinensischen Nationalarchivs Hana Sleiman, »The paper trail of a liberation movement«, in: *The Arab Studies Journal* 24/1 (2016), S. 42-67.

3 Vgl. Rashid Khalidi, *Palestinian Identity. The Construction of Modern National Consciousness*, New York 1997.

4 Unter anderem aufgrund solcher Entwicklungen hat sich in Israel eine Polemik etabliert, welche die Geburt einer eigenständigen palästinensischen Nationalbewegung auf die Zeit nach 1967 datiert. So stellte die israelische Ministerpräsidentin Golda Meir 1969 in einem Interview der *Sunday Times* provokant fest: »There was no such thing as Palestinians«. Dagegen lassen sich eine Reihe historischer Einwände formulieren: ebd., passim.

5 Vgl. Francesco Saverio Leopardi, *The Palestinian Left and its Decline. Loyal Opposition*, Singapur 2020.

6 Dabei spielte auch das Vorbild des arabischen Aufstandes gegen die britische Mandatsherrschaft 1936-39 eine wichtige Rolle; vgl. Sayigh, *Armed Struggle*, a. a. O., S. 156-158.

7 Vgl. Ilan Pappe, *A History of Modern Palestine*, 2. Aufl., Cambridge 2006, S. 191. Aufgrund der relativ systematischen Übertreibung, mit der die verschiedenen involvierten PLO-Gruppen die Zahl ihrer Guerillaaktivitäten und deren Auswirkungen öffentlich anpriesen, muss man mit solchen Zahlenangaben jedoch vorsichtig sein; vgl. Sayigh, *Armed Struggle*, a. a. O., S. 204.

8 Ebd., S. 174-179.

9 Ebd., S. 195-202.

10 Eine Textversion in deutscher Übersetzung von 1968 ist online verfügbar unter: {http://www.palaestina.org/fileadmin/Daten/Dokumente/ Abkommen/PLO/palaestinensische_nationalcharta.pdf}. 1969 kamen Passagen hinzu, welche zur Vernichtung Israels aufriefen und die später bei den zwischenzeitlichen Friedensverhandlungen mit Israel eine große Rolle spielen sollten.

11 Hier wird deutlich, dass zwischen Guerillakampf und Terrorismus keine systematischen, sondern lediglich graduelle Unterschiede bestehen. Man kann durchaus behaupten, dass die Strategie der PLO und anderer Befreiungsbewegungen in dieser Phase darauf abzielte, diese Unterscheidung immer weiter einzuebnen und aus einer strukturellen militärischen Unterlegenheit heraus eine Entgrenzung der Gewalt zu betreiben. Es gilt jedoch: Je mehr unbeteiligte Zivilisten (oder gar internationale Opfer ohne Bezug zu den Konfliktparteien, man denke an die Passagiere entführter Flugzeuge) ins Visier geraten, desto klarer lässt sich die jeweilige Aktion als Terrorismus klassifizieren. Dies gilt auch in der einschlägigen Literatur als Unterscheidungskriterium; vgl. etwa Münkler, »Guerillakrieg und Terrorismus«, a. a. O.

12 Vgl. zur RAF-Verbindung Wolfgang Kraushaar, »Antizionismus als Trojanisches Pferd. Zur antisemitischen Dimension in den Kooperationen von Tupamaros West-Berlin, RAF und RZ mit den Palästinensern«, in: ders., *Die RAF und der linke Terrorismus*, a. a. O., Bd. 1, S. 676-695. Für die Verbindung war besonders die PFLP zentral: Thomas Skelton-Robinson, »Im Netz verheddert. Die Beziehungen des bundesdeutschen Linksterrorismus zur Volksfront für die Befreiung Palästinas (1969-1980)«, in: ebd., Bd. 2, S. 828-904.

13 Vgl. Annette Vowinckel, *Flugzeugentführungen. Eine Kulturgeschichte*, Göttingen 2011.

14 Vgl. Sayigh, *Armed Struggle*, a. a. O., S. 211-214. Unterschiedliche Stellungnahmen verschiedener palästinensischer Organisationen zum Terror referiert auch: Kraushaar, »*Wann endlich beginnt bei euch der Kampf*«, a. a. O., vor allem S. 183-192.

15 Vgl. ebd., S. 496-573.

16 Vgl. Pless, *Geblendet*, a.a.O.

17 Vgl. Thomas Riegler, »Das ›Spinnennetz‹ des internationalen Terrorismus. Der ›Schwarze September‹ und die gescheiterte Geiselnahme von Schönau 1973«, in: *Vierteljahrshefte für Zeitgeschichte* 60/4 (2012), S. 579-601.

18 Für eine ältere Untersuchung, die zu dem ambivalenten Ergebnis kommt, dass die PLO zwar offiziell Antisemitismus ablehnt, aber entsprechende Stereotypen gerade unterhalb der Führungsebene Einfluss haben, vgl. Barry M. Rubin, *The PLO. Between Anti-Zionism and Antisemitism: Background and Recent Developments*, Jerusalem 1993.

19 Vgl. Natan Sharansky, »3D Test of Anti-Semitism: Demonization, double standards, delegitimization«, in: *Jewish Political Studies Review* 16/3-4 (2004), S. 3f.

20 Vgl. zu diesen Plänen von Sayigh, *Armed Struggle*, a.a.O., S. 448-453.

21 Vgl. Lutz Maeke, *DDR und PLO. Die Palästinapolitik des SED-Staates*, Berlin 2017, S. 242.

22 Vgl. Sayigh, *Armed Struggle*, a.a.O., S. 452f.

23 Vgl. Maeke, *DDR und PLO*, a.a.O., S. 235-280.

24 Der Zeuge B. berichtete von entsprechenden Aufzeichnungen Hoffmanns; vgl. Anklageschrift, a.a.O., Bl. 22.

25 Siehe den MfS-Bericht vom 10. Juli 1981 über das Treffen mit dem verantwortlichen Mitarbeiter der PLO-Sicherheit Muhammad H. am 9. Juli 1981, BStU, MfS – HA XXII, Nr. 5487, Bl. 0064.

26 Siehe ebd., Bl. 0065. Der berichtende H. gehörte zu den Befürwortern, bedauerte aber seine frühere Sichtweise, als er dem MfS diesen Bericht erstattete.

27 Siehe den Bericht der Abteilung XXII/8 vom 1. Juli 1981 über die Verbindungen der PLO zur WSG, BStU, MfS – HA XXII, Nr. 16771, BL. 000012.

28 Siehe den MfS-Bericht vom 10. Juli 1981, Bl. 0066.

29 Vgl. den Auskunftsbericht vom 30. Juli 1981 in: BStU, MfS – HA XXII, Nr. 1457, Bl. 3.

30 So bezeichnete es Odfried Hepp bei seiner Vernehmung durch das LKA Baden-Württemberg am 16. Juni 1981, BArch, B362/6518, Bl. 358.

31 Siehe das Protokoll der Vernehmung Fraas' durch das bayerische LKA am 29. Juni 1981, BArch, B362/6518, S. 70.

32 Vgl. das Protokoll der Vernehmung von B. durch den Generalbundesanwalt am 24. September 1981, BArch, B362/6510, Bl. 588. Auch das MfS war überzeugt, dass seitens der Vereinigten PLO-Sicherheit insbesondere Bseiso gute Beziehungen zu Hoffmann besaß.

33 Siehe die Vernehmung von Hepp am 22. Juni 1981, BArch, B362/6518,
    Bl. 358.

34 Siehe den BND-Bericht Sicherheit 51D vom 29. September 1980, zit. nach:
    Chaussy, *Das Oktoberfest-Attentat und der Doppelmord von Erlangen*, a. a. O.,
    S. 276.

35 Siehe Thomas Stein, »Skurrile Interessenidentität. Was deutsche Rechte
    und palästinensische Linke eint«, in: *Allgemeine jüdische Wochenzeitung*
    (28. November 1980), S. 1.

36 Vgl. Urteil, a. a. O., S. 825.

37 Vgl. Kraushaar, *Die Bombe*, a. a. O., S. 169-172 und S. 260-263.

38 Vgl. Maeke, *DDR und PLO*, a. a. O., S. 237-240.

39 Siehe den streng geheimen Vermerk über »Aktivitäten extremistischer
    und neofaschistischer Kräfte« der HVA III vom 19. Mai 1981, BStU,
    MfS – HA XXII, Nr. 17158. Das spätere Gerichtsurteil gegen Hoffmann ging
    allerdings davon aus, dass die Fatah dieser zumindest ungenauen, wenn
    nicht falschen Behauptung keinen Glauben schenkte; vgl. Urteil, a. a. O.,
    S. 1000.

40 Siehe die Abschrift einer Tonbandaufnahme, die Udo Albrecht für den
    PLO-Mann Hindi erstellt hatte, die aber dem MfS übergeben wurde, BStU,
    MfS OPK-Akte 25579/91, Bl. 000237.

41 Siehe ebd., Bl. 000237f.

42 Aus Sicht des Nürnberger Gerichts ergab sich aus dieser Frage eine Ent-
    lastung Hoffmanns, weil Bengasi diesen Verdacht eben als Frage äußerte
    und nicht als Tatsache darstellte: Urteil, a. a. O., S. 1026.

43 Siehe den Vermerk über »Aktivitäten extremistischer und neofaschisti-
    scher Kräfte«, BStU, MfS – HA XXII, Nr. 17158.

44 Siehe ebd.

45 In der Geschichte der PLO finden sich immer wieder entsprechende Hin-
    weise, so etwa die Faszination der palästinensischen Linken für faschistische
    Vorbilder, die auch dazu beitrug, dass sie jeglichen Unterschied zwischen
    Zionismus und Judentum einzuebnen bereit war. Die Fatah gab sich in die-
    ser Frage generell gemäßigter und betonte, eine Rückkehr zu Formen des
    Zusammenlebens anzustreben, wie sie vor der Einwanderung europäischer
    Juden mit der angestammten jüdischen Gemeinschaft üblich gewesen seien.
    Auch finden sich Quellen, in denen die Fatah ausdrücklich ausschließt, das
    jüdische Volk als solches angreifen zu wollen; vgl. Sayigh, *Armed Struggle*,
    a. a. O., S. 72f., S. 87f. und S. 211.

10. Die Folter

1 Vgl. die Ausführungen Hepps gegenüber dem MfS, BStU, MfS OPK-Akte Nr. 7896/91, Bl. 000180 und Bl. 000188.

2 Siehe Winterberg, *Der Rebell Odfried Hepp*, a. a. O., S. 70.

3 So lautete die Aussage des WSG-Mitglieds Fraas, der auch im Libanon war, vor Gericht: Roswin Finkenzeller, »In der Beweiskette fehlt noch das letzte Glied«, in: *Frankfurter Allgemeine Zeitung* (30. November 1984), S. 9.

4 Siehe Robert Fisk, »Mystery of the Neo-Nazis and the PLO army lorries«, in: *The Times* (19. November 1980).

5 Vgl. Urteil, a. a. O., S. 54 sowie zu Hepps Vorstellungen und seiner Ernüchterung Winterberg, *Der Rebell Odfried Hepp*, a. a. O., S. 86.

6 Vgl. für die Ereignisse ebd.

7 Vgl. für die beiden Versionen N. N., »Neonazis: ›Thors Hammer‹ im Libanon«, in: *Der Spiegel* (19. Januar 1981), S. 66-78.

8 Siehe Winterberg, *Der Rebell Odfried Hepp*, a. a. O., S. 106, S. 109.

9 Siehe Urteil, a. a. O., S. 66.

10 Vgl. ebd., S. 68 sowie Winterberg, *Der Rebell Odfried Hepp*, a. a. O., S. 125.

11 Vgl. die Vernehmung Hambergers durch das bayerische BKA am 26. Juni 1981, BArch, B362/6518, S. 141-144 sowie die Vernehmung Hepps durch das LKA Baden-Württemberg am 24. Juni 1981, S. 396; vgl. zudem Winterberg, *Der Rebell Odfried Hepp*, a. a. O., S. 128 f.

12 Vgl. Urteil, a. a. O., S. 72 f.

13 Vgl. ebd., S. 115 f.

14 Siehe die Vernehmung Hepps durch das LKA Baden-Württemberg am 24. Juni 1981, BArch, B362/6518, S. 396 sowie Winterberg, *Der Rebell Odfried Hepp*, a. a. O., S. 129.

15 Siehe Urteil, a. a. O., S. 73.

16 Vgl. ebd., S. 59 f.

17 Siehe Winterberg, *Der Rebell Odfried Hepp*, a. a. O., S. 132.

18 Das entsprechende Schreiben findet sich in den Akten des Generalbundesanwalts, die ich einsehen konnte: BArch, B362/6510.

19 Vgl. die Vernehmungen Hoffmanns am 26. Juni, 22. September, 1. und 14. Oktober, 4., 5. und 6. November 1981: BArch, B362/6510.

20 Vgl. die Abschrift des Haftbefehls in: BArch, B362/6510, S. 96.

21 Vgl. ebd.

11. Recht

1 Vgl. Karl Loewenstein, »Militant democracy and fundamental rights I + II«, in: *American Political Science Review* 31/3+4 (1937), S. 417-432, S. 638-658.

2 Vgl. dazu Jahr, *Antisemitismus vor Gericht*, a. a. O., S. 339-340. Ich beziehe mich auf den nächsten Seiten im Wesentlichen auf diese Darstellung.

3 Nach damaliger (wie heutiger) Rechtsprechung war auch die »Beleidigung einer Mehrheit einzelner Personen unter einer Kollektivbezeichnung« möglich, wie der Bundesgerichtshof 1958 feststellte, siehe BGH vom 28. Februar 1958 – 1 StR 387/57. Auch das genannte Treitschke-Zitat konnte insofern eine anwesende jüdische Person beleidigen, wenn aus den situativen Umständen ein konkreter Bezug (z. B. durch Fingerzeichen) ersichtlich war. In der Rechtspraxis wurden derartige Beleidigungsverfahren in der frühen Bundesrepublik gerade von unteren gerichtlichen Instanzen häufig abschlägig entschieden, vgl. die Beispiele in Jahr, *Antisemitismus vor Gericht*, a. a. O., S. 357 und S. 367-370. Jahr zeigt auch auf (S. 215), dass das Problem seit der Entstehung des Strafgesetzbuches bestand.

4 Ebd., S. 372-381.

5 Siehe Carlo Schmid, in: Stenographischer Bericht der Bundestagssitzung vom 18. Februar 1960, 3. Wahlperiode, 130. Sitzung, S. 5582-5586, S. 5583, S. 5584.

6 Siehe H. G. van Dam, »Kein Naturschutzpark für Juden«, in: *Die Zeit* (19. Februar 1960), zit. nach: Jahr, *Antisemitismus vor Gericht*, a. a. O., S. 379.

7 Siehe die Neuformulierung des § 130, 6. Strafrechtsänderungsgesetz vom 30. Juni 1960, BGBl. 1, Nr. 33, 4. Juli 1960, S. 478. Der § 130 ist seitdem erneut geändert worden, so dass er heute beispielsweise wieder den damals abgelehnten Verweis auf die nationalen, ethnischen und religiösen Eigenschaften der verhetzten Gruppierungen enthält.

8 Siehe ihren Bericht vor der SPD-Bundestagsfraktion am 6. November 1979, BArch B106/102206, Bd. 2.

9 Vgl. zur Diskussion der verschiedenen Beleidigungsformen Thomas Wandres, *Die Strafbarkeit des Auschwitz-Leugnens*, Berlin 2000, S. 102-104.

10 Vgl. Sebastian Cobler, »Das Gesetz gegen die ›Auschwitz-Lüge‹. Anmerkungen zu einem rechtspolitischen Ablaßhandel«, in: *Kritische Justiz* 18/2 (1985), S. 159-170, S. 164.

11 Siehe das undatierte Thesenpapier des Bundesjustizministeriums zur SPD-Anhörung im November 1979, BArch, B106/102206, Bd. 2, S. 12.

12 Vgl. BGH vom 18. September 1979 – VI ZR 140/78.

13 Vgl. für eine Stellungnahme des damaligen Justizministers Jürgen Schmude, »Aufgaben und Grenzen des Strafrechts im Kampf gegen Neonazismus«, in: *Recht und Politik* 17/4 (1981), S. 153-156.

14 Siehe den identischen SPD-Entwurf für ein 21. StrÄndG vom 10. November 1982, Deutscher Bundestag, 9. Wahlperiode, Drucksache 9/2090.

15 Vgl. Wandres, *Die Strafbarkeit des Auschwitz-Leugnens*, a.a.O., S. 112; vgl. auch Peter Reichel, *Vergangenheitsbewältigung in Deutschland. Die Auseinandersetzung mit der NS-Diktatur von 1945 bis heute*, München 2001, S. 154.

16 Vgl. ebd.

17 Vgl. Scheiper, *Innere Sicherheit*, a.a.O.

18 Vgl. Martin Heger, »Ein Ende der Entkriminalisierung – Die Strafgesetze zur Bekämpfung des Terrorismus seit Ende der 1970er Jahre«, in: Petzsche/Heger/Metzler (Hg.), *Terrorismusbekämpfung in Europa*, a.a.O., S. 47-63; vgl. zur rechtshistorischen Einordnung Karsten Felske, *Kriminelle und terroristische Vereinigungen – §§ 129, 129a StGB. Reformdiskussion und Gesetzgebung seit dem 19. Jahrhundert*, Baden-Baden 2002; siehe für die ursprüngliche Fassung das »Gesetz zur Änderung des Strafgesetzbuches, der Strafprozeßordnung, des Gerichtsverfassungsgesetzes, der Bundesrechtsanwaltsordnung und des Strafvollzugsgesetzes« (kurz oft: »Anti-Terror-Gesetz«) vom 18. August 1976, BGBl. I, S. 2181.

19 Vgl. Manthe, »Rechtsterroristische Gewalt«, a.a.O.

20 Siehe das Urteil des Bundesgerichtshofs vom 12. Februar 1975 (Az.: 3 StR 7/74 I). Bei diesen Entscheidungen wurden die Begriffe »Verbindung« und »Vereinigung« noch weitgehend synonym verwendet. »Vereinigung« wird erst seit einer Strafgesetzänderung 2017 trennscharf genutzt.

21 Auch der Generalbundesanwalt hob die entsprechenden Möglichkeiten des Gesetzes hervor: Kurt Rebmann, »Terrorismus und Rechtsordnung«, in: Deutscher Richterbund (Hg.), *Kurskorrekturen im Recht. Die Vorträge und Referate des Deutschen Richtertages 1979*, Köln 1980, S. 109-144, S. 116.

22 Interessant ist hierbei die Stellungnahme des Generalbundesanwalts zum § 129a: ebd.

23 Siehe Heger, »Ein Ende der Entkriminalisierung«, a.a.O., S. 53.

24 Vgl. Gisela Diewald-Kerkmann, »Justiz gegen Terrorismus. ›Terroristenprozesse‹ in der Bundesrepublik, Italien und Großbritannien«, in: Hürter (Hg.), *Terrorismusbekämpfung in Westeuropa*, S. 35-61, S. 39-44.

25 Vgl. Heger, *Ein Ende der Entkriminalisierung*, a.a.O., S. 59f.

26 Vgl. für eine Auflistung BArch, B106/78959, Bd. 4.

27 Vgl. die Sammlung der Zuschriften in: BArch, B106/78958, Bd. 1; siehe zu

dieser Formulierung den Beschwerdebrief von Alma B. vom 3. Juni 1977 an den Bundesinnenminister, BArch, B106/78959, Bd. 4. Interessant ist auch, dass das BMI solche Schreiben durchaus ernst nahm und sogar einen Aktenvorgang einrichtete, um darauf angemessen reagieren zu können.

28 Siehe das Urteil des Landgerichts Nürnberg-Fürth vom 16. September 1976, BArch, B106/78958, Bd. 2.

29 Vgl. das Urteil des Landgerichts Tübingen, in: BArch, B106/78959, Bd. 5.

30 Vgl. das Schreiben Maihofers an den Bundestagsabgeordneten Schäfer vom 4. Januar 1977, BArch, B106/78958, Bd. 3.

31 Vgl. den Vermerk des Bundesinnenministeriums vom 10. Juni 1977, BArch B106/78959, Bd. 4.

32 Siehe den Vermerk des BMI-Abteilungsleiters L. vom 4. Juli 1977, BArch, B106/78959, Bd. 4, S. 2.

33 Siehe den Vermerk vom 3. Dezember 1979, BArch, B106/102244, Bd. 11, S. 2.

34 Siehe die Bekanntmachung des Vereinsverbots vom 16. Januar 1980, in: *Bundesanzeiger* (30. Januar 1980), S. 2, eine Kopie befindet sich in: BArch, B106/102245, Bd. 13.

35 Vgl. dazu etwa Sternsdorff,»Chef«, a.a.O., S. 81.

12. Der Prozess

1 Vgl. Klaus Weinhauer,»›Staat zeigen‹«, a.a.O.

2 Siehe PDI,»›Wehrsport‹ nicht strafbar? Hoffmann-Opfer könnten noch leben«, in: *Plärrer* 10 (Oktober 1981), S. 32.

3 Vgl. dazu die Anklageschrift, a.a.O., S. 4, sowie Urteil, a.a.O., S. 755.

4 Vgl. das entsprechende Schreiben, BArch, B362/6510 sowie dessen Bericht an den Bundesjustizminister vom 5. Juli 1981, BArch, B106/102245, Bd. 14, S. 1f.

5 Siehe den Bericht an den Bundesjustizminister, ebd., S. 2.

6 Siehe ebd., S. 6.

7 Siehe ebd., S. 3.

8 Vgl. Peter Simon,»Verbot der ›Wehrsportgruppe – ein ›Signal‹«, in: *Allgemeine jüdische Wochenzeitung* (8. Februar 1980), S. 2.

9 Mit der Einführung des § 129b StGB im Jahr 2002, wonach diese Paragrafen auch auf kriminelle oder terroristische Vereinigungen im Ausland anzuwenden sind, entfiel diese Problematik.

10 Siehe den Beschluss des Bundesgerichtshofes vom 5. Januar 1982, Az.:

1 BJs 350/81, online verfügbar unter: {https://research.wolterskluwer-online.
   de/document/8d451b35-6fec-4c9c-8ac7-67de28ad10c9}.
11 Siehe die Anklageschrift, a. a. O., S. 3.
12 Vgl. Bürgerinitiative 5. März, *Hoffmann-Prozeß*, a. a. O., S. 4.
13 Siehe Langen,»Nun soll Hoffmann«, a. a. O., S. 4.
14 Eine Kleine Anfrage der Abgeordneten Martina Renner, Dr. André
   Hahn, Ulla Jelpke, Katrin Kunert und der Fraktion Die Linke an die
   Bundesregierung zweifelte die bisherige Version an, nach der es sich
   bei der gefundenen Leiche um die Behrendts handelte. Denkbar wäre,
   dass man stattdessen die Leiche Bergmanns ausgegraben hat; vgl. die
   Drucksache des Deutschen Bundestags 18/11249 vom 22. März
   2017.
15 Siehe N. N.,»Rechtsradikale: Mit dem Rucksack«, a. a. O.
16 Siehe Roswin Finkenzeller,»›Wehrsportchef‹ Hoffmann vor Gericht«,
   in: *Frankfurter Allgemeine Zeitung* (13. September 1984), S. 9.
17 Siehe Roswin Finkenzeller,»Hoffmann will 40 Stunden reden«, in:
   Frankfurter Allgemeine Zeitung (15. September 1984), S. 7.
18 Siehe Sternsdorff,»Chef«, a. a. O., S. 75.
19 Zit. nach: Roswin Finkenzeller,»›Mit einem Stecken hänseln‹«, in:
   Frankfurter Allgemeine Zeitung (19. September 1984), S. 9.
20 Vgl. zum Aussageverhalten von Fraas etwa Finkenzeller,»In der Beweiskette fehlt noch das letzte Glied«, a. a. O.
21 Vgl. Urteil, a. a. O., S. 377, S. 940.
22 Siehe Roswin Finkenzeller,»Nur wüste Gedankenspiele?«, in: *Frankfurter Allgemeine Zeitung* (13. Februar 1985), S. 9.
23 Vgl. die schriftliche Anfrage des SPD-Abgeordneten Karl-Heinz Hierse-
   mann vom 13. März 1985, in: Protokoll der bayerischen Landtagssitzungen
   der 10. Wahlperiode, Drucksache 10/6840.
24 Siehe Roswin Finkenzeller,»Ein Zeuge wurde 23 Tage lang vernommen«, in: *Frankfurter Allgemeine Zeitung* (7. August 1985), S. 8.
25 Siehe Sternsdorff,»Chef«, a. a. O., S. 71.
26 Dies wird als Hoffmanns Quintessenz dargelegt in: Finkenzeller,»Nur
   wüste Gedankenspiele«, a. a. O.
27 Siehe Urteil, a. a. O., S. 930.
28 Siehe den Zwischenbericht der Abteilung XXII/1 vom 10. Januar 1985,
   BStU: MfS HA XXII 73082/92.
29 Siehe Roswin Finkenzeller,»Für Mord fand man bei Hoffmann kein
   Tatmotiv«, in: *Frankfurter Allgemeine Zeitung* (1. Juli 1986), S. 7.
30 Vgl. für die entsprechenden Erörterungen Urteil, a. a. O., S. 955-963.

31 Siehe ebd., a. a. O., S. 955.

32 Siehe ebd., S. 964.

33 Siehe Claus-Einar Langen, »Nun soll Hoffmann doch der Prozeß in der Mordsache Levin/Poeschke gemacht werden«, in: *Frankfurter Allgemeine Zeitung* (1. März 1984), S. 4.

34 Siehe Urteil, a. a. O., S. 986.

35 Siehe Roswin Finkenzeller, »Hoffmann legt Wert darauf, ›keine Meise‹ zu haben«, in: *Frankfurter Allgemeine Zeitung* (12. Oktober 1984), S. 10.

36 Diese beiden Aussagen Birkmanns sind in der Vernehmung durch das bayerische LKA am 24. August 1981 gefallen, Urteil, a. a. O., S. 785. Die Hervorhebungen stammen von mir, U. J.

37 Vgl. für die Einlassung von Birkmann ebd., S. 786.

38 Siehe ebd., S. 1010 f.

39 Vgl. Roswin Finkenzeller, »›Bei Hoffmann liefen alle Fäden zusammen‹«, in: *Frankfurter Allgemeine Zeitung* (9. Mai 1986), S. 9.

40 Siehe das Protokoll der Vernehmung Mainkas durch das bayerische LKA vom 2. Juli 1981, BArch, B362/6512, S. 48.

41 Siehe Urteil, a. a. O., S. 127.

42 So etwa der Zeuge Behle: ebd.

43 Siehe Bürgerinitiative 5. März, *Hoffmann-Prozeß*, a. a. O., S. 5.

44 Siehe Urteil, a. a. O., S. 72; vgl. zudem Winterberg, *Der Rebell Odfried Hepp*, a. a. O., S. 128.

45 Siehe Finkenzeller, »Mit einem Stecken hänseln«, a. a. O.

46 Siehe Sternsdorff, »Chef«, a. a. O., S. 78-81.

47 Vgl. für einen ähnlichen Eindruck: Chaussy, *Das Oktoberfest-Attentat und der Doppelmord von Erlangen*, a. a. O., S. 285.

48 Vgl. z. B. Bürgerinitiative 5. März, *Hoffmann-Prozeß*, a. a. O., Vorwort.

49 Natürlich stelle ich damit nicht die Grundsatzentscheidung des BGH von 1982 infrage, insofern sie den Geltungsbereich des § 129 StGB betraf. Erst nach dessen erneuter Revision im Jahr 2002, also nach den Anschlägen vom 11. September – und mit der Einführung des Zusatzes 129b, mit dem auch die Verfolgung ausländischer Vereinigungen möglich wurde –, ließe sich eine Organisation wie die WSG auch im Ausland mit diesem Paragraphen belangen. Ich werfe vielmehr die Frage auf, ob die WSG wirklich nur im Ausland tätig war; vgl. dazu Michael Nehring, *Kriminelle und terroristische Vereinigungen im Ausland. Auslegung und Analyse des im Zuge der Terrorismusbekämpfung nach dem 11. September 2001 geschaffenen § 129b Strafgesetzbuch*, Frankfurt am Main 2007.

50 Siehe den Bericht vom 5. Juli 1981 zum Ermittlungsverfahren gegen Hoffmann, BArch, B106/102245, Bd. 14, S. 3.

51 Vgl. die Ansicht des Hoffmann-Stellvertreters im Libanon, Leroy Paul, Urteil, a. a. O., S. 290.

52 Siehe BStU, MfS, HA XXII Nr. 5749/4, Bl. 29 sowie BStU, MfS, HA XXII Nr. 5749/4, Bl. 31; vgl. die abgedruckten Berichte des MfS in: Heymann, *Oktoberfest-Bombe*, S. 227-232.

53 Siehe Urteil, a. a. O., S. 1001.

54 Ebd., S. 1038.

55 Ebd., S. 987 f.

56 Ebd., S. 1037.

13. Vergessen

1 Alexander Mitscherlich/Margarete Mitscherlich, *Die Unfähigkeit zu trauern. Grundlagen kollektiven Verhaltens*, München 1977 [1967].

2 Darauf läuft die kritische Analyse von Christian Schneider hinaus: Ulrike Jureit/Christian Schneider, *Gefühlte Opfer. Illusionen der Vergangenheitsbewältigung*, Stuttgart 2010, S. 136.

3 Begonnen hat diese Auseinandersetzung charakteristischerweise sehr spät: Tilmann Moser, »Die Unfähigkeit zu trauern. Hält die Diagnose einer Überprüfung stand?«, in: *Psyche* 46/5 (1992), S. 389-405; vgl. dazu die spätere Forschung, etwa Tobias Freimüller, *Alexander Mitscherlich. Gesellschaftsdiagnosen und Psychoanalyse nach Hitler*, Göttingen 2007; Christian Schneider, »Die Unfähigkeit zu trauern: Diagnose oder Parole?«, in: *Mittelweg 36* 17/4 (2008), S. 69-79; Tobias Freimüller (Hg.), *Psychoanalyse und Protest. Alexander Mitscherlich und die »Achtundsechziger«*, Göttingen 2008.

4 Siehe Mitscherlich/Mitscherlich, *Unfähigkeit zu trauern*, a. a. O., S. 35.

5 Für alle Zitate siehe ebd., S. 38. Die durch das Buch erfolgreich verbreitete Vorstellung von Trauerarbeit ist aus psychoanalytischer Sicht problematisch, obwohl die beiden Autorinnen darauf ihre Analyse gründeten; vgl. Jureit/Schneider, *Gefühlte Opfer*, a. a. O., S. 128-137.

6 Siehe ebd., S. 10.

7 Siehe ebd., S. 30.

8 Vgl. Richard von Weizsäcker, Rede zur Gedenkveranstaltung des Deutschen Bundestags zum 40. Jahrestag des Endes des Zweiten Weltkriegs am 8. Mai 1985, online verfügbar unter: {https://www.bundespraesi

dent.de/SharedDocs/Reden/DE/Richard-von-Weizsaecker/Reden/
1985/05/19850508_Rede.html}.

9 Vgl. Y. Michal Bodemann, *Gedächtnistheater. Die jüdische Gemeinschaft und ihre deutsche Erfindung*, Hamburg 1996. Dass das Gedächtnistheater für Juden keineswegs vorbei ist, zeigt: Max Czollek, *Desintegriert euch!*, München 2018.

10 Eine pauschale und kaum quellengesättigte Verurteilung des bundesrepublikanischen Umgangs mit Holocaust und NS-Vergangenheit, wie sie Samuel Salzborn vorgelegt hat, verbietet sich nicht zuletzt mit Blick auf diese Gruppe und ihre Bemühungen; vgl. Samuel Salzborn, *Kollektive Unschuld. Die Abwehr der Shoah im deutschen Erinnern*, Leipzig 2020.

11 Siehe Elisabeth Noelle-Neumann (Hg.), *Allensbacher Jahrbuch der Demoskopie*, Bd. VI: *1974-1976*, Wien/München/Zürich 1976, S. 66.

12 Vgl. Thomas Biebricher, *Geistig-moralische Wende. Die Erschöpfung des deutschen Konservatismus*, Berlin 2019.

13 Vgl. Anna von der Goltz (Hg.), *»Talkin' 'bout my Generation«. Conflicts of Generation Building and Europe's »1968«*, Göttingen 2011.

14 Vgl. Hans Kundnani, *Utopia or Auschwitz. Germany's 1968 Generation and the Holocaust*, New York 2009.

15 Vgl. Peter Schöttler, »Die Geschichtswerkstatt e.V. Zu einem Versuch, basisdemokratische Geschichtsinitiativen und -forschungen zu ›vernetzen‹«, in: *Geschichte und Gesellschaft* 10/3 (1984), S. 421-424.

16 Vgl. Charles S. Maier, *The Unmasterable Past. History, Holocaust, and German National Identity*, Cambridge 1988; Richard J. Evans, *In Hitler's Shadow. West German Historians and the Attempt to Escape from the Nazi Past*, London 1989.

17 Vgl. Uffa Jensen, »Nationale Phantomschmerzen. Zum öffentlichen Gebrauch von Erinnerung in der neuen Bundesrepublik«, in: Undine Ruge/Daniel Morat (Hg.), *Deutschland denken. Beiträge für die reflektierte Republik*, Wiesbaden 2005, S. 111-122; ders., »Wie die Historie öffentlich gebraucht wird: Jürgen Habermas und der Historikerstreit«, in: Steffen Kailitz (Hg.), *Die Gegenwart der Vergangenheit. Der »Historikerstreit« und die deutsche Geschichtspolitik*, Wiesbaden 2008, S. 72-83.

18 Vgl. dazu jetzt kritisch: Per Leo, *Tränen ohne Trauer. Nach der Erinnerungskultur*, Stuttgart 2021.

19 Vgl. Alex Rühle, »Splitter in der Seele«, in: *Süddeutsche Zeitung* (6. Oktober 2018).

20 Vgl. das Grußwort anlässlich des Festvortrages »Toleranz heute, 250 Jahre nach Lessing und Mendelssohn« des Staatsministers für Unterricht und

Kultus Hans Maier im Rahmen der Erlanger Woche der Brüderlichkeit am 8. März 1979, Transkription der Audio-Aufzeichnung durch Albert, Geisler und Rettig, Stadtarchiv Erlangen.

21 Siehe das Grußwort anlässlich des Festvortrages »Martin Buber – Zwiesprache heute« des Theologen Shalom Ben-Chorin im Rahmen der Erlanger Woche der Brüderlichkeit am 10. März 1978, Transkription der Audio-Aufzeichnung durch Albert, Geisler und Rettig, Stadtarchiv Erlangen.

22 Vgl. Kevin Lenk, »Keine andere Geschichte. Die politische Aneignung von Toten im Kontext des Linksterrorismus der 1970er Jahre – Das Beispiel Siegfried Buback«, in: Petzsche/Heger/Metzler (Hg.), *Terrorismusbekämpfung in Europa*, a. a. O., S. 85-107.

23 Siehe die Transkription der Videointerviews mit Jakubowicz von Birgit Mair, aufgezeichnet am 7. Januar 2010 in Nürnberg, Institut für sozialwissenschaftliche Forschung, Bildung und Beratung (ISFBB) e.V.

24 Vgl. Martin Sabrow, *Der Rathenaumord. Rekonstruktion einer Verschwörung gegen die Republik von Weimar*, München 1994.

25 Vgl. Frei, *Vergangenheitspolitik*, a. a. O.

26 Vgl. Hannes Heer/Klaus Naumann (Hg.), *Vernichtungskrieg. Verbrechen der Wehrmacht, 1941-1944*, Hamburg 1995.

27 Vgl. Frei, *Vergangenheitspolitik*, a. a. O.

28 Siehe Henrik Dosdall, »Organisationsversagen und NSU-Ermittlungen. Braune-Armee-Fraktion, Behördenlernen und organisationale Suche«, in: *Zeitschrift für Soziologie* 47/6 (2018), S. 402-417, S. 406. Dieser Aufsatz, in dem Dosdall überzeugend argumentiert, wie die Heuristik »organisiertes Verbrechen« die Ermittlungen zum NSU derart geprägt hat, dass ein rechtsterroristischer Hintergrund der Tat über Jahre gar nicht in Erwägung gezogen wurde, hat mein Nachdenken über den Erlanger Doppelmord stark geprägt. Letztlich gelingt Dosdall hier eine Erklärung des behördlichen Scheiterns, die auf eine Verschwörungstheorie à la »Auf dem rechten Auge blind« verzichten kann. Ich halte den Erlanger Doppelmord und das vergessene Terrorjahr 1980 für ein entscheidendes Puzzleteil, um auf ermittlungspraktischer Ebene das behördliche Versagen im NSU-Fall zu erklären.

29 Ebd., S. 408.

30 Ebd.

31 Vgl. Gabriele Metzler, »Der historische Ort der Terrorismusbekämpfung in der Bundesrepublik der 1970er Jahre«, in: Petzsche/Heger/Metzler (Hg.), *Terrorismusbekämpfung in Europa*, a. a. O., S. 25-46.

32 Vgl. Wilhelm Heitmeyer/Manuela Freiheit/Peter Sitzer, *Rechte Bedro-hungsallianzen. Signaturen der Bedrohung II*, Berlin 2020, S. 223.

33 In die Literatur zum Linksterrorismus schleicht sich nicht selten ein Ton ein, der im Rückblick die Funktionstüchtigkeit der demokratischen In-stitutionen lobt; vgl. Metzler, »Der historische Ort«, a. a. O., vor allem S. 44.

34 Zit. nach: Röpke/Speit, *Blut und Ehre*, a. a. O., S. 16.

14. Fazit

1 Siehe das Interview mit dem damaligen Vorsitzenden des Zentralrats der Juden in Deutschland, Paul Spiegel, im ersten Teil (»Täter«) von Rainer Fromms, Jan Peters und Yury Winterbergs MDR-Dokumenta-tion »Nach Hitler – Radikale Rechte rüsten auf« aus dem Jahr 2001; die Fol-ge ist online verfügbar unter: {https://www.youtube.com/watch?v=rk oedYmbLYc}, 9'50''-10'23''.

2 Siehe die Antwort des bayerischen Innenministers vom 21. November 2012 auf die Anfrage der Abgeordneten Sepp Dürr und Christine Stahl (Bündnis 90/Die Grünen) vom 28. September 2012, Bayerischer Land-tag, 16. Wahlperiode, Drucksache 16/14928 vom 14. Januar 2013, S. 3.

3 Urteil vom 26. April 1988, BVerfGE, Bd. 78, S. 123-127, S. 126.

4 Vgl. N. N., »Lebende Zeitbomben«, in: *Der Spiegel* (4. Juli 1982), online verfügbar unter: {https://www.spiegel.de/politik/lebende-zeitbomben-a-0ba4a34c-0002-0001-0000-000014346863?context=issue}.

5 Siehe Reinhard Koselleck, *Vergangene Zukunft. Zur Semantik geschicht-licher Zeiten*, 3. Aufl., Frankfurt am Main 1995 [1979], S. 145.

Quellen- und Literaturverzeichnis

1. Verwendete Archivbestände

Antifaschistisches Pressearchiv und Bildungszentrum Berlin (apabiz)
Archiv des Bundesbeauftragten für die Unterlagen des Staatssicherheitsdienstes der ehemaligen Deutschen Demokratischen Republik
Bundesarchiv Koblenz
Bestände des Instituts für sozialwissenschaftliche Forschung, Bildung und Beratung (ISFBB) e.V. in Nürnberg
Bestände der Staatsanwaltschaft Nürnberg-Fürth
Stadtarchiv Erlangen

2. Periodika

Allensbacher Jahrbuch der öffentlichen Meinung
Allgemeine jüdische Wochenzeitung
Berichte der Bundes- und Landesämter für Verfassungsschutz
Erlanger Tagblatt (ab 1. Januar 1981: *Erlanger Nachrichten*)
Fränkischer Tag
Frankfurter Allgemeine Zeitung
Kommando. Zeitung der WSG für den europäischen Freiwilligen
Haaretz
Jedi'ot Ahronoth
Nürnberger Nachrichten
Plärrer
Protokolle der Sitzungen des Deutschen Bundestages
Protokolle der Sitzungen des Hessischen Landtages
Protokolle der Sitzungen des Bayerischen Landtages
Der Spiegel

3. Primärliteratur

The Anglo-Jewish Association, *Germany's New Nazis*, New York 1952.

Antifaschistische Aktionseinheit gegen die Wehrsportgruppe Hoffmann und Antifaschistischer Arbeitskreis Erlangen, *Kampf den Neo-Nazis*, Nürnberg 1979.

Bader, Britta, »Spekulationen um das Mordmotiv?«, in: *Nürnberger Zeitung* (22. Dezember 1980).

Bayerisches Staatsministerium des Innern (Hg.), *Verfassungsschutzbericht Bayern 1978*, München 1979.

Dass. (Hg.), *Verfassungsschutzbericht Bayern 1979*, München 1980.

(Behrendt, Uwe), »Kameraden der WSG kommen zu Wort«, in: *Kommando* 1/1 (1979), S. 11.

Bernardi, Luigi, »Ho visto rinascere l'esercito nazista«, in: *Oggi Illustrato* (26. Februar 1977), S. 40-45.

Boßmann, Dieter (Hg.), *»Was ich über Adolf Hitler gehört habe … «. Folgen eines Tabus: Auszüge aus Schüler-Aufsätzen von heute*, Frankfurt am Main 1977.

Bürgerinitiative 5. März: Bürger beobachten Polizei und Justiz, *Der Hoffmann-Prozeß. Hintergründe, Widersprüche, offene Fragen*, Nürnberg 1985.

Das Bundesministerium des Innern (Hg.), *Verfassungsschutzbericht 1971*, Bonn 1972.

Dass. (Hg.), *Verfassungsschutzbericht 1974*, Bonn 1975.

Dass. (Hg.), *Verfassungsschutzbericht 1976*, Bonn 1977.

Dass. (Hg.), *Verfassungsschutzbericht 1977*, Bonn 1978.

Dass. (Hg.), *Verfassungsschutzbericht 1978*, Bonn 1979.

Dass. (Hg.), *Verfassungsschutzbericht 1979*, Bonn 1980.

Butz, Arthur R., *Der Jahrhundertbetrug*, Vlotho 1977.

Christophersen, Thies, *Die Auschwitz-Lüge. Ein Erlebnisbericht*, Mohrkirch 1973.

Dagan, Daniel, »מתיחות וחרדה בקהילה היהודית במערב-גרמניה« (Anspannung und Angst in der jüdischen Gemeinde in Westdeutschland), in: *Haaretz* (21. Dezember 1980).

Dissberger, Karl-Heinz, *Werwolf. Winke für Jagdeinheiten*, Düsseldorf 1985.

Dönhoff, Marion Gräfin, »Was bedeutet die Hitlerwelle?«, in: *Die Zeit*, (2. September 1977).

Emmet, Christopher/Norbert Muhlen, *Das verlöschende Hakenkreuz. Tatsachen und Zahlen über den Nazismus in Westdeutschland*, Frankfurt am Main 1962.

Faurisson, Robert, »*Es gab keine Gaskammern*«, Witten 1978.

Finkenzeller, Roswin, »Hoffmann legt Wert darauf, ›keine Meise‹ zu haben«, in: *Frankfurter Allgemeine Zeitung* (12. Oktober 1984).

Ders., »Hoffmann spricht nun über den Doppelmord«, in: *Frankfurter Allgemeine Zeitung* (28. September 1984).

Ders., »Hoffmann will 40 Stunden reden«, in: *Frankfurter Allgemeine Zeitung* (15. September 1984).

Ders., »Hoffmanns rhetorische Dauerberieselung«, in: *Frankfurter Allgemeine Zeitung* (5. Oktober 1984).

Ders., »In der Beweiskette fehlt noch das letzte Glied«, in: *Frankfurter Allgemeine Zeitung* (30. November 1984).

Ders., »›Mit einem Stecken hänseln‹«, in: *Frankfurter Allgemeine Zeitung* (19. September 1984).

Ders., »›Wehrsportchef‹ Hoffmann vor Gericht«, in: *Frankfurter Allgemeine Zeitung* (13. September 1984).

Ders., »Ein Zeuge wurde 23 Tage lang vernommen«, in: *Frankfurter Allgemeine Zeitung* (7. August 1985).

Ders., »Nur wüste Gedankenspiele?«, in: *Frankfurter Allgemeine Zeitung* (13. Februar 1985).

Ders., »›Bei Hoffmann liefen alle Fäden zusammen‹«, in: *Frankfurter Allgemeine Zeitung* (9. Mai 1986).

Ders., »Für Mord fand man bei Hoffmann kein Tatmotiv«, in: *Frankfurter Allgemeine Zeitung* (1. Juli 1986).

Fisk, Robert, »Mystery of the Neo-Nazis and the PLO Army Lorries«, in: *The Times* (19. November 1980).

Ginsburg, Hans Jakob, »Der Weg ins Ghetto ist kein Rettungsweg. Zur jüdischen Reaktion auf die neonazistische Gewalt«, in: *Allgemeine jüdische Wochenzeitung* (10. Oktober 1980).

Hauck, Joachim, »Viel Rummel um die ›neue Ordnung‹«, in: *Nürnberger Nachrichten* (19. März 1979).

Ders., »Viele Fragezeichen im Leben des Shlomo Lewin«, in: *Nürnberger Nachrichten* (22. Dezember 1980).

(Hoffmann, Karl-Heinz), »Das aktuelle Thema: Deutsches Brandopfer 1939«, in: *Kommando* 1/2 (1979), S. 6 f.

Ders., »Haß ohne Wirkung«, in: *Kommando* 1/2 (1979), S. 16f.

Ders., »Winterkampfausbildung«, in: *Kommando* 1/2 (1979), S. 3-5.

Hoffmann, Karl-Heinz, »Horrorkino?«, in: *Kommando* 1/5 (1979), S. 6f.

Ders., »Ist das Mauerwerk politisch?«, in: *Kommando* 1/2 (1979), S. 11.

Ders., »(Vorwort)«, in: *Kommando* 1/1 (1979), S. 2.

Ders., »WSG Rundbrief«, in: *Kommando* 1/1 (1979), S. 12f.

Ders., *Verrat und Treue. Ein an Tatsachen orientierter Roman*, Neunkirchen o. A.

Institut für Demoskopie (Hg.), *Jahrbuch der öffentlichen Meinung 1947-1955*, Allensbach 1956.

Jaspers, Karl, *Die Schuldfrage*, Heidelberg 1946.

Kleffner, Heike, »Die Marmorplatte zerriss wie Papier«, in: *taz* (19. Juli 2002).

Klesse, Max, *Vom alten zum neuen Israel. Beitrag zur Genese der Judenfrage und des Antisemitismus*, Frankfurt am Main 1965.

Kogon, Eugen, »Juden und Nichtjuden in Deutschland«, in: *Frankfurter Hefte* 4/9 (1949), S. 726-729.

Ders., »Die Wiederkehr des Nationalsozialismus«, in: *Frankfurter Hefte* 6/6 (1951), S. 377-382.

Lamm, Hans, *Der Eichmann-Prozeß in der deutschen öffentlichen Meinung. Eine Dokumentensammlung*, Frankfurt am Main 1961.

Landgericht Nürnberg-Fürth, *Urteil in der Strafsache gegen Hoffmann und Birkmann*, 3. Strafkammer, Nürnberg-Fürth 1988.

Langen, Claus-Einar, »Nun soll Hoffmann doch der Prozeß in der Mordsache Levin/Poeschke gemacht werden«, in: *Frankfurter Allgemeine Zeitung* (1. März 1984).

Loewenstein, Karl, »Militant democracy and fundamental rights I+II«, in: *The American Political Science Review* 31/3+4 (1937), S. 417-432, S. 638-658.

Lüth, Paul Egon Heinrich, *Bürger und Partisan*, Frankfurt am Main 1951.

Maihofer, Werner, »Zum Verfassungsschutzbericht 1974«, in: Bundesministerium des Innern (Hg.), *Verfassungsschutzbericht 1974*, Bonn 1975, S. 3-8.

Mann, Golo, *Der Antisemitismus. Wurzeln, Wirkung und Überwindung*, Frankfurt am Main 1961.

Meinecke, Friedrich, *Die deutsche Katastrophe. Betrachtungen und Erinnerungen*, 2. Aufl., Wiesbaden 1946.

Merritt, Anna J./Richard L. Merritt, *Public Opinion in Occupied Germany. The OMGUS Surveys, 1945-1949*, Urbana 1970.

Mitscherlich, Alexander/Margarete Mitscherlich, *Die Unfähigkeit zu trauern. Grundlagen kollektiven Verhaltens*, München 1977 [1967].

Mohler, Armin, *Vergangenheitsbewältigung. Von der Läuterung zur Manipulation*, Stuttgart 1968.

Nieland, Friedrich, »Wieviel Welt (Geld-)Kriege müssen die Völker noch verlieren? Offener Brief an alle Bundesminister und Parlamentarier der Bundesrepublik«, in: *Hamburger Schlüsseldokumente zur deutsch-jüdischen Geschichte*, online verfügbar unter: {https://dx.doi.org/10.23691/jgo:source-125.de.vi} (alle URLs Stand April 2022).

Noelle-Neumann, Elisabeth (Hg.), *Allensbacher Jahrbuch der Demoskopie*, Bd. VI: *1974-1976*, Wien/München/Zürich 1976.

N. N., »Auch mit Phantombild keine Spur vom Täter«, in: *Nürnberger Nachrichten* (16. Januar 1981).

N. N., »Bei allem Wohlwollen«, in: *Der Spiegel* (6. Juli 1986).

N. N., »Brillen-Aktion ohne Erfolg«, in: *Nürnberger Nachrichten* (26. Januar 1981).

N. N., »Die Antisemiten am Werk«, in: *Frankfurter Hefte* 14/3 (1959), S. 161f.

N. N., »Die Fassungslosigkeit hält an«, in: *Erlanger Tagblatt* (29. Dezember 1980).

N. N., »Einzige Spur: die Brille«, in: *Nürnberger Nachrichten* (22. Dezember 1980).

N. N., »Ermittlungen gehen in viele Richtungen«, in: *Nürnberger Nachrichten* (30. Dezember 1980).

N. N., »Ex-Adjutant Mosche Dajans ›hingerichtet‹«, in: *Nürnberger Nachrichten* (20./21. Dezember 1980).

N. N., »Fahndung konzentriert sich auf jungen Mann«, in: *Nürnberger Nachrichten* (10./11. Januar 1981).

N. N., »Fall Lewin/Poeschke: Kripo stellt Brille aus«, in: *Nürnberger Nachrichten* (24./25. Januar 1981).

N. N., »Geheimdienstkontakt von Israel bestritten«, in: *Nürnberger Zeitung* (23. Dezember 1980).

N. N., »Haß auf Fremde und Demokratie«, in: *Der Spiegel* (15. März 1981).

N. N., »Hinweise auf eine unpolitische Tat im Doppelmordfall Lewin/Poeschke«, in: *Fränkischer Tag* (24. Dezember 1980).

N. N., »›Ihnen wäre das Lachen vergangen‹. Karl-Heinz Hoffmann über seine Wehrsportgruppe und die Neonazis in der Bundesrepublik«, in: *Der Spiegel* (24. November 1980), S. 76-99.

N. N., »Ist der Erlanger Mordfall geklärt?«, in: *Nürnberger Nachrichten* (3. September 1981).

N. N., »L'assassinat de Shlomo Lewin demeure mystérieux«, in: *Le Monde* (23. Dezember 1980).

N. N., »Leichname freigegeben«, in: *Nürnberger Nachrichten* (24.-26. Dezember 1980).

N. N., »Mit Dumdum aus der Schußlinie«, in: *Der Spiegel* (6. Oktober 1980), S. 30-34.

N. N., »Neonazis: ›Thors Hammer‹ im Libanon«, in: *Der Spiegel* (19. Januar 1981), S. 66-78.

N. N., »Noch keine heiße Spur im Fall Levin«, in: *Fränkischer Tag* (29. Dezember 1980).

N. N., »›Nur blindwütiger Haß‹. Eine Erklärung der Stadt Erlangen«, in: *Erlanger Tagblatt* (22. Dezember 1980).

N. N., »Rechtsradikale: Mit dem Rucksack«, in: *Der Spiegel* (20. August 1984).

N. N., »Shlomo Lewin«, in: *Allgemeine jüdische Wochenzeitung* (2./9. Januar 1981).

N. N., »Über 60 Hinweise, aber keine ›heiße Spur‹«, in: *Nürnberger Nachrichten* (23. Dezember 1980).

N. N., »War neben einer Frau auch ein Mann am Mord beteiligt?«, in: *Erlanger Nachrichten* (10.-11. Januar 1981).

N. N., »Warum nur diese?«, in: *Frankfurter Allgemeine Zeitung* (31. Januar 1980).

N. N., »Weitere Ermittlungen um Erlanger Doppelmord«, in: *Fränkischer Tag* (31. Dezember 1980).

N. N., »Zwischenfälle blieben aus«, in: Nürnberger Nachrichten (8. August 1977), S. 10.

PDI, »›Wehrsport‹ nicht strafbar? Hoffmann-Opfer könnten noch leben«, in: *Plärrer* 10 (Oktober 1981), S. 32.

Pless, E. W., *Geblendet. Aus den authentischen Papieren eines Terroristen*, Zürich 1979.

Rabe, Karl-Klaus, *Rechtsextreme Jugendliche. Gespräche mit Verführern und Verführten*, Bornheim-Merten 1980.

Rebmann, Kurt, »Terrorismus und Rechtsordnung«, in: Deutscher Richterbund (Hg.), *Kurskorrekturen im Recht. Die Vorträge und Referate des Deutschen Richtertages 1979*, Köln 1980, S. 109-144.

Regierung der Bundesrepublik Deutschland (Hg.), *Die antisemitischen und nazistischen Vorfälle in der Zeit vom 25. Dezember 1959 bis zum 28. Januar 1960. Weißbuch und Erklärung der Bundesregierung*, Bonn 1960.

Schmude, Jürgen, »Aufgaben und Grenzen des Strafrechts im Kampf gegen Neonazismus«, in: *Recht und Politik. Zeitschrift für deutsche und europäische Rechtspolitik* 17/4 (1981), S. 153-156.

Shamgar, Shlomo, »ליורד שנרצח בגרמניה היה, לדברי מכריו, ארכיון לחץ« (Der Abgewanderte, der in Deutschland ermordet worden war, hatte laut seiner Bekannten ein Archiv für Erpressungen), in: *Jedi'ot Ahronoth* (22. Dezember 1980).

Ders., »סבורים כי רצח היורד בגרמניה בוצע על רקע אישי« (Es scheint sicher, dass der Mord an dem nach Deutschland Abgewanderten einen persönlichen Hintergrund hat), in: *Jedi'ot Ahronoth* (21. Dezember 1980).

Ders., »מי רצח את שלמה לוין?« (Wer hat Shlomo Lewin ermordet?), in: *Jedi'ot Ahronoth* (29. Dezember 1980).

Shibi, Chaim, »מספה היורדים מישראל בארהיב בין 300 ו-500 אלף איש« (Die Zahl der Auswanderungen von Israel in die USA beläuft sich auf zwischen 300 000 und 500 000 Menschen), in: *Jedi'ot Ahronoth* (21. Dezember 1980).

Simon, Peter, »Verbot der ›Wehrsportgruppe‹ ein ›Signal‹«, in: *Allgemeine jüdische Wochenzeitung* (8. Februar 1980).

(Sinus Markt- und Sozialforschung), *5 Millionen Deutsche: »Wir sollten wieder einen Führer haben ... «. Die SINUS-Studie über rechtsextremistische Einstellungen bei den Deutschen*, Reinbek bei Hamburg 1982.

Stein, Thomas, »Skurrile Interessenidentität. Was deutsche Rechte und palästinensische Linke eint«, in: *Allgemeine jüdische Wochenzeitung* (28. November 1980).

Sternsdorff, Hans-Wolfgang, »›Chef, ich habe den Vorsitzenden erschossen‹«, in: *Der Spiegel* (18. November 1984), S. 71-82.

(Todesanzeige für Shlomo Lewin und Frieda Poeschke), in: *Fränkischer Tag* (22. Dezember 1980).

Tomkowitz, Gerhard/Werner Poelchau, »Herr Hoffmann und sein ›Mr. Spock‹«, in: *Stern-Magazin* (1984), Nr. 40, S. 219-221.

Wölfe, Wolfdietrich, »Das aktuelle Thema: Alle senden ›Holocaust‹«, in: *Kommando* 1/1 (1979), S. 4.

4. Sekundärliteratur

Aust, Stefan/Dirk Laabs, *Heimatschutz. Der Staat und die Mordserie des NSU*, München 2014.

Backes, Uwe/Eckhard Jesse, *Politischer Extremismus in der Bundesrepublik Deutschland*, Bonn 1989.

Bastian, Till, *Auschwitz und die »Auschwitz-Lüge«. Massenmord, Geschichtsfälschung und die deutsche Identität*, 6. Aufl., Bonn 2016.

Becker, Michael/Gottfried Oy/Christoph Schneider, »Die Welle als Muster. Sechs Thesen zur anhaltenden Bedeutung der ›antisemitischen Welle‹ 1959/1960«, in: *Sozial.Geschichte Online* 28 (2020), S. 119-146.

Benz, Wolfgang (Hg.), *Antisemitismus in der DDR. Manifestationen und Folgen des Feindbildes Israel*, Berlin 2018.

Berendsen, Eva/Katharina Rhein/Tom David Uhlig (Hg.), *Extrem unbrauchbar. Über Gleichsetzungen von links und rechts*, Berlin 2019.

Berghahn, Volker R., *Der Stahlhelm. Bund der Frontsoldaten 1918-1935*, Düsseldorf 1966.

Bergmann, Werner, *Antisemitismus in öffentlichen Konflikten. Kollektives Lernen in der politischen Kultur der Bundesrepublik 1949-1989*, Frankfurt am Main/New York 1997.

Ders., »Antisemitismus in der Nachkriegszeit. Das Beispiel Friedrich Nieland«, in: *Hamburger Schlüsseldokumente zur deutsch-jüdischen Geschichte* (22. September 2016), online verfügbar unter: {https://dx.doi.org/10.23 691/jgo:article-113.de.vi}.

Ders./Rainer Erb, »Kommunikationslatenz, Moral und öffentliche Meinung. Theoretische Überlegungen zum Antisemitismus in der Bundesrepublik Deutschland«, in: *Kölner Zeitschrift für Soziologie und Sozialpsychologie* 38 (1986), S. 209-222.

Berkowitz, Michael, *The Crime of my Very Existence. Nazism and the Myth of Jewish Criminality*, Berkeley 2007.

Biebricher, Thomas, *Geistig-moralische Wende. Die Erschöpfung des deutschen Konservatismus*, Berlin 2019.

Bodemann, Y. Michal, *Gedächtnistheater. Die jüdische Gemeinschaft und ihre deutsche Erfindung*, Hamburg 1996.

Brenner, Michael (Hg.), *Geschichte der Juden in Deutschland von 1945 bis zur Gegenwart. Politik, Kultur und Gesellschaft*, München 2012.

Chaussy, Ulrich, *Oktoberfest – Das Attentat. Wie die Verdrängung des Rechtsterrors begann*, Berlin 2014.

Ders., *Das Oktoberfest-Attentat und der Doppelmord von Erlangen. Wie Rechtsterrorismus und Antisemitismus seit 1980 verdrängt werden*, 3. Aufl., Berlin 2020 [2014].

Cobler, Sebastian, »Das Gesetz gegen die ›Auschwitz-Lüge‹. Anmerkungen zu einem ›rechtspolitischen Ablaßhandel‹«, in: *Kritische Justiz* 18/2 (1985), S. 159-170.

Czollek, Max, *Desintegriert euch!*, München 2018.

Dahs, Hans, »Das ›Anti-Terroristen-Gesetz‹ – eine Niederlage des Rechtsstaats«, in: *Neue Juristische Wochenschrift* 29/47 (1976), S. 2145-2151.

Diamant, Adolf, *Geschändete jüdische Friedhöfe in Deutschland: 1945 bis 1999*, Potsdam 2000.

Dietze, Carola, *Die Erfindung des Terrorismus in Europa, Russland und den USA 1858-1866*, Hamburg 2016.

Dies., »Ein blinder Fleck? Zur relativen Vernachlässigung des Rechtsterrorismus in den Geschichtswissenschaften«, in: Tim Schanetzky et al. (Hg.), *Demokratisierung der Deutschen. Errungenschaften und Anfechtungen eines Projekts*, Göttingen 2020, S. 189-205.

Diewald-Kerkmann, Gisela, »Justiz gegen Terrorismus. ›Terroristenprozesse‹ in der Bundesrepublik, Italien und Großbritannien«, in: Johannes Hürter (Hg.), *Terrorismusbekämpfung in Westeuropa. Demokratie und Sicherheit in den 1970er und 1980er Jahren*, Berlin 2015, S. 35-61.

Dosdall, Henrik, »Organisationsversagen und NSU-Ermittlungen. Braune-Armee-Fraktion, Behördenlernen und organisationale Suche«, in: *Zeitschrift für Soziologie* 47/6 (2018), S. 402-417.

Dudek, Peter/Hans-Gerd Jaschke, *Entstehung und Entwicklung des Rechtsextremismus in der Bundesrepublik*, Bd. 1: *Zur Tradition einer besonderen politischen Kultur*, Opladen 1984.

Dies., *Entstehung und Entwicklung des Rechtsextremismus in der Bundesrepublik*, Bd. 2: *Dokumente und Materialien*, Opladen 1984.

Evans, Richard J., *In Hitler's Shadow. West German Historians and the Attempt to Escape From the Nazi Past*, London 1989.

Felske, Karsten, *Kriminelle und terroristische Vereinigungen – §§ 129, 129a StGB. Reformdiskussion und Gesetzgebung seit dem 19. Jahrhundert*, Baden-Baden 2002.

Fenske, Reiner, *Vom »Randphänomen« zum »Verdichtungsraum«. Geschichte der »Rechtsextremismus«-Forschungen seit 1945*, Münster 2013.

Fischer, Barbara, *Nathans Ende? Von Lessing bis Tabori: Die deutsch-jüdische Rezeption von »Nathan der Weise«*, Göttingen 2000.

Fischer, Stefanie/Nathanael Riemer/Stefanie Schüler-Springorum (Hg.), *Juden und Nichtjuden nach der Shoah. Begegnungen in Deutschland*, Berlin 2019.

Forum für kritische Rechtsextremismusforschung (Hg.), *Ordnung. Macht. Extremismus. Effekte und Alternativen des Extremismus-Modells*, Wiesbaden 2011.

Frei, Norbert, *Vergangenheitspolitik. Die Anfänge der Bundesrepublik und die NS-Vergangenheit*, 2. Aufl., München 1997 [1996].

Freimüller, Tobias, *Alexander Mitscherlich. Gesellschaftsdiagnosen und Psychoanalyse nach Hitler*, Göttingen 2007.

Ders. (Hg.), *Psychoanalyse und Protest. Alexander Mitscherlich und die »Achtundsechziger«*, Göttingen 2008.

Fromm, Rainer, *Die »Wehrsportgruppe Hoffmann«. Darstellung, Analyse und Einordnung. Ein Beitrag zur Geschichte des deutschen und europäischen Rechtsextremismus*, Frankfurt am Main 1998.

Ders./Jan Peter/Yury Winterberg, *Nach Hitler. Radikale Rechte rüsten auf*, Mitteldeutscher Rundfunk Deutschland 2001, online verfügbar unter: {https://www.youtube.com/watch?v=rkoedYmbLYc}.

Goltz, Anna von der (Hg.), *»Talkin' 'bout my Generation«. Conflicts of Generation Building and Europe's »1968«*, Göttingen 2011.

Goschler, Constantin, »Die Politik der Rückerstattung in Westdeutschland«, in: Ders./Jürgen Lillteicher (Hg.), *›Arisierung‹ und Restitution: Die Rückerstattung jüdischen Eigentums in Deutschland und Österreich nach 1945 und 1989*, Göttingen 2002, S. 99-125.

Gräfe, Sebastian, *Rechtsterrorismus in der Bundesrepublik Deutschland. Zwischen erlebnisorientierten Jugendlichen, ›Feierabendterroristen‹ und klandestinen Untergrundzellen*, Baden-Baden 2017.

Hartleb, Florian, »Der Einsame-Wolf Terrorist. Eine neue Herausforderung für die innere Sicherheit«, in: *Die Kriminalpolizei* 1 (2013), S. 4-12.

Heer, Hannes/Klaus Naumann (Hg.), *Vernichtungskrieg. Verbrechen der Wehrmacht, 1941-1944*, Hamburg 1995.

Heger, Martin, »Ein Ende der Entkriminalisierung – Die Strafgesetze zur Bekämpfung des Terrorismus seit Ende der 1970er Jahre«, in: Anneke Petzsche/Martin Heger/Gabriele Metzler (Hg.), *Terrorismusbekämpfung in Europa im Spannungsfeld zwischen Freiheit und Sicherheit. Historische Erfahrungen und aktuelle Herausforderungen*, Baden-Baden 2019, S. 47-63.

Heilmann, Kristina, *Die israelitische Kultusgemeinde Nürnberg nach 1945*, Magisterarbeit, Universität Erlangen-Nürnberg, Erlangen 1989.

Heitmeyer, Wilhelm/Manuela Freiheit/Peter Sitzer, *Rechte Bedrohungsallianzen*, Berlin 2020.

Henne, Thomas, »Der Umgang der Justiz mit Veit Harlans ›Jud Süß‹ seit den 1950er Jahren: Prozesse, Legenden, Verdikte«, in: Alexandra Przyrembel/Jörg Schönert (Hg.), *»Jud Süß«. Hofjude, literarische Figur, antisemitisches Zerrbild*, Frankfurt am Main 2006, S. 263-292.

Heymann, Tobias von, *Die Oktoberfest-Bombe. München, 26. September 1980 – Die Tat eines Einzelnen oder ein Terror-Anschlag mit politischem Hintergrund?*, Berlin 2008.

Ders./Peter Wensierski, »Im rechten Netz«, in: *Der Spiegel* (23. Oktober 2011).

Hirsch, Kurt, *Rechts von der Union. Personen, Organisationen, Parteien seit 1945. Ein Lexikon*, München 1989.

Hof, Tobias, »Rechtsextremer Terrorismus in der Bundesrepublik Deutschland«, in: Martin Löhnig/Mareike Preisner/Thomas Schlemmer (Hg.), *Ordnung und Protest. Eine gesamtdeutsche Protestgeschichte von 1949 bis heute*, Tübingen 2015, S. 217-238.

Hoffman, Bruce, *Terrorismus – Der unerklärte Krieg. Neue Gefahren politischer Gewalt*, Frankfurt am Main 2006.

Holz, Klaus/Thomas Haury, *Antisemitismus gegen Israel*, Hamburg 2021.

Jahr, Christoph, *Antisemitismus vor Gericht. Debatten über die juristische Ahndung judenfeindlicher Agitation in Deutschland (1879-1960)*, Frankfurt am Main/New York 2011.

Jensen, Uffa, »Nationale Phantomschmerzen. Zum öffentlichen Gebrauch von Erinnerung in der neuen Bundesrepublik«, in: Undine Ruge/Daniel Morat (Hg.), *Deutschland denken. Beiträge für die reflektierte Republik*, Wiesbaden 2005, S. 111-122.

Ders., »Wie die Historie öffentlich gebraucht wird: Jürgen Habermas und der Historikerstreit«, in: Steffen Kailitz (Hg.), *Die Gegenwart der Vergangenheit. Der ›Historikerstreit‹ und die deutsche Geschichtspolitik*, Wiesbaden 2008, S. 72-83.

Jureit, Ulrike/Christian Schneider, *Gefühlte Opfer. Illusionen der Vergangenheitsbewältigung*, Stuttgart 2010.

Kauders, Anthony, *Democratization and the Jews. Munich, 1945-1965*, Lincoln/London 2004.

Khalidi, Rashid, *Palestinian Identity. The Construction of Modern National Consciousness*, New York 1997.

Kloke, Martin W., *Israel und die deutsche Linke. Zur Geschichte eines schwierigen Verhältnisses*, Frankfurt am Main 1990.

Königseder, Angelika/Juliane Wetzel, *Lebensmut im Wartesaal. Die jüdischen DPs (Displaced Persons) im Nachkriegsdeutschland*, Frankfurt am Main 1994.

Koselleck, Reinhart, *Vergangene Zukunft. Zur Semantik geschichtlicher Zeiten*, 3. Aufl., Frankfurt am Main 1995 [1979].

Kraushaar, Wolfgang, *Die Bombe im Jüdischen Gemeindehaus*, Hamburg 2005.

Ders., »Antizionismus als Trojanisches Pferd. Zur antisemitischen Dimension in den Kooperationen von Tupamaros West-Berlin, RAF und RZ mit den Palästinensern«, in: ders. (Hg.), *Die RAF und der linke Terrorismus*, a. a. O., S. 676-695.

Ders. (Hg.), *Die RAF und der linke Terrorismus*, Hamburg 2006.

Ders., »Die Proteste gegen den ›Jud Süß‹-Regisseur Veit Harlan«, in: Przyrembel/Schönert (Hg.), »*Jud Süß*«, a. a. O., 2006, S. 293-307.

Ders., »*Wann endlich beginnt bei euch der Kampf gegen die heilige Kuh Israel?*« *München 1970: Über die antisemitischen Wurzeln des deutschen Terrorismus*, Reinbek bei Hamburg 2013.

Kundnani, Hans, *Utopia or Auschwitz. Germany's 1968 Generation and the Holocaust*, New York 2009.

Lahav, Gallya/Asher Arian, »Israelis in a Jewish diaspora: The dilemmas of a globalized group«, in: Rey Koslowski (Hg.), *International Migration and the Globalization of Domestic Politics*, London/New York 2004, S. 83-104.

Lange, Dirk, *Die politisch motivierte Tötung*, Frankfurt am Main 2007.

Lecorte, Tomas, *Oktoberfest-Attentat 1980. Untersuchung zur möglichen Verwicklung der Wehrsportgruppe Hoffmann*, 2. Aufl., Berlin 2013, online verfügbar unter: {http://www.lecorte.de/wp/wp-content/uploads/2013/12/Lecorte-Oktoberfest-1980-WSG-Hoffmann.pdf}.

Lenk, Kevin, »Keine andere Geschichte. Die politische Aneignung von Toten im Kontext des Linksterrorismus der 1970er Jahre – Das Beispiel

Siegfried Buback«, in: Petzsche/Heger/Metzler (Hg.), *Terrorismusbekämpfung in Europa*, a. a. O., S. 85-107.

Leo, Per, »Über Nationalsozialismus sprechen. Ein Verkomplizierungsversuch«, in: *Merkur* 804 (2016), S. 29-41.

Ders., *Tränen ohne Trauer. Nach der Erinnerungskultur*, Stuttgart 2021.

Leopardi, Francesco Saverio, *The Palestinian Left and its Decline. Loyal Opposition*, Singapur 2020.

Lipstadt, Deborah E., *Denying the Holocaust. The Growing Assault on Truth and Memory*, 5. Aufl., New York/London 2016 [1993].

Ludyga, Hannes, *Philipp Auerbach (1906-1952). »Staatskommissar für rassisch, religiös und politisch Verfolgte«*, Berlin 2005.

Maaßen, Hans-Georg, »Rechtsextremismus: Phänomenanalyse – Phänomenbekämpfung aus Sicht des Verfassungsschutzes«, in: Bundeskriminalamt (Hg.), *Bekämpfung des Rechtsextremismus. Eine gesamtgesellschaftliche Herausforderung*, Köln 2013, S. 65-78.

Maeke, Lutz, *DDR und PLO. Die Palästinapolitik des SED-Staates*, Berlin 2017.

Maier, Charles S., *The Unmasterable Past. History, Holocaust, and German National Identity*, Cambridge 1988.

Manthe, Barbara, »On the pathway to violence. West German right-wing terrorism in the 1970s«, in: *Terrorism and Political Violence* (2018), S. 1-22.

Dies., »Rechtsterroristische Gewalt in den 1970er Jahren. Die Kühnen-Schulte-Wegener-Gruppe und der Bückeburger Prozess 1979«, in: *Vierteljahrshefte für Zeitgeschichte* 68/1 (2020), S. 63-93.

Marin, Bernd, »Ein historisch neuartiger ›Antisemitismus ohne Antisemiten‹? Beobachtungen und Thesen zur österreichischen Entwicklung nach 1945«, in: *Geschichte und Gesellschaft* 5 (1979), S. 545-569.

Mayer, Elke Barbara, *Verfälschte Vergangenheit. Zur Entstehung der Holocaust-Leugnung in der Bundesrepublik Deutschland unter besonderer Berücksichtigung rechtsextremer Publizistik von 1945 bis 1970*, Frankfurt am Main 2003.

Mentel, Christian, »Christophersen, Thies«, in: Wolfgang Benz (Hg.), *Handbuch des Antisemitismus. Judenfeindschaft in Geschichte und Gegenwart*, Berlin 2009, S. 139-141.

Metzler, Gabriele, »Erzählen, Aufführen, Widerstehen. Westliche Terrorismusbekämpfung in Politik, Gesellschaft und Kultur der 1970er Jahre«, in: Hürter (Hg.), *Terrorismusbekämpfung in Westeuropa*, a. a. O., S. 117-136.

Dies., »Der historische Ort der Terrorismusbekämpfung in der Bundesrepublik der 1970er Jahre«, in: Petzsche/Heger/Metzler (Hg.), *Terrorismusbekämpfung in Europa*, a.a.O., S. 25-46.

Moser, Tilmann, »Die Unfähigkeit zu trauern. Hält die Diagnose einer Überprüfung stand?«, in: *Psyche* 46 (1992), S. 389-405.

Münkler, Herfried, »Guerillakrieg und Terrorismus. Begriffliche Unklarheit mit politischen Folgen«, in: Kraushaar (Hg.), *Die RAF und der linke Terrorismus*, a.a.O., S. 78-102.

Nehring, Michael, *Kriminelle und terroristische Vereinigungen im Ausland. Auslegung und Analyse des im Zuge der Terrorismusbekämpfung nach dem 11. September 2001 geschaffenen § 129b Strafgesetzbuch*, Frankfurt am Main 2007.

Neiss, Marion, »Diffamierung mit Tradition. Friedhofsschändungen«, in: Wolfgang Benz (Hg.), *Antisemitismus in Deutschland. Zur Aktualität eines Vorurteils*, München 1995, S. 140-156.

Oppenhäuser, Holger, »Das Extremismus-Konzept und die Produktion von politischer Normalität«, in: Forum für kritische Rechtsextremismusforschung (Hg.), *Ordnung. Macht. Extremismus: Effekte und Alternativen des Extremismus-Modells*, Wiesbaden 2011, S. 35-58.

Pappe, Ilan, *A History of Modern Palestine*, 2. Aufl., Cambridge 2006.

Petzsche, Anneke/Martin Heger/Gabriele Metzler (Hg.), *Terrorismusbekämpfung in Europa im Spannungsfeld zwischen Freiheit und Sicherheit. Historische Erfahrungen und aktuelle Herausforderungen*, Baden-Baden 2019.

Pfahl-Traughber, Armin, *Rechtsextremismus in der Bundesrepublik*, 4. Aufl., München 2006 [1999].

Ders., »Die neue Dimension des Rechtsterrorismus. Die Mordserie des ›Nationalsozialistischen Untergrundes‹ aus dem Verborgenen«, in: *Jahrbuch für Extremismus- und Terrorismusforschung* 5 (2012), S. 58-101.

Ders., »Extremismus aus politikwissenschaftlicher Sicht. Definition, Herleitung und Kritik in Neufassung«, in: *Jahrbuch für Extremismus- und Terrorismusforschung 2019/20* (2021), S. 8-72.

Quent, Matthias, *Rassismus, Radikalisierung, Rechtsterrorismus. Wie der NSU entstand und was er über die Gesellschaft verrät*, 2. Aufl., Weinheim 2019.

Rabert, Bernhard, *Links- und Rechtsterrorismus in der Bundesrepublik Deutschland von 1970 bis heute*, Bonn 1995.

Reichel, Peter, *Vergangenheitsbewältigung in Deutschland. Die Auseinandersetzung mit der NS-Diktatur von 1945 bis heute*, München 2001.

Richardson, Louise, *What Terrorists Want. Understanding the Terrorist Threat*, New York 2006.

Riegler, Thomas, »Das ›Spinnennetz‹ des internationalen Terrorismus. Der ›Schwarze September‹ und die gescheiterte Geiselnahme von Schönau 1973«, in: *Vierteljahrshefte für Zeitgeschichte* 60/4 (2012), S. 579-601.

Röpke, Andrea/Andreas Speit (Hg.), *Blut und Ehre. Geschichte und Gegenwart rechter Gewalt in Deutschland*, Berlin 2013.

Rubin, Barry M., *The PLO – Between Anti-Zionism and Antisemitism. Background and Recent Developments*, Jerusalem 1993.

Rühle, Alex, »Splitter in der Seele«, in: *Süddeutsche Zeitung* (6. Oktober 2018).

Sabrow, Martin, *Der Rathenaumord. Rekonstruktion einer Verschwörung gegen die Republik von Weimar*, München 1994.

Salzborn, Samuel, *Kollektive Unschuld. Die Abwehr der Shoah im deutschen Erinnern*, Leipzig 2020.

Sayigh, Yezid, *Armed Struggle and the Search for State. The Palestinian National Movement 1949-1993*, Oxford 2011.

Scheiper, Stephan, *Innere Sicherheit. Politische Anti-Terror-Konzepte in der Bundesrepublik Deutschland während der 1970er-Jahre*, Paderborn 2010.

Scheller, Bertold, *Die Zentralwohlfahrtsstelle. Der jüdische Wohlfahrtsverband in Deutschland. Eine Selbstdarstellung*, Frankfurt am Main 1987.

Schmidt, Wolf, »Blaupause ›Lasermann‹«, in: *taz* (5. September 2021).

Schmidt-Eenboom, Erich/Ulrich Stoll, *Die Partisanen der NATO. Stay-Behind-Organisationen in Deutschland 1946-1991*, Berlin 2015.

Schneider, Christian, »Die Unfähigkeit zu trauern: Diagnose oder Parole?«, in: *Mittelweg 36* 17/4 (2008), S. 69-79.

Schönfelder, Jan, »Arafats Thüringer ›General‹ – Wo ist Udo Albrecht?«, MDR (September 2019), online verfügbar unter: {https://www.mdr.de/nachrichten/thueringen/kultur/zeitgeschehen/udo-albrecht-einleitung-100.html}.

Schöttler, Peter, »Die Geschichtswerkstatt e.V. Zu einem Versuch, basisdemokratische Geschichtsinitiativen und -forschungen zu ›vernetzen‹«, in: *Geschichte und Gesellschaft* 10/3 (1984), S. 421-424.

Sharansky, Natan, »3D test of anti-semitism. Demonization, double standards, delegitimization«, in: *Jewish Political Studies Review* 16 (2004), S. 3 f.

Silbermann, Alphons, *Sind wir Antisemiten? Ausmaß und Wirkung eines sozialen Vorurteils in der Bundesrepublik Deutschland*, Köln 1982.

Skelton-Robinson, Thomas, »Im Netz verheddert. Die Beziehungen des bundesdeutschen Linksterrorismus zur Volksfront für die Befreiung Palästinas (1969-1980)«, in: Kraushaar (Hg.), *Die RAF und der linke Terrorismus*, a. a. O., S. 828-904.

Sleiman, Hana, »The paper trail of a liberation movement«, in: *The Arab Studies Journal* 24/1 (2016), S. 42-67.

Southern Poverty Law Center, *Age of the Wolf. A Study of the Rise of the Lone Wolf and Leaderless Resistance Terrorism*, Montgomery o. A.

Steinke, Ronen, *Terror gegen Juden. Wie antisemitische Gewalt erstarkt und der Staat versagt. Eine Anklage*, Berlin 2020.

Stern, Frank, *Im Anfang war Auschwitz. Antisemitismus und Philosemitismus im deutschen Nachkrieg*, Gerlingen 1991.

Sundermeyer, Olaf, *Rechter Terror in Deutschland. Eine Geschichte der Gewalt*, München 2012.

Virchow, Fabian, *Nicht nur der NSU. Eine kleine Geschichte des Rechtsterrorismus in Deutschland*, Erfurt 2016.

Vowinckel, Annette, *Flugzeugentführungen. Eine Kulturgeschichte*, Göttingen 2011.

Waldmann, Peter, *Terrorismus. Provokation der Macht*, 3. Aufl., Hamburg 2011 [1998].

Wandres, Thomas, *Die Strafbarkeit des Auschwitz-Leugnens*, Berlin 2000.

Weinhauer, Klaus, »Terrorismus in der Bundesrepublik der Siebzigerjahre. Aspekte einer Sozial- und Kulturgeschichte der Inneren Sicherheit«, in: *Archiv für Sozialgeschichte* 44 (2004), S. 219-242.

Ders., »»Staat zeigen‹. Die polizeiliche Bekämpfung des Terrorismus in der Bundesrepublik bis Anfang der 1980er Jahre«, in: Kraushaar (Hg.), *Die RAF und der linke Terrorismus*, a. a. O., S. 932-947.

Weiß, Volker, *Die autoritäre Revolte. Die Neue Rechte und der Untergang des Abendlandes*, Stuttgart 2017.

Wetzel, Juliane, *Jüdisches Leben in München: 1945-1951. Durchgangsstation oder Wiederaufbau?*, München 1987.

Dies., »1959 als ›Rückfall‹? Die Neue Antisemitismuswelle«, in: Matthias N. Lorenz/Maurizio Pirro (Hg.), *Wendejahr 1959? Die literarische Inszenie-*

rung von Kontinuitäten und Brüchen in gesellschaftlichen und kulturellen Kontexten der 1950er-Jahre, Bielefeld 2011, S. 77-92.

Wihl, Tim, »Staatsschutz 3.0? Der Verfassungsschutz vor der Tendenzwende«, in: *Verfassungsblog* (18. Januar 2019), online verfügbar unter: {https:// verfassungsblog.de/staatsschutz-3-0-der-verfassungsschutz-vor-der-tendenzwende}.

Winterberg, Yury (mit Jan Peter), *Der Rebell Odfried Hepp. Neonazi, Terrorist, Aussteiger*, Bergisch Gladbach 2004.

Wirsching, Andreas (Hg.), *Vom Weltkrieg zum Bürgerkrieg? Politischer Extremismus in Deutschland und Frankreich 1918-1933/39. Berlin und Paris im Vergleich*, München 1999.

Wolff, Robert, »Mord im Morgengrauen. Nach 40 Jahren noch ungeklärt«, in: *Der Spiegel* (10. Mai 2021).

Ziercke, Jörg, »Bekämpfung des Rechtsextremismus. Eine polizeiliche Perspektive«, in: Bundeskriminalamt (Hg.), *Bekämpfung des Rechtsextremismus. Eine gesamtgesellschaftliche Herausforderung*, S. 3-18.

Bildnachweise

S. 96   Eine der wenigen Fotografien von Uwe Behrendt, aus: Hans-
         Wolfgang Sternsdorff, »›Chef, ich habe den Vorsitzenden erschos-
         sen‹«, in: *Der Spiegel* (18. November 1984), S. 82.

S. 146   Traueranzeige einer befreundeten Familie, in: *Fränkischer Tag*
         (22. Dezember 1980).

S. 193   Fotografie von Hoffmann und Birkmann im Gerichtssaal, aus:
         Sternsdorff, »›Chef, ich habe den Vorsitzenden erschossen‹«,
         a. a. O., S. 71.

Dank

Dieses Buch erscheint – pandemiebedingt – später als geplant. Es sollte zeitnah zum 40. Jahrestag des Erlanger Doppelmords am 19. Dezember 2020 veröffentlicht werden. Der eingeschränkte Zugang zu Archiven und Bibliotheken, aber auch meine veränderten Lebens- und Arbeitsumstände haben das leider unmöglich gemacht. Mit mancher Einschränkung musste ich bis zum Schluss leben. So ließ sich eine geplante Israel-Reise nicht realisieren, auf der ich die dort lebende Familie von Shlomo Lewin besuchen wollte. Zudem existierten andere Limitierungen: Im Nachgang der NSU-Ermittlungen haben die bayerischen wie die Bundeseinrichtungen auch frühere Verfahren wegen rechter Gewalt wieder aufgerollt; dies betraf auch den Oktoberfest-Anschlag sowie den Erlanger Doppelmord. Daher waren einige Akten für mich unzugänglich.

Eine ganze Reihe von Menschen haben mir bei diesem Projekt geholfen. 2016 habe ich mich bereits in meinem Habilitationsvortrag über den westdeutschen Rechtsterrorismus auf den Doppelmord konzentriert. Ich danke in diesem Zusammenhang den Mitgliedern des Fachbereiches Geschichts- und Kulturwissenschaften der Freien Universität Berlin und dabei vor allem Ute Frevert, Paul Nolte und Margrit Pernau für ihre wertvollen Hinweise. Viele Menschen haben mir auf verschiedene Weise logistisch geholfen, gerade in der Phase der pandemiebedingten Beschränkungen: So danke ich Birgit Mair für ihre Hilfe mit den Nürnberger Quellen, dem leitenden Oberstaatsanwalt in Nürnberg Gerhard Neuhof für die Zusendung von Quellenmaterial sowie den Mitarbeitern und Mitarbeiterinnen des Bundesarchivs in Koblenz, des Bundesbeauftragten für die Unterlagen des Staatssicherheitsdienstes der ehemaligen Deutschen Demokratischen Republik, des apabiz Berlin und des Stadtarchivs Erlangen.

Ich danke Adina Stern und Valentina Leonhard für die Hilfe bei Übersetzungen. Wichtige Hilfestellungen, für die ich sehr dankbar bin, kamen von: Jennifer Heidtke, Lea Herzig, Ann-Katrin Kastberg, Irmela Roschmann-Steltenkamp und Angela Siebert. Frühere Überlegungen zu diesem Buch konnte ich in den Forschungskolloquien für Neuere und Neueste Geschichte an der Georg-August-Universität in Göttingen sowie am Zentrum für Antisemitismusforschung an der Technischen Universität Berlin vorstellen; ich danke den Teilnehmerinnen für ihre Nachfragen und ihre Kritik. Dieses Buch war aufgrund der zahlreichen und vielschichtigen Themen im Lektorat besonders aufwendig. Ich möchte mich daher besonders bei Heinrich Geiselberger bedanken. Für die Klärung juristischer Fragen danke ich Matthies van Eendenburg, Florian Jeßberger, Inga Schuchmann und Verena Sich. Die Arbeit an diesem Buch inspirierten viele, denen ich persönlich danken möchte: Benno Gammerl für die Inspiration und ebenso Bettina Hitzer, Angelika Königseder, Anja Laukötter, Per Leo, Valentina Leonhard, Carl-Eric Linsler, Jan Plamper, Leonie Schüler-Springorum, Stefanie Schüler-Springorum, Adina Stern, Dirk Schumann, Petra Terhoeven, Tanja Thomas, Fabian Virchow, Bernd Weisbrod, Barbara Wenner und Juliane Wetzel.

Personenregister

Ortsregister

Sachregister